尼山文库

国承彦 主编

李锦全等 口述

儒学学者口述史

第一辑

齐鲁书社
·济南·

图书在版编目（CIP）数据

儒学学者口述史. 第一辑 / 国承彦主编. -- 济南：齐鲁书社, 2024.9. -- (尼山文库). -- ISBN 978-7-5333-4913-4

Ⅰ.B222.05

中国国家版本馆CIP数据核字第2024H6Z552号

责任编辑　许允龙　王江源
装帧设计　刘羽珂

儒学学者口述史　第一辑
RUXUE XUEZHE KOUSHUSHI DIYIJI

国承彦　主编

主管单位	山东出版传媒股份有限公司
出版发行	齐鲁书社
社　　址	济南市市中区舜耕路517号
邮　　编	250003
网　　址	www.qlss.com.cn
电子邮箱	qilupress@126.com
营销中心	（0531）82098521　82098519　82098517
印　　刷	山东临沂新华印刷物流集团有限责任公司
开　　本	880mm×1230mm　1/32
印　　张	10.75
插　　页	4
字　　数	203千
版　　次	2024年9月第1版
印　　次	2024年9月第1次印刷
标准书号	ISBN 978-7-5333-4913-4
定　　价	88.00元

《儒学学者口述史》编委会

学术顾问：张立文　安乐哲　陈　来
名誉主任：白玉刚　于晓明　靳　诺
主　　任：国承彦
委　　员（以姓氏笔画为序）：

干春松　王学典　方旭东　朱瑞显　刘　伟　刘　皓
刘云超　刘廷善　米怀勇　杨海文　杨朝明　宋立林
张　华　张国强　周　静　徐庆文　郭思克　康承宝
舒大刚　温海明　路则权　颜炳罡

主　　编：国承彦
副 主 编：温海明
采辑人员（以姓氏笔画为序）：

于建峰　马银川　王云鹏　王文英　王厚兵　刘星辰
李博雅　杨　光　张　华　张文豪　张雅南　陈　玥
武良成　房婉莹　赵　雪　常　樯　崔海鹰　窦晓娟

李锦全先生　　中国孔子网拍摄

李锦全先生　　王文英拍摄

张立文先生　　李勇强拍摄

骆承烈先生　王文英拍摄

成中英先生　季露露提供

孟祥才先生　　王云鹏拍摄

宋志明先生

序　言

为深入学习贯彻党的二十大精神，认真贯彻落实习近平总书记关于弘扬中华优秀传统文化系列重要论述精神和在文化传承发展座谈会上发表的重要讲话精神，按照《尼山世界儒学中心儒学传承发展"十四五"规划》《尼山世界儒学中心（中国孔子基金会秘书处）关于打造"四个高地"助推高质量发展的实施方案》等的有关要求，在听取相关专家学者意见建议基础上，尼山世界儒学中心、中国孔子基金会于 2023 年 9 月正式启动"尼山文库·儒学学者口述史"项目。

项目计划对儒学界、哲学界、文化界年高德劭、在海内外具有重要影响力的名师大家进行专访，以口述史的形式，尽可能全面地展现他们的成长经历、学术专长、重要思想、时代关切等。

项目依托尼山世界儒学中心（中国孔子基金会秘书处）组建专门的执行团队，汇聚文献期刊部、中国孔子网融媒体平台等各方面力量，广泛联系海内外相关高校、科研院所、社团组织，确定访谈对象和具体执行人，开展口述史工作，以为时代立言，为未来存史，建立独具特色的儒学研究口述史文献库,助力世界儒学文献资料收藏中心建设。

我们认为,这项工作将为贯彻落实习近平文化思想,持续推动中华优秀传统文化创造性转化、创新性发展,深刻理解和把握"第二个结合"的重大意义,建设中华民族现代文明起到重要的助益作用,产生重要的启发意义。

《儒学学者口述史》编委会
2024年3月

目 录 | Contents

001 | 序言

001 | 李锦全教授口述（之一）

022 | 李锦全教授口述（之二）

060 | 附　李锦全先生访谈后记

　　　——兼议开展"尼山文库·儒学学者口述史"的意义

076 | 张立文教授口述

119 | 骆承烈教授口述

188 | 成中英教授口述

260 | 孟祥才教授口述

292 | 宋志明教授口述

李锦全教授口述（之一）

【按】2023年9月6日,"尼山文库·儒学学者口述史"项目组赴广东,在中山大学李宗桂、杨海文二位教授的陪同与协助下,对著名学者、中山大学教授、中国孔子基金会原理事、尼山世界儒学中心学术委员会顾问李锦全先生进行了专访。97岁的李锦全先生精神矍铄,思路清晰,在家中接受了我们的采访,就相关文化问题发表了高见。

受访人：李锦全（中山大学哲学系教授,时年97岁）
采访人：常樯、王文英

【采访人】李先生,您好！久仰啦！我们是尼山世界儒学中心（中国孔子基金会秘书处）文献期刊部的工作人员,从孔孟之乡而来,今天到贵府专门拜访您,并向您请教几个问题。在20世纪八九十年代,您担任中国孔子基金会的理事和学术委员,多次参加由中国孔子基金会主办的学术活动。首先,想请您谈谈对孔子基金会的印象。

【李锦全】 欢迎从孔夫子家乡来的客人！我以前参加过你们的学术会议，和孔子基金会原会长匡亚明先生、《孔子研究》原主编辛冠洁先生等都很熟悉。改革开放以后的1984年9月，孔子基金会在曲阜成立，谷牧同志亲自担任名誉会长，他亲自抓孔子基金会的工作，做得有声有色，在国内外都有很大的影响力。20世纪80年代，孔子基金会参与主办了三场大型的国际儒学学术讨论会，对研究孔子、研究儒学起到了非常重要的推动作用。这三次会议分别是：1987年8月，孔子基金会与新加坡东亚哲学研究所在曲阜联合举办的第一次儒学国际学术讨论会；1988年10月，孔子基金会与联邦德国阿登纳基金会在波恩联合举办的第二次儒学国际学术讨论会；1989年10月，孔子基金会与联合国教科文组织在北京、曲阜联合举办的纪念孔子诞辰2540周年国际学术讨论会。那时刚刚担任中共中央总书记的江泽民同志还接见了参加这次会议的部分学者。当时，几乎全世界研究孔子和儒学的权威学者都参加了这几次学术会议。你们办的刊物《孔子研究》，也是我们的一个重要阵地和精神家园，许多专家学者的成名作或代表作，都是发表在这个上面的。我在上面就发表过好几篇文章。1996年，孔子基金会由北京迁回到山东，此后我就很少参与你们的活动了。

【采访人】 您把自己的哲学观总结为"矛盾融合、

承传创新",认为这两个词也是中国哲学和中国传统思想文化的特点。为什么要用这两个词?

【李锦全】 关于中国传统哲学发展的特点,我用"矛盾融合"与"承传创新"八个字来加以概括,这可能是我研究中国哲学的理解和体会。我认为中国哲学的特点,从先秦各家学派开始,多是带有矛盾的两重性。由于中国传统并不单纯重视研究自然观问题,所探讨的多属有关政治、伦理方面的人生哲学。即使谈到天人关系,也往往是借天意说明人意。如各家较普遍使用"道"这个范畴,是唯心论还是唯物论也难以判断。我主张要按照各家思想的特点对学术界看法多有分歧的问题进行探讨。

先秦诸子在学术思想上的百家争鸣,构成了中国哲学思想史上的黄金时代,各家在争鸣中尽管相互批评,甚至互相攻击,但是相互间亦并非没有相通之处,这体现了中华传统文化的矛盾融合论。

从先秦诸子的百家争鸣,到汉晋隋唐逐渐形成的儒释道三家并立,各家各派思想的矛盾互补,构成中国哲学、中华传统文化的主流。这里一方面有它的时代性,即随着历史的发展,各个时期形成中国哲学和思想文化的时代特点;另一方面也有它的民族性,即逐步形成具有中华民族特色的传统思想文化,这是不同于西方亦不同于印度的中国特有的文明。

在各家各派思想的交互融合中，亦有个由浅入深的问题。宋代以前，儒、道、法等各派思想的交融基本是表面性的。道生法，儒表法里，道本儒末，所讲多是派生或互补的关系，且多就政治层面立论，未到哲学思想的深处。至于佛教儒学化，将"五戒"与"五常"简单比附，亦未能进入中华传统文化的深层。宋明时期，理学吸收佛、道哲学的思辨性因素，使儒学走上哲理化的途径，这样才真正将三家思想加以融合，在承传传统思想文化的基础上，做出某种程度的创新。

关于中国哲学的承传创新问题，近年来学术界争论不断。比如中国历史上有没有或何时出现了启蒙思想。有学者认为，中国的近代启蒙最早可上推到十六七世纪之间，有的认为当在鸦片战争前后，也有的认为康有为、梁启超的戊戌变法是中国近代启蒙的开端，还有的将之下移到五四运动。对中国近代启蒙的时间界定关系到中国哲学和传统思想文化如何向近代转型与实现现代化的问题。梁启超所著《清代学术概论》就将中国近代启蒙上溯到了明末清初，此书原是为蒋方震《欧洲文艺复兴时代史》一书作的序，后因篇幅过长而独立成书，书中提出"清代思潮"是"以复古为解放"，并与欧洲文艺复兴相比。他将清代思想分为四期，启蒙期代表人物就有顾炎武、黄宗羲、王夫之、颜元等人，与侯外庐《中国早期启蒙思想史》收入的人物相类似。梁氏特别称赞戴震的《孟子字义疏证》，谓"与欧洲文艺复兴时代之思潮之本质绝相类"。

中国早期启蒙思想能否与西方相比？作为西方启蒙运动前奏的早期意大利文艺复兴，正是打着复古的旗号开路的。从形式上看，欧洲文艺复兴是复希腊、罗马之古，而实质上却是创资本主义之新。至于中国的儒学能否创新，唐君毅等人1958年发表的《中国文化与世界》这一长篇论文对此持肯定态度，他们认为，儒家在"道德上之天下为公、人格平等之思想，必然当发展至民主制度之肯定"，就是说，"从中国历史文化之重道德主体之树立，即必当发展为政治上之民主制度"。这就是现代新儒家提倡的"返本开新"之论。这种观点其实是儒家从内圣开出外王思想的发挥。树立道德主体是"本"，开出民主制度是"新"，实质上是以道德文化决定论作为理论依据。这个问题后来曾导致林毓生与李明辉的辩难，现在看来仍可以继续讨论。

【采访人】习近平总书记在2023年6月2日的文化传承发展座谈会上提出，我们要建设中华民族现代文明。在这一过程中，我们不可避免要面对如何对待中华优秀传统文化的问题。您认为中华优秀传统文化该如何参与到建设中华民族现代文明的过程之中？

【李锦全】当前，我们正在为建设中国特色社会主义新文化而努力，那么，如何对待传统文化，这是不能回避的问题。关于如何对待传统思想文化，我们本来已提出了批判继承的方针，即剔除其封建性的糟粕，吸取其民族性的精华，这就是古为今用。但这个方针如何贯彻，多年来并未得到很好的解决。

如何区分传统文化的精华与糟粕，我认为关键是要正确分析思想矛盾的两重性所带来的社会效应。比如说儒家的亲亲和尊尊思想，就会带来不同的社会效应。当处理人际关系时，尊老爱幼、和睦亲朋邻里、守望相助、疾病相扶这类由亲亲、尊尊生发出的传统美德，就应加以继承；对领导与被领导、上级与下级的关系，则要在民主集中制的基础上化用"尊尊"，以克服由亲亲、尊尊滋生出的为亲者讳、为尊者讳等负面效应，这样才有助于稳定社会秩序，维持安定团结的局面。也就是说，儒家的亲亲、尊尊思想容易滋长官僚主义、特权思想、家长作风等，这种现象最为群众所非议，就应该进行批判。而儒家对道德人格的高标准要求，如正己正人、以身作则、见利思义、先忧后乐等思想准则和立身处世之道，以及不欺暗室的慎独功夫，这是儒学中的精华和优良传统，就应该加以发扬；但对过去称之为伪君子、假道学，今天称之为两面派，就要加以揭露和批判。

据此，我认为传统文化中的某些思想观点，其所包含的两重性对当前社会可以产生不同的影响，关键是

"古为今用"时这个"用"字。如上面所说的尊老爱幼，如何应用这个"爱"字就大有文章。有的人严格教育子女，培养下一代成为"四有"新人；而有些人则偏于溺爱，甚至以权谋私，利用自己的权势为子女营造安乐窝，这种现象在当前社会上是不少见的。又如"和为贵"思想，有的人用之可以在工作中搞好人际关系，维护安定团结的局面；有的人却在工作中不讲原则，随风倒，和稀泥，这种"乡愿"式的人物连孔、孟也是不赞成的。由此可见，由于取向不同，"用"的效果就不一样。

总之，中国传统思想文化自身包含矛盾的两重性，对当前社会可以产生正面或负面的效应。我认为，我们应该运用历史辩证法，坚持批判性继承原则，在承传的基础上有所创新，使之能够适应社会主义精神文明建设的需要。

【采访人】 儒学是中华优秀传统文化的重要组成部分，不可或缺。请您谈谈对儒学的整体性认识。

【李锦全】 中国古代大多数王朝重视儒学，在一定意义上，儒学是治国之学，而道家学说是治身之学，佛家学说是修心之学。中国儒家思想有个特点，从孔、孟开始，就以道德伦理作为核心，虽然也讲天人关系，但目的在解决人生问题，对世界本原、发展观、认识论等方面并无系统论述。儒家思想的哲理化，要有一个提高的过程。

孔子是中国古代的文化名人，至今仍在世界上享有崇高声誉。他开创的儒家学说，对人类文化产生了深远影响。有学者用近代西方哲学的标准来衡量，认为他的思想中没有多少哲学性。黑格尔在他的《哲学史讲演录》中曾谈到孔子，他一方面说："关于中国哲学首先要注意的是在基督降生五百年前的孔子的教训。孔子的教训在莱布尼兹的时代曾轰动一时。它是一种道德哲学。"另一方面又说："我们看到孔子和他的弟子们的谈话（按即《论语》——译者），里面所讲的是一种常识道德，这种常识道德我们在哪里都找得到，在哪一个民族里都找得到，可能还要好些，这是毫无出色之点的东西。孔子只是一个实际的世间智者，在他那里，思辨的哲学是一点也没有的——只有一些善良的、老练的、道德的教训，从里面我们不能获得什么特殊的东西。"他评价孟子说："他的著作的内容也是道德性的。"由此联系到中国哲学，黑格尔认为："在理论方面乃是感性对象的外在联结；那是没有（逻辑的、必然的）秩序的，也没有根本的直观在内的。再进一步的具体者就是道德。""但这类的具体者本身并不是哲学性的。"上引黑格尔对儒家孔、孟思想的评价，我认为是带有一些偏见的，也许他还不大了解东方哲学文化的特点。不过儒家传统哲学思辨性不显著，这也是事实。孔、孟之后的荀子，虽然提出"制天命而用之"的光辉命题，使人们摆脱天命论的羁络，但对儒家思辨哲学的提高并无多少帮助。荀子的天道观比较简单，只是想还自然界以本来面目。

到了汉代，被称为"群儒首"的董仲舒，将儒学的发展推进到一个新阶段。《汉书》评价董仲舒，称他"治《公羊春秋》，始推阴阳，为儒者宗"。他与先秦儒者不同的地方，是建构了一套以天人感应为轴心、以阴阳五行为框架的神学化理论体系。他应用"人副天数""同类相动"等一系列比附方法，使天人彼此相通，再经过阴阳消长、五行生胜以及四时、五方的交错搭配，形成一个动态的平衡系统，从而使宇宙生成、万物发生这一自然现象拟人化，看作是"天"有意识、有目的的安排；并把自然灾异用作谴告手段来沟通天人，即用天意来支配人事。自是，宗法等级名分和纲常伦理秩序，都被认为是"天意"的表达。这样，"人间的力量采取了超人间的力量的形式"，天上的神权和地上的皇权紧密相通。正如董仲舒所说："事各顺于名，名各顺于天，天人之际，合而为一。"

总体来说，以政治道德伦理为核心的儒家思想，从先秦孔孟的人学，汉代董仲舒的神学，到宋明时期的程朱理学，在思辨性和哲理化的提高方面，经历了一个相当长的历史进程。朱熹是理学的集大成者，朱子学后来传播到日本、朝鲜一带，至今仍有相当大的影响。在儒家思想哲理化的进程中,他付出了不懈的努力,使儒学的理论思辨水平得到提高,对此我们要给以应有的历史评价。

【采访人】 上面您提到了道家,认为道家学说在一定意义上是治身之学。道家是中国土生土长的重要文化流派,可否谈一谈您对道家的认识?

【李锦全】 中国传统文化(主要指精神文化)有个特点,就是往往与政治哲学和道德伦理思想紧密相连。中国是个东方大国,在很早以前,我们中华民族的祖先就劳动、生息在这片广大的土地之上,并创造出光辉灿烂的古代文化。我国远古的文化,虽然也经历过多源发生和多维发展,但随着各部族之间的逐渐融合,原来各区域性的文化在形成各思想流派时,既保持了自己的特色,又在彼此的渗透中出现相互包容的现象,如战国时期已形成诸子并起、百家争鸣的局面。但汉代的司马谈在评论各家思想时却引用了《易大传》中的话:"天下一致而百虑,同归而殊涂。"并说:"夫阴阳、儒、墨、名、法、道德,此务为治者也。"即从"务为治"的角度,认为先秦六大家思想"殊途同归"。司马谈这里说的道德就是道家,虽然他也讲到汉初黄老学说的一些内容,但先秦道家的基本精神还是阐发得比较清楚的:"道家无为,又曰无不为,其实易行,其辞难知。其术以虚无为本,以因循为用。无成势，无常形，故能究万物之情。不为物先，不为物后，故能为万物主。有法无法，因时为业；有度无度，因物与合，故曰'圣人不朽，时变是守'。虚者，道之常也；因者，君之纲也。群臣并至，使各自明也。……贤不肖自分，白黑乃形。在所欲用耳，何事不成？乃合大道，混混冥冥，光耀天下，复反无名。"

司马谈的这段议论亦是从"务为治"的角度讲的，也符合道家老子讲治国的旨意。老子主张"以正治国，以奇用兵，以无事取天下"，又说"我无为而民自化，我好静而民自正，我无事而民自富，我无欲而民自朴"，这就是所谓"道常无为而无不为。侯王若能守之，万物将自化"的治国之术。

中国原始道家思想的发展路向，似乎出现了二律背反的现象。一方面，历代不满现实的隐者和避世之士，多从这里找寻理论依据，成为当时现实政治的反对派。他们从事文化创造和思想批判，往往与封建正统思想相对立而处在异端地位，从而形成我国历史上独树一帜的道家文化传统。但是另一方面，道家在诸子中也属于"务为治"的一派，可以为统治者出谋献策，并博采众家之长，通过与儒、墨、法等多元互补，从而成为正宗传统文化的理论框架和思维方式的建构者。这就当然属于正统而非异端，亦有学者称道家思想在中国传统文化中居于主干地位。

上述道家思想发展的两条路向，是否属于康德说的二律背反，即不能解决的矛盾呢？从表面看来，这两条路向确实是南辕北辙，难以调和；但看深一层，出现这种两重性的思想矛盾也是不奇怪的。道家的立论是"道法自然"，老子以自然无为之道来贯通天、地、人，将宇宙人生视为一个整体。从天道自然引申到政治上的无为而治，而无为又是无不为。这种丰富的辩证思维避免了思想僵化，处理问题可以灵活多变，就像司马谈所评论的那样，可以"与时迁移，应物变化，立俗施事，无所不宜，指约而易操，事少而功多"。道家思想可以发展为无君论思想，并成为隐居避世之士的精神支柱，表现就是传统社会中的思想异端。但无为而治也可以发展为虚君制，君道无为而臣道有为，形成比较宽松的政治环境，与民休息，对百姓采取不干涉政策，这与无君论思想也不无相通之处。所以，"务为治"与"无为而治"和对现实政治的批判，这种矛盾的两重性成为道家思想在传统文化中的特点。我们这样分析问题，就是尊重历史的辩证法。

【采访人】 习近平总书记提出，对中华优秀传统文化要进行创造性转化、创新性发展，也提出要与世界不同文明进行沟通对话，要大力推动世界不同文明之间的交流互鉴。现在我们在文化观上也已基本确立了不忘本来、吸收外来、面向未来的态度。您如何看待中华优秀传统文化与现代化接轨的问题？

【李锦全】 我认为文化具有民族性，与承认有中国本位文化，吸取外来先进文化并不矛盾。本位文化是根，吸取外来先进文化是增加营养，不过这也有个选择问题，如西方的民主和人权观念，由于国情不同，民族文化的背景不同，有的东方国家就表示不能接受西方的观念，这不能说是和全球的所谓主流文化唱反调。

中国传统怎样和现代社会接轨，过去的提法有"古为今用""批判继承""弃其糟粕，取其精华"等，但都说得比较抽象，如何操作可能理解不同。我认为关键还是个"用"字，通过实践检验其效果。如中国传统价值观讲义利关系，孔子讲"见利思义"，墨子讲"交相利"，董仲舒说"正其谊不谋其利"，陈亮讲"义利双行"。总体来说，陈亮的观点是可以和现代社会接轨的，因为有成功的经验可以作证。如被称为"日本企业之父"的涩泽荣一提出"道德与经济合一"（即《论语》和算盘一致）的思想，并以此作为其企业文化的核心。他一生创立了500多家近代企业，并取得成功。涩泽所讲的"道德与经济合一"，其实就是吸取我国传统价值观"义利双行"的精神，这是我国民族文化能够与现代社会接轨的例证，也说明东方文化同样可以走向现代化。

与古代农业文明比较，现代工业文明在科学技术方面有显著进步，但人类的道德观念一脉相承，很多过去的道德观念依然可以应用于现代社会。如过去的小商店，主张"货真价实，童叟无欺""诚招天下客"。曾宪梓说勤、俭、诚、信四个字，是他办金利来的指导思想。杨钊也说，他事业成功的经验是"信、勤、智慧"，他认为要解决人类的精神问题，还是要靠东方的智慧，而中华优秀传统文化就是东方智慧的结晶。他热切地期待我们的国家、我们的民族向世界贡献出一种涵盖东方文化神韵的物质与精神相一致的中国现代化。杨钊是位香港的企业家，他把东方智慧和西方先进技术有机地结合起来管理现代企业，并且获得成功。上述这些做法对研究中华优秀传统文化与现代社会接轨问题是有启示意义的。

【采访人】 有人认为，中华文化特别是中华传统文化是前现代性的，在当今世界，西方文化才是世界文化的主流，也是中国融入世界必须要依靠、要引进的文化。他们的文化观，或隐或现，在本质上是西方中心主义的。您如何看待这个观点？

【李锦全】 当前，对中华传统文化的世界走向，学术界有两种相反的观点，我认为都带有片面性。一种观点认为：把自有人类起到哥伦布发现新大陆为止的历史看成一体多元化的历史，而把以后的历史看成多元一体化的历史。所以中国参加文化多元主义以至东方主义

"大合唱",是故意与全人类的(也就是全球的)主流文化(市场经济、民主、法治)唱反调,因而有阻碍中国现代化的危险。类似的观点也是反对东方主义的提法,认为东方主义或文化殖民主义等话题与民族情结有密切关系,其反动性将远大于进步性,或者说其落后作用远大于其文明作用。原因就在于,它可能会重演以民族化压现代化的悲剧。因此,东方国家乃至所有非西方国家要想发展自己,走向世界,首先就得承认西方描绘的图式,承认自己的前现代性,从而改造自己,以便融入世界的现代化进程。

这种观点认为世界文化已进入一体化时代。只有接纳并采用西方主流文化,才可以实现现代化。而讲文化多元则被看成是民族主义情绪化的表现。要东方乃至所有非西方国家承认自己的前现代性,若要现代化,融入世界,就要走西方化的道路。从这个意义上说,反对东方主义,实质上就是宣扬西方(欧洲)文化中心主义,用西方化代替全球化。

【采访人】 与上面这个观点相反,学界还有一种声音,就是如季羡林先生生前所言,21世纪将是东方文化的世纪。现在来看,随着中国人文化自觉性和文化自信心的增强,越来越多的人都信奉这个观点。您又如何评价这个观点?

【李锦全】 这也是我要说的另外一种观点，就是认为 21 世纪是东方文化的世纪。理由是西方的物质文明、科学技术的发展，导致了对自然的破坏、对生态平衡的破坏，现代性弊端逐渐凸显。而东方人后起，可以不走过去西方人走过的错路，因此提倡东方化，说"西方不亮，东方亮"，与西化论针锋相对。

其实这两种观点都有片面的地方。前者凝固地看东方的民族文化，认为只能停留在前现代性，要想现代化只有西化，这是要用一体化来否定和代替多元民族文化；后者则过分看重西方文化在实现现代化过程中所带来的弊端，因而发出东方文化救世的论调。持这两种观点的人都是把东西方文化看成难以共存的，不是我吞掉你，就是你征服我；不是西风压倒东风，就是东风压倒西风。讲多元一体的实质是宣扬西方文化霸权主义，讲东方救世的则认为对西方文化可取而代之。两者的思路是一致的，都未跳出两极对立、非此即彼的窠臼。

【采访人】 既然您对以上两种观点都持批判态度，那么，您对未来世界文化走向又有怎样的展望呢？换言之，未来世界文化将出现怎样的格局？

【李锦全】 我认为从世界视野来看各民族的文化，既是一体多元，又是多元一体，不存在划分界线的问题。世界范围内存在着多种民族，各民族都有各自的文化特点，这不限于东西方的划分，即使同属东方民族，如中国、日本、朝鲜，也都有自身文化的特点。虽然中国古代文化对后两者影响很深，但是不能代替其文化，始终存在着多元的民族文化。至于西方英、法、德的民族文化也是如此。这是文化的民族性。因此，要消除多元民族文化来实现所谓一体化是不可能的，大家都应该以各民族本位文化为主进入一体化。

但是，如果各个民族认为世界上既存在多元民族文化，那么就可以自身固守不变，这也是错误的。正如马克思所说，随着时代的发展，"过去那种地方的和民族的自给自足和闭关自守状态，被各民族的各方面的互相往来和各方面的互相依赖所代替了。物质的生产是如此，精神的生产也是如此。……民族的片面性和局限性日益成为不可能"。这就是说，各民族之间只有互相开放，进行经济文化交流，才能赶上时代的步伐。民族文化应该是动态的、发展的，这就是文化的时代性。如果说当前全人类的主流文化是市场经济、民主、法治，各民族也应该以此为取向。但同是推行市场经济、民主和法治，不同政治体制的国家，内涵也不尽相同，如我们建设中国特色社会主义现代化国家，与资本主义国家的要求就有区别。从民族文化的走向来说，是从多元归于一体——同属一个时代精神，但从世界视野来看，这个世界一体又寓于多元之中。多元民族文化与世界文化的关系，形象地说，犹如百川众流之归大海。但这个大海既不属于西方，也不属于东方，是世界各民族人民群众的历史性创造，是人类共同智慧的升华。因此，从整个世界文明发展的趋势来看，我认为，当今所谓发达国家和发展中国家的差距主要表现在物质财富的积累和科学技术的水平方面。至于精神生活，特别在道德伦理、人际关系等方面，则并无明显的先进与落后的差别，只能说是互有短长。所以，中西文化将来可能形成"互补"的格局，即经过互相吸收、扬弃、输进外来血液，使自身的文化发展进入良性循环。中华民族既有优秀的历史文化遗产，现在又能以日益富强的面貌自立于世界民族之林，那么，在改革开放和建设社会主义精神文明方针的指导下，我们应该发扬自己的民族文化，使之在世界文化发展的长河中占有一席之地，并以新的面貌出现而走向世界。

【采访人】 在和平与发展早已成为时代主题的当今世界，中华优秀传统文化又该怎样更好地走向世界呢？

【李锦全】 各个国家、各个民族的文明的多样性，如果能够本着平等、民主的精神相互交流，共同进步，那当然是好事。我国学者也大都持这种观点。由于中国儒家提倡"致中和"精神，看重这个"和"字，我认为进入新时代，中国哲学、中华传统文化也应以和谐、和合的精神走向世界。提倡"和合学"的知名学者张立文，就主张"使各民族、各国家在'和而不同'和'求同存异'的规则下，走向文化融突的和合"。还说"在融突中应根据和生、和处、和立、和达、和爱五大中心价值或文化原理，处理各方面及各类型的冲突，以便由融突而形成新的和合体。人类文化在多元民族文化的全球化与全球文化的多元民族化中，达到和合"。

中国哲学、中华传统文化进入世界，能通过融突在多元民族文化中达到和合，当然是好事，这是符合和平与发展的时代主题的。但目前世界上有那么多矛盾冲突，政治、经济以至文化领域，霸权主义的幽灵还在游荡。如在思想领域内人权价值观的争议，美国曾多次以人权高于主权为借口，干涉中国内政。美国的霸道行为之所以不能得逞，一方面是因为在国际上我们是得道多助，另一方面是因为我们有了比较强大的综合国力，他们才不敢轻举妄动，侵犯中国主权。

因此，我认为中国哲学走向世界，要达到和合的效果，这个文明方向是对的，但如果我们国力弱，在与西方强势文化进行交流时，要求平等对话是困难的。因此，中华文化要想走向世界，还需要有强大的综合国力作为后盾。

【采访人】 这里您突出强调了一个"和"字，这也是儒家文化特别是中华优秀传统文化中的一个核心观念。您同时也指出，我们还要追求综合国力的强大，要把自己弱势的文化变强。这种情况下，单纯强调"和"可能就不够了吧？

【李锦全】 对中国传统哲学，我认为并非只有一个"和"字。如先秦有儒、道、墨、法各家。儒家虽讲仁义、重和合，但也强调"自强不息"和"厚德载物"要相辅而行；墨家虽讲兼爱、非攻，但也主张非命、尚力；道家讲柔弱胜刚强，实质上就是讲后发制人；至于战国末年，代表先进思想文化的荀子，主张"制天命而用之"；持历史进化论的法家集大成者韩非，主张列国大争之世，应当"争于气力"。这就说明中国传统哲学具有进取性和斗争性，并重视发挥主观能动精神。只是在宋、明以后，特别是走向近代的过程中，我们的综合国力下降，中国传统哲学在国际上也随之成为弱势文化。我们今天仍然是个发展中国家，当前世界的各种矛盾冲突普遍存在，我们必须增强综合国力和民族凝聚力，要发挥自强不息的主观能动精神，迎接挑战。只有这样，才能使中国哲学在世界文化发展的长河中顺流前进。

不过，中国哲学走向世界不可能是保持不变的原生形态。随着经济全球化的趋势和信息时代的到来，封闭是不可能的，总得对外进行思想文化交流。有人认为传统的和谐哲学、和合学可以派上用场，也就是"厚德载物"。我认为中国哲学走向世界，开放与包容是必要的，但应该以我为主，是冲突与包容互动，矛盾与互补并存。发达国家不能以强势文化推行文化霸权主义、文化殖民主义，我们要在平等对话的基础上，取长补短，经过相互吸收、扬弃、输进外来血液，使自身文化发展进入良性循环。中国哲学走向世界，既要保持自身的民族性，又要吸收人类的共同智慧，从承传中创新，从而体现新的时代精神，达到民族性与时代性的矛盾统一，进入和谐、和合的精神境界。自强不息与厚德载物相辅而行，是中国哲学的优良传统。没有前者，中华传统文化就不能随着时代的步伐向现代转化，没有力量与强势文化平等对话，对后者的开放与包容则会丧失主导而被消融。但是只有前者没有后者也不行，在全球化大趋势之下，一个民族、国家的文化不能孤立地发展，不能孤芳自赏与夜郎自大。如果不能与世界现代化的发展潮流相适应，就难以独立于世界民族之林。只有自强不息与厚德载物相辅而行，才有助于中国哲学循着文明途径走向世界。

（中山大学教授李宗桂先生、杨海文先生对这次专访给予大力支持，专申谢忱。）

李锦全教授口述(之二)

【按】 年近百岁的李锦全教授早年从事中国古代史的教学与研究,1960年后主要从事中国哲学史的教学与研究,文史哲兼通,具有深切的文史情怀。他对中国哲学史的方方面面做过精深的研讨,成果丰富,并在此基础上提出"矛盾融合、承传创新"的哲学史观,具有重要的方法论意义。李锦全教授是中华优秀传统文化"道法自然"的践履者,特定的时代经历与丰富的人生阅历使其形成了"忧患意识、旷达人生"的哲学观,这是一笔让人受用无穷的宝贵精神财富。

受访人:李锦全(中山大学哲学系教授,时年94岁)
采访人:杨海文(中山大学哲学系教授)

【采访人】 您自1947年以来,除了1951年至1954年,一直在中山大学读书、教书、写书,不仅是名副其实的"老中大",而且为中山大学的人才培养、学科建设、社会服务做出了卓越的贡献,2010年荣获"中山大学第二届卓越服务奖"。这次访谈侧重学术,尽量长时段地展现您与学术之间的那些或细微或重大的方面。记得您有一首诗写道:"黄瓦红墙朝圣庙,长袍短褂谒先师。官员下马皆趋拜,何况区区六岁儿。"① 我们似乎可以从它谈起。

【李锦全】 这首诗写于 1966 年或 1967 年,但讲的是我小时候在东莞老家拜孔庙的事情。20 世纪 30 年代初期,东莞的孔庙保存得还很完整,祭拜的人也很多。我五六岁的时候,就穿着家里新做的长衣马褂去拜孔子,至今记忆犹新。"官员下马皆趋拜"是什么意思呢?孔庙的前面有一块石碑写着"文武官员至此下马",叫作"下马碑"。无论你是多大的官,到了孔庙都是不能骑马的,否则就是不恭敬。孔庙以前也是进行科举考试的地方。废除科举后,东莞的孔庙变成了一座小学。日本人打进来后,它没人管,慢慢就坏掉了,真是很可惜。

【采访人】《思空斋诗草》的开篇是近体诗《夜宿太平感怀(五律)》,小序写道:"一九三八年九月和同学诸子往太平镇募捐,支援抗日战争。"诗云:"夜宿凉风早,征鸿近晚秋。繁星垂断垒,孤月涌重楼。烽火三边动,刀兵万里愁。胡尘何所处,愿继渡江舟。"② 这首诗

---

① 李锦全:《莞城旧事杂咏二十首(七绝)》其一,《思空斋诗草——忧患意识、旷达人生的剪影》,花城出版社 1999 年版,第 119 页。
② 李锦全:《思空斋诗草——忧患意识、旷达人生的剪影》,第 1 页。

颇有杜诗的味道。自从令尊要您读了杜甫（712—770）的诗，您的诗风大变，瞧不起以前写的诗了，所以特意将这首诗当作诗集的开篇。此后，您有四年停学困居在家里，自学了很多传统文史方面的书籍，并把读书与家国兴亡之感联系起来。

【李锦全】 以前《黄金时代》约稿，我说过这件事。我念前面的两段给你听听：

> 我在中学学习和生活，经历了整整十年的时间。为什么时间拖长，是多次留级吗？还是因病休学？都不是，但中间确是停学四年，不关个人患病，而是由于国家蒙难。我出生于1926年，本来上学是比较早的，1937年我11岁就考上东莞县立中学，在新生中是年龄最小的一员。由于日本侵略者入侵，1938年10月，东莞、广州相继沦陷。我那时刚升上初二就被迫停学了，直到1942年秋季才复学。
>
> 在这将近四年时间里，我住在沦陷区的东莞县城，因怕日军骚扰，整天关门闭户。我没有相近年龄的兄弟姐妹，不过家中藏书比较多，我个人只好每日与书本为伍。我从看古典小说入手，《水浒传》《西游记》《三国演义》《红楼梦》，成为我日常的伙伴。接着是读唐诗、宋词和古文评注中的名家文章。经过几年的刻苦自学，我能够作诗填词，用古文写文章，另外还读史书和史

论，在读文史书时颇生出家国兴亡之感。①

【采访人】"得失前朝事，兴亡旧日书。挑灯闲展卷，似入古人居。"② 您1942年写这首《读史（五绝）》的时候，应该已经复学了。复学后，您写过一篇《史可法抗清传论》，同样寄托了自己的家国兴亡之感。据说它还有一段故事。

【李锦全】 先补充一点：1942年复学，我读的是"汪伪政权"办的东莞一中，因为东莞县立中学流亡在外。抗战胜利后，我进入复办的东莞县立中学读高二，直至毕业。所以从1937年到1947年，我读了十年中学。《史可法抗清传论》是我读初三那年帮同班同学代写的，算是做了一回"枪手"。全文没有保存下来，但我记得文后的"赞曰"是这样写的："大厦之倾也，非一木所能支；举国之危也，非孤臣所能任。史公受命朝廷，投身军旅，连师淮、泗，力图中原，事之不成，非战之罪也。然破巢之下，安有完卵；亡国之余，安能全身。扬城之殉，公盖计之审矣！史称母梦文山而诞，何其事之类耶！

---

① 李锦全：《十年辛苦不寻常》，《李锦全文集》第6卷，中山大学出版社2018年版，第358页。按，该文原载《黄金时代》1999年第11期。

② 李锦全：《思空斋诗草——忧患意识、旷达人生的剪影》，第43页。按，个别标点符号略有校改。

匪特宋、明之光，亦天汉之幽馨也。呜呼，伟矣！"① 老师把它贴堂了。"贴堂"是什么意思呢？就是老师把学生写得好的文章贴在黑板上表扬。老师给这篇贴堂的文章打了100分加100分，就是200分。老师当然知道我那位同学的实际水平，所以又认为文章是他抄来的，而且是从古书上抄来的。我站起来问老师：抄哪一本古书的？老师回答不了。我这篇习作其实是借史可法（1602—1645）血战扬州的抗清壮举激发当时人们的抗日斗志，而笔法是杜甫的。

【采访人】 您高中阶段的理科成绩极好，为什么高考后却选择了文科呢？

【李锦全】 我读书总是很轻松，从不觉得有负担，还有很多时间看小说，成绩也一直很好。譬如考初中，就是现在说的"小升初"。东莞县立中学极难考上，1937年那一届有一千多人报考，录取十分之一。我们小学有16人毕业，就我一个考上。初试是笔试，我考第43名；笔试后是复试，我考第27名。老师说我是全年级年龄最小的，报名为12岁，实际是11岁。我是没有什么门路就考上了初中。

---

① 李锦全：《十年辛苦不寻常》，《李锦全文集》第6卷，第358页。按，个别标点符号略有校改。

到了高中分科，当时也是重理轻文，成绩好或者数理化厉害的学生读理科，成绩一般或者数理化不行的学生读文科。我不服气，读理科有什么了不起呢？我知道自己考大学，那些文科科目是不成问题的，所以一开始报了理科。高二、高三这两年，我专攻数理化。到高中毕业时，我数学考了 100 分，总成绩是全年级第一名。我的理工科是没有问题的，但我的兴趣不在那里，而是在文科。那时候，文科毕业后估计当个中学教师，理工科的出路其实也不好，做工程师的机会不是太多。我考大学完全是凭个人兴趣。

再给你说说奖学金的事，也不是奖钱，而是奖励粮食。我高中毕业，因为成绩好，得到东莞明伦堂 1000 司码斤（1 司码斤约为 600 克）奖励谷。当时中学老师用粮食牌价付工资。校长一个月的工资只有 700 司码斤粮食，我的奖励谷相当于一般中学教师两个月工资。我考上中山大学，东莞沙田又奖励了 1000 司码斤。这样，2000 司码斤奖励谷相当于一般中学老师四个月工资。我在东莞县立中学读书，不但不要家里出钱，反而还有粮食拿回家。

【采访人】 1947 年高考，您被广东省立文理学院中国文学系、中山大学历史系先后录取。您先到广东省立文理学院读了一个多月，中大发榜后，就到历史系来了。

1951年大学毕业。您在《莺啼序》中写道:"有谁知,南国学宫,此中甘苦。"① 您后来还回忆说在中大历史系这四年,"初步掌握了历史文献学、考据学以及文字训诂等方面的基本功,为后来从事历史研究打下了基础"②。您能详细谈谈这方面的情况吗?

【李锦全】 当时系里开设了很多有关中国断代史的课程,有刘节(1901—1977)的《殷周史》、丘陶常(1914—1983)的《秦汉史》、姚学敏(生卒年不详,女)的《魏晋南北朝史》、罗香林(1906—1978)的《隋唐五代史》、陈登原(1900—1975)的《宋辽金史》、郑师许(1897—1952)的《明清史》、陈锡祺(1912—2008)的《中国近代史》。另外,还有阎宗临(1904—1978)的《世界古代史》、杨成志(1902—1991)的《民族学》。这些老师都很有学问,系里规定学生必选其中的两三门。

大学二年级,我选修了刘节开设的《殷周史》。刘节毕业于清华大学国学研究院,师从王国维(1877—1927)、梁启超(1873—1929)诸先生,学养深厚。一开始选课的人较多,但这门课经常使用甲骨文、金文,很

---

① 李锦全:《思空斋诗草——忧患意识、旷达人生的剪影》,第106页。
② 参见李锦全:《李锦全治学述略》,《李锦全文集》第6卷,第435页。

有难度,所以不少人放弃了,最后参加考试的人很少。我上这门课,写了一篇读《史记·殷本纪》的札记,是一篇古史考据的"半成品",提出了与刘节不同的看法。刘节很欣赏,说自己的观点是一种说法,我的观点也是一种说法,可以两存。以前那些学者的气量,是今天的学者不能比的。我选修这门课的收获,并不限于了解刘节的观点与结论,而是培养了独立思考问题并从事科研的能力。我的本科毕业论文用唐碑证史,就得益于这一科研基本功。

【采访人】 您1951年7月提交长达208页的本科毕业论文,但"再见"它的时候,竟然是在60多年后。您后来用复写纸写文章,自己就能保存一份。估计复写纸在20世纪50年代是很稀缺的,所幸中山大学图书馆把文章完好保存下来了。我记得2012年3月15日晚,您让我到中大图书馆老馆长刘少雄(1922—2014)家里取回扫描本。它现已收入您的10卷本文集①,但人们想多知道一些它的故事。

【李锦全】 我大学四年级,破例拿研究生助学金,兼任系文物室主任梁钊韬(1916—1987)的助理,负责

---

① 李锦全:《中大历史系文物室入藏〈唐代碑刻目录(附跋文)〉》,《李锦全文集》第10卷,第114~181页。

整理顾颉刚（1893—1980）当年为中大买来的五千多张唐代碑帖。在我之前，历史系没有人碰过这批尘封已久的文物。有的碑帖很长很大，必须铺在地上去看。我一边对它们进行登记、归类，一边试图研究它们的历史，以及它们与历史文献记载不同的地方。我也不是有意选这个题目做本科毕业论文，而是刚好在做助理工作，就趁机做了，有点"干一行，爱一行"的意思。王国维曾说："吾辈生于今日，幸于纸上之材料外，更得地下之新材料。由此种材料，我辈固得据以补正纸上之材料，亦得证明古书之某部分全为实录，即百家不雅驯之言，亦不无表示一面之事实。此二重证据法，惟在今日始得为之。虽古书之未得证明者，不能加以否定；而其已得证明者，不能不加以肯定，可断言也。"[①] 把传世文献与地下材料结合起来的两重证据法，也是我研究这批唐碑用的方法及其价值之所在。

这篇本科毕业论文的指导教师是岑仲勉（1886—1961）。他看得很细致，既有一些改动，又在不对的地方打叉。末页有刘节写的评语："全唐石刻虽尚余小部分未收入，但各跋中的发见，确有未经前人道及者。青年得此，诚属可造之材。拟给九十分。"（标点符号

---

① 王国维：《古史新证——王国维最后的讲义》，清华大学出版社1994年版，第2~3页。

为引者所加）所以，首页有岑仲勉的签名及给出的分数"90"。① 我毕业分配到中南文化部后，系里将这批唐碑移交学校图书馆，据说一度损坏得很厉害，现在有人开始重新整理了。

【采访人】 您本来毕业留系的，为何分配到武汉，做了三年文物考古呢？

【李锦全】 1951 年，全校文史哲只有 12 人毕业，其中哲学系 1 人、历史系 3 人、中文系 8 人。系主任刘节早就决定让我留校。有一天突然开大会，事前没有打任何招呼，径直就把我们分配了，理由是国家建设需要干部，而且必须一个星期内报到，根本不可能有讨价还价的余地。我被分到位于武汉的中南军政委员会文化部文物处。副处长是大学教授方壮猷（1902—1970），他是方克立（1938—2020）的父亲。两位科长是调过来的大学讲师，科员全是新分来的大学生。文物处从上到下没有一个党员，有人戏称为"文化水平最高，政治素质最低"。

1952 年 8 月，中南文化部派刘启益（1926—2012）与我两人前往北京，参加由中央文化部（社会文化事业

---

① 参见李锦全：《中大历史系文物室入藏〈唐代碑刻目录（附跋文）〉》（手稿本），中山大学图书馆藏，第208、1页。

管理局)、中国科学院（考古研究所）、北京大学联合主办的第一期考古工作人员训练班。我有一组诗的小序写道："班主任裴文中，任课及指导实习者有贾兰坡、安志敏、夏鼐、郭宝钧、王仲殊、梁思成、莫宗江、阎文儒、宿白、唐兰、张政烺、陈万里、赵万里、马得志、陈公柔等人。多取用现场教学法，并到大同、云冈、洛阳、郑州等地作考古实习，时间虽短，半年间却收获颇丰。"① 给我们上课的无一不是文物考古界的顶级学者，我们又到处实地考察，收获自然极大。这组诗一共十首，最后一首写道："同学半年同结业，临岐分手尚依依。国中文物多丰采，喜得归来致用时。"② 这是在说我们心里的愿望，就是为中华人民共和国的文物考古事业增砖添瓦。

培训班结束后，学员们回到各省继续考古工作。我也到长沙参加了八个月的古墓葬发掘，清理仰天湖 35 号墓出土的战国竹简。考古出土的竹器、木器很难保管，瓷器、铜器稍微好些。中华人民共和国成立后第一次出土竹简的时候，中国科学院考古研究所的工作人员不懂得保管，竹简在墓中看得很清楚，一拿出来就干了，一干就开裂，一开裂就坏了。仰天湖出土竹简后，我们有

---

① 李锦全：《参加考古班杂咏（七绝）》，《思空斋诗草——忧患意识、旷达人生的剪影》，第 113~114 页。按，云冈，原作"云岗"。
② 李锦全：《参加考古班杂咏（七绝）》，《思空斋诗草——忧患意识、旷达人生的剪影》，第 115 页。按，丰采，原作"丰彩"。

经验了，就交给湘雅医学院保护，防腐后一片片插进玻璃管，再密封起来。仰天湖出土的竹简不是《老子》《五行》，只是一些账本，思想史价值不是很大。我回中大后，与考古渐行渐远了。培训班的许多同学后来做了省博物馆的馆长，对我的好处是参观方便了。譬如长沙的马王堆汉墓出土的东西，我还可以到湖南博物院保管室去看，因为搞保管的工作人员是我当时中南文化部的同事。

1954年中南军政委员会被撤销，组织让我去中央文化部。刘节知道情况后，写信要我回中大历史系。负责人说：如果去中央文化部，我们包分配；如果去中大，只能把你的档案由中南局转到华南分局。刘节对中大人事处说：李锦全本来是留校的，政策说不能留就走了；现在"大区"撤销了，中大有理由要回李锦全。他们就从华南分局调回我的档案，我终于重新回到了历史系。我毕业时，中山大学在珠江北边的石牌；我回来时，学校已经整体搬迁到了珠江南边的康乐园。它们可以说都是时代变化在具体人、事、物上的体现。

【采访人】 据说当年中山大学坚决不"批孔"的只有陈寅恪（1890—1969）、容庚（1894—1983）、刘节三人。刘节的《我之信条三则》曾说："做人为学已四十年了，心中光明，对于做人为学的兴味如泉之始涌。""为学同做人能打成一片，这样的学问才不仅是为谋生的职业，而是造次必于是、颠沛必于是的真生活。这种生活是很快乐的，是前途无量的，这才是真正的成功。"① 1977年，您参加刘节追悼会后写的一首诗说："卅载师情伤往事，百年身后痛今朝。音容此际归何处，夜梦难寻慰寂寥。"② 我们特别希望更多地了解一下刘节在中山大学校史上的重要地位。

【李锦全】 刘节将我从武汉调回中大后，仍旧一如既往地支持我、关怀我，让我继续从事中国古代史研究。1956年我升为讲师，开始主讲"中国上古史"课程，从原始社会讲到汉代。他看过我的全部讲稿，有的地方提了意见；在认可的章节，会签上自己的名字。我的切身体会是：刘节做人光明磊落，为学沉潜精湛，不仅仅是授业解惑的"经师"，而且更是行为世范的"人师"。作为刘节的学生，我们认为："他为人心直口快，一向讲真话，不讲假话，言行一致。他自己也常常说：'我所想的就是我所讲的，我所讲的也就是我所做的。'"③ 你再看看我这篇回忆录讲的一件事：

---

① 曾宪礼编：《刘节文集》，中山大学出版社2004年版，第356页。
② 李锦全：《刘节老师仙逝，追悼会后，夜梦书怀（七绝）》，《思空斋诗草——忧患意识、旷达人生的剪影》，第148页。
③ 李锦全、曾庆鉴、刘继章：《刘节先生的治史态度和方法》，《李锦全文集》第3卷，第273页。

尽管刘先生治学态度比较严谨认真，但多年来还是受到批判。据1955年入学的姜伯勤同学说，他们进入二年级时响应向科学进军的号召，由刘先生指导他们的科研小组研究张衡思想，同时还利用暑假给他讲授《周易》原著。据说同学们受益很大。但在"拔白旗"运动时，姜同学也写过两篇批评刘先生的文章，可能后来感到有点尴尬。可是意想不到的是，过了些年有位校党委负责人对他说，他毕业时刘先生曾到党委反映意见，要求学校把他留下来，说这位同学将来必成大器。刘先生并没有看错了，姜伯勤现在已经是中山大学历史系的名教授，研究敦煌学和唐史，在国内外同行中亦是知名学者。这里问题不在于刘先生慧眼识人，而是对写文章批评过他的同学，不仅表现出宽容，而且出以公心，争取为校系留下有用人才，这确实表现出一个大学者的气度。现在姜教授谈到刘老师时，心情还是十分激动。①

【采访人】 我们知道，1960年对于您具有特殊意义："从此，这个高中时对数理化下过苦功夫、报考过大学中文系的年轻人，这个在历史系学习和工作过、在文物考古界培训和锻炼过的年轻人，就一直在'工作证'

---

① 李锦全：《学林思往事　南国见师情——刘节先生生平及其治学述略》，《李锦全文集》第6卷，第387~388页。

的意义上隶属于哲学系，在'学科专业'的意义上归属于中国哲学。也正是从这个角度看，我们不妨将1960年作为李锦全先生完成'由出入文史而彰显思想'这一转变的时间性界碑。"① 2020年是中山大学哲学系复办60周年。值此特别时刻，很多哲学后辈渴望重温您从历史转到哲学的这段传奇。

【李锦全】 我年轻的时候，根本没有想到后半辈子"是哲学系的"。首先说说系史。中大哲学系创办于1924年，但1952年院系调整，也像另外30多个学校的哲学系一样，被并入北大哲学系。全国只保留了北大哲学系，系里的教授比学生还多。1956年后，中国人民大学、武汉大学、复旦大学复办了哲学系。中大也在酝酿，但筹备复办的骨干分子罗克汀（1921—1996）、丁宝兰（1919—1988）被打成"右派"，此事就停了下来。其次说说杨荣国（1907—1978）。杨荣国1953年从湖南大学调来中大历史系，担任中国古代史教研室主任。历史系原来没有研究思想史的人，现在有了杨荣国，但也只有他一个人。杨荣国1956年担任系主任后，单独成立中国思想史教研组，将我与陈玉森（1916—1993）、吴熙钊（1929—1998）放到了教研组。最后说说复办。哲学系好

---

① 杨海文：《李锦全教授与中国传统思想文化研究》，黎红雷、李宗桂、杨海文主编：《春风讲席——李锦全教授八十寿辰纪念文集》，中山大学出版社2008年版，第141页。

几年复办不起来。杨荣国既是历史系主任，又是学校党委常委，所以学校让他过去带头做了哲学系主任，哲学系就顺利复办了。中国思想史教研组被杨荣国带到了哲学系，我就这样成了"哲学系的"。复办后，副系主任有刘嵘（1920—2001）、夏书章，设有马克思主义、哲学史、美学伦理学逻辑学三个教研室；哲学史教研室包括中国哲学、外国哲学两块，我负责中国哲学，胡景钊负责外国哲学。冯达文是哲学系 1960 年复办后招收的第一届本科生中的一员，整整 60 年在系里学习、工作，以后不可能再有这样的例子。总而言之，我从历史转到哲学，算不上什么传奇；即使算是传奇，也多少有点阴差阳错，说到底是时代巨变留下的烙印。

你说我"由出入文史而彰显思想"，倒是有几分道理。1959 年，杨荣国让中国思想史教研组运用他的学术观点，合写《简明中国思想史》。主编是杨荣国，我与陈玉森写古代部分，吴熙钊写近代部分。这本书 1962 年由中国青年出版社出版，印了 2 万多册，产生了广泛的社会影响。书也卖得不错，有 1000 多元稿费，给我分了 500 多元。说到稿费，我想起我在《中山大学学报》1956 年第 4 期发表的《批判古史辨派的疑古论》。学报当时的稿费分为千字 12 元、14 元、16 元三等。我这篇文章有两万多字，拿了三百多元稿费（按照千字 14 元标准）。1956 年我评上九级讲师，月工资 99 元。那时到饭堂吃饭，每人每月的伙食费标准是12.5元。九级讲师的月工资差不多可以让八个人吃上饭，你就知道三五百元稿费的性价比了。学报上的这篇论文是我第一次发文章，《简明中国思想史》是我第一次出书，它们主要谈的是思想。所以，你将1960年当作我"由出入文史而彰显思想"的分水岭，我是认可的。作为抗战烽火中成长的东莞后生，我这90多年来的人生也可谓风风雨雨，但文史情怀始终在我心里，我一直认为文史哲不分家，也是不能分家的。

【采访人】 由于历史原因，您当过22年讲师。其间，您与刘节、杨荣国两位二级教授的交集最多。如果从合作研究的角度看，您的名字经常与杨荣国联系在一起。① 2013年9月，您接受北京大学干春松教授课题组的访谈，却破例讲到您与杨荣国的交恶。这究竟是怎么一回事？

【李锦全】 我在缅怀杨荣国的回忆录中曾说："庐山会议上毛泽东讲话之后，给杨先生带来了新的机遇：1971年，人民出版社刘元产、王东发两位编辑专程来中大，说响应毛主席的号召，想编一本中国哲学史供大家学习，认为我们在中国青年出版社出的《简明中国思想

---

① 参见杨荣国主编，陈玉森、李锦全、吴熙钊编著：《简明中国思想史》，中国青年出版社1962年版；杨荣国主编，李锦全、吴熙钊编著：《简明中国哲学史》，人民出版社1973年版；杨荣国主编，李锦全、吴熙钊编著：《简明中国哲学史（修订本）》，人民出版社1975年版。

史》较为适合，可以修改出版。当时杨先生答应了下来，在他指导下，由我和吴熙钊执笔，1973年由人民出版社正式出版，改名《简明中国哲学史》。"① 随着"评法批儒"运动的不断展开，我们决定出《简明中国哲学史》修订本。当时，中共中央党校写作组用笔名发表文章，认为名家不是讲诡辩论而是讲辩证法，是法家的同盟军。② 杨荣国觉得我们的修订本也应该改成这一观点，我说：您过去出版的书都说名家讲诡辩论，而这一本说它讲辩证法，自相矛盾，这样不好吧？我不是反对他改，只是提个意见而已。没想到出现了交恶一事：

听了我的意见以后，杨荣国竟然说："李锦全，你这不是提意见，是对抗党中央！"哎呀，他的话一说，我的心里立刻就不满了，只好默不作声。……那时我已经意识到，他过于紧跟"四人帮"，已经到了这样的程度，这是我所不能理解的。再后来，他就再也不要我给他写东西了。

---

① 李锦全：《风雨沧桑二十年——缅怀杨荣国教授》，杨淡以编：《杨荣国教授学术论文选》，中山大学出版社2002年版，第384页。按，此文未被收入10卷本《李锦全文集》。

② 参见辛风：《名家是法家的同盟军——评惠施、公孙龙的学说》，《人民日报》1974年12月18日。按，此文包括"名家在阶级斗争中的地位""打击了儒家的形而上学""打击了儒家的唯心主义"三节，第二节包括"'历物'十事中的辩证法思想""'白马非马'的辩证法思想""几个辩证法命题"三点。

如果要说"交恶",可能就是从这个时候开始吧。这个事件,我从来没跟其他人说过,今天当是一次"破例"吧。①

【采访人】 2015年上半年,您在李宗桂教授、张永义教授与我组织做的《李锦全先生口述实录》(未刊稿)中曾说:"有些人说杨荣国当时那么红,你怎么不表示一下呢?但是,后来杨荣国倒霉了,很多之前支持他的人反而不敢接近他,不去看他,我倒是不怕。他最后住院的那段时间,就是我去看他了。""我就这样的:他再红,我也不会跟着他;他倒霉了,我也不会介怀。"杨荣国百年后,您为《中山大学杰出人文学者文库》编过他的文集,为《广东历史文化名人丛书》写过他的传记②,这些都是不介怀的表现。您如何总体评价杨荣国这位历史人物呢?

【李锦全】 我念两段话。第一段话是:"我和杨先后相处二十多年,对他的了解还是比较清楚的。他是老党员,党性强,正因为这样,在'文革'中自以为是紧跟毛主席、党中央,是坚决支持无产阶级司令部的革命

---

① 杨澜洁:《"评法批儒"中的杨荣国——李锦全教授访谈记》,《北京青年报》2014年12月19日。按,个别标点符号略有校改。
② 参见李锦全、杨淡以编:《杨荣国文集》,中山大学出版社2004年版;李锦全:《现代思想史家杨荣国》,中山大学出版社2009年版。

路线，而实际上却为'四人帮'所利用，这是他晚年所以成为悲剧人物的原因所在，这种现象值得我们思考。"① 第二段话是："揭示杨荣国晚年在方法论上的错误，并不影响他曾经作为我国著名的哲学思想家所做出的成就和贡献。杨荣国同志是一位曾在中国哲学史研究的拓荒中做过贡献的老一辈中国哲学思想史家。"② 我的总体评价就在里面。

【采访人】 20 世纪七八十年代之交，您与武汉大学萧萐父（1924—2008）共同主编了两卷本的教育部③统编教材《中国哲学史》。据说，你们没有填任何表格就拿到了这个项目，而不是像现在填了一大堆表格还不一定获批。另外，从编撰教材的角度看，这与您以前参与编著杨荣国主编的那几本书有关吗？

【李锦全】 说到我们主编这套教材的缘起，你们肯定有恍若隔世的感觉。教育部 1978 年在武汉召开文科教材工作会议，决定新编一批高校教材。各校分管文科的校领导参加会议，并没有编写人员参加。教育部的人说，

---

① 李锦全：《风雨沧桑二十年——缅怀杨荣国教授》，杨淡以编：《杨荣国教授学术论文选》，第 385 页。
② 李锦全、吴熙钊（执笔）：《杨荣国同志的治史方法及中国哲学史研究的成就》，《李锦全文集》第 3 卷，第 292 页。
③ 教育部 1985—1998 年改名为国家教育委员会（简称"国家教委"），适当注意两者在文中的区别。

你们在座的领导,谁想编《中国哲学史》,那就自己报名。"文革"前,教材总是受批判;刚刚结束"文革",编教材没有好处、没有钱。所以北京大学、中国人民大学虽然有能力编,但就是不报名。最终武大老师答应做主编,中大老师答应做副主编,四川大学、湘潭大学、武汉师范学院老师愿意参加,就这五家报名。萧萐父"文革"期间被整得很惨,不想写,对校领导说:"你们接下的任务,你们自己弄。"校领导反复做工作,说要顾全大局,他才同意。中大是刘嵘副校长参加会议。他回来后找到我,我就与吴熙钊、冯达文、屈志清接下了。后来又有辽宁大学、南开大学、南京大学、广西大学的老师自愿加入,一共是九所院校编《中国哲学史》。现在争项目争得头破血流,当时是不一样的,是不是恍若隔世?

几年前做《李锦全先生口述实录》时,我确实把这套教材与杨荣国的书连在一起讲过,但不是指公开出版的那几本,而是指一个稿本,知道它的人很少。我手头仅有一册,已让你送给学校图书馆收藏①。你看看我写的这段话,是说60年代前期的:

由于当时政治运动不断,我到哲学系后几年,就先

---

① 参见杨荣国主编:《中国哲学史》第1册(稿本),人民出版社(未署印行年月)。按,此书已于2012年3月21日捐给中山大学图书馆。

后到揭阳参加整风整社运动，还到番禺大石、花县参加"小四清"和"大四清"，中间有一段我又染上肺病。所以这几年在学校时除完成一些教学任务外，很难再作学术研究工作，不过这几年还搞了一点半成品。由于教育部曾约人主编中国哲学史教材，一部由任继愈主编，就是后来出版的四卷本。另外一部由杨先生主编，计划分四册（因那时大学文科改五年制，哲学系中国哲学史开课两年，每学期用教材一册，所以编四册），我们由于人手少，时间不集中，到1964年6月，才写出由我和陈玉森执笔的第一册（先秦部分），1965年由人民出版社印成稿本。不久开始"文化大革命"，编写工作也就流产了。①

【采访人】 两卷本《中国哲学史》发行10多万册，还出了英文版②，1988年荣获国家教育委员会高等学校优秀教材一等奖，影响极大。我80年代中后期读大学，它是我们的教材；我现在为大一新生上这门课，它是重要参考书。我觉得这套教材是您在哲学史研究方面守正创新的鲜明体现。

---

① 李锦全：《风雨沧桑二十年——缅怀杨荣国教授》，杨淡以编：《杨荣国教授学术论文选》，第380页。

② 参见萧萐父、李锦全主编：《中国哲学史》上卷，人民出版社1982年版；萧萐父、李锦全主编：《中国哲学史》下卷，人民出版社1983年版；Xiao Jiefu、Li Jinquan. *An Outline History of Chinese Philosophy*, Beijing: Foreign Languages Press, 2008.

【**李锦全**】 守正创新，谈何容易？给你说说"怪胎"一事。黄明同曾说："记得1980年的秋天，是我进修的第二学期，李老师让我列席在广西北海召开的中国哲学史教材编写会议。当时'四人帮'刚倒，'左'的思潮仍在作祟，由萧萐父、李锦全主编的《中国哲学史》还在编写中，教育部一位中层干部在某次会议上提出了对该教材的否定看法，于是北京传出种种非议，于是有作者自嘲该书为'怪胎'。当时有作者欲打退堂鼓，因而北海会议在讨论书稿之前，首先得统一思想认识，务虚会开了3天，气氛怪沉重的，我只'当听长'了。"① 教育部那位干部的说法是系里做马哲的黄春生从北京开会回来告诉我的，说是我们编的教材有问题。至于有什么问题，则不知道。传到北海会议上，武大的唐明邦（1925—2018）说，书还没有出来，就变成"怪胎"了？②

我们这套教材，其实也讲唯物主义与唯心主义、辩证法与形而上学的两军对垒，这不算怪；但它同时讲螺旋式上升、波浪式前进的圆圈论，这就有点怪了。1981年冬，教育部组织的教材审稿会在大连召开，审稿专家

---

① 黄明同：《引领我进入学术殿堂的恩师》，黎红雷、李宗桂、杨海文主编：《春风讲席——李锦全教授八十寿辰纪念文集》，第54页。

② 《〈编余吟咏〉初序》有个注释说："由于外间对编写组编书出现流言，在北海会中传开，唐子明邦惊乎（呼）曰：此书稿岂成为怪胎乎！此为今典'怪胎'出处。"（李锦全：《思空斋诗草——忧患意识、旷达人生的剪影》，第3页。）

以张岱年（1909—2004）、石峻（1916—1999）为首。他们同意我们的圆圈论，张岱年还开玩笑说："历史发展不会完全是这个样子。就像月亮是圆的，但也不是天天中秋节！"既然不是每一阶段、每一思想都按这个圆圈论来转，那么，就不能说整个中国哲学史发展都是这样，讲得太过就不符合事实。圆圈论可以成立，但不能当作教条。所以我说，守正创新，谈何容易？

【采访人】 始终不渝地守正创新确实不易，但您恰恰是这样做的。1986年您60岁，有两件大事特别值得一提：一是从人才培养看，系里的中国哲学专业拿到博士点，您设置了"中国传统文化与现代化"的研究方向；二是从科学研究看，您与南开大学的方克立主持了国家哲学社会科学研究基金"七五"重点规划课题"现代新儒学思潮研究"（也是"八五"重点规划课题），大陆学术界对于现代新儒学思潮的研究揭开序幕。① 这两件事表明：您试图通过人才培养、科学研究，借以探寻中国传统文化与现代化的复杂关联，促使中国文化发展的守正创新。

---

① 有学者认为："现代新儒学研究始于1986年，它的标志是'现代新儒学思潮研究'课题的确立。"（邵汉明：《现代新儒学研究十年回顾——方克立先生访谈录》，方克立：《现代新儒学与中国现代化》，天津人民出版社1997年版，第607页。）

【李锦全】 先讲第一件事。过去,博士生导师极少,而且要国务院批。我与萧萐父都是 1986 年第三批通过的。前两批是 1981 年、1983 年,不需要写申请;到第三批,就要写了。后来听小道消息说,我们通过的原因是主编了《中国哲学史》教材。我们博士点 1986 年开始招生,黎红雷、吴重庆是最早的两位博士研究生。任剑涛、肖滨也是早期在这读的博士。他们都发展得很好。

文化问题涉及民族性、世界性、时代性,也可以说是涉及多元、普遍、变通。改革开放以后,中国文化进入多元民族文化与世界文化的时代变局之中,"中国民族文化往何处去"亟待人们给予回应。从守正创新看,冲突与和谐并存,机遇与危机共存,我历来的观点是:

从整个世界文明发展的趋势来看,我认为当今所谓发达国家和发展中国家,其差距主要表现在物质财富的积累和科学技术的水平方面。至于精神生活,特别在道德伦理、人际关系等方面,则并无明显的先进与落后的差别,只能说是互有短长。所以,中西文化冲突可能将来形成"互补"的格局,即经过互相吸收、扬弃、输进外来血液,使自身的文化发展进入良性循环。中华民族既有优秀的历史文化遗产,现在又能以日益富强的面貌自立于世界民族之林,那么,在改革开放和建设社会主义精神文明总方针的指导下,我们的民族文化必将得到发扬,在世界文化发展的长河中总会占有一席之地,并以新的面貌出现而走向世界。①

再讲第二件事。港台新儒家 1958 年在香港发表"中国文化宣言"②，我们当时自然一无所知，都没有听说过。即便到了 80 年代前期，大陆学术界对现代新儒家的了解仍然极少，研究更是谈不上。但是，他们写过很多书，他们的思考同样是在回应"中国民族文化往何处去"这一时代大课题。1986 年 3 月，方克立在国家教委开的会上认为："我们要重视和加强对现代新儒学的研究，弄清它产生的时代背景和发展的诸阶段，对其主要代表人物的思想和著作，用马克思主义观点进行实事求是的分析和评论，并且一定要把它放到中国现代思想斗争的总的潮流中来考察。经过若干年的努力，我们的认识当会更清楚一些。"③ 同年 11 月，课题就批了。至于我如何成了主持人之一，我还真说不清楚。据说中大、南开在国家教委那次会上都有人谈到现代新儒学问题，国家教委让方克立与我把研究"领"起来，说是不要分开研究，就

---

① 李锦全：《中国民族文化向何处去？——兼论多元民族文化与世界文化的关系》，《李锦全文集》第 1 卷，第 195~196 页。

② 参见牟宗三、徐复观、张君劢、唐君毅：《为中国文化敬告世界人士宣言——我们对中国学术研究及中国文化与世界文化前途之共同认识》，李瑞全、杨祖汉编：《中国文化与世界——中国文化宣言五十周年纪念论文集》，"国立中央大学"儒学研究中心 2009 年版，第 583~625 页。

③ 方克立：《要重视对现代新儒家的研究》，《现代新儒学与中国现代化》，第 4 页。

搞成了一个课题组。我与方家父子是有缘分的。上面谈过我50年代初期在方克立的父亲手下工作过。方克立1962年大学毕业，原本是分配到我们系里的①。可惜他2020年4月21日走了（逝世）……

课题组是实实在在做了一些事的。从1992年起，"现代新儒学研究丛书"的"专人研究系列""专题研究系列"分别由天津人民出版社、辽宁大学出版社陆续出版，陈少明也出了一本②，一大批年轻人茁壮成长。我们认为："青年人精力充沛，思想敏锐，勇于开拓进取，富有探索精神，所以这一批研究成果大都各有创新见解，不落俗套，具有较高的学术价值。课题组始终十分强调两点：一是要详细占有资料，准确理解原意，这是实事求是地进行科学研究的基础和前提；二是要运用马克思主义的立场、观点和方法，对现代新儒学进行一分为二的分析评论，既不盲目崇仰，也不抹煞它的贡献和历史地位。所有作者都要朝着这个方向努力去做。应该说他们的工作是做得有成绩的，基本上达到了上述两个要求。"③ 这番话是方克立执笔的，同样代表了我的意见。

---

① 参见方克立：《贺李锦全教授八十大寿》，黎红雷、李宗桂、杨海文主编：《春风讲席——李锦全教授八十寿辰纪念文集》，第37~38页。
② 参见陈少明：《儒学的现代转折》，辽宁大学出版社1992年版。
③ 方克立、李锦全：《〈现代新儒学研究丛书〉主编的话》，方克立：《现代新儒学与中国现代化》，第451~452页。

关于现代新儒学，我也写过一些文章。我觉得他们讲的"老内圣开出新外王"，是在倒果为因。他们实质上是以道德文化决定论作为理论依据，认为儒学在中国能够复兴，而这条路经过历史实践证明是行不通的。"总之，对儒家思想与现代化关系和对现代新儒学思潮的历史评价，应该容许百家争鸣，可以让海内外学者根据各自不同国家和地区的情况，结合社会实践的效果加以批判。我们的态度是既不人云亦云，也不固执己见，应该跟随时代前进的步伐，结合自身的国情，对现代新儒学思潮发展的各个时期，做出应有的历史评价。"① 说到底，现代新儒家研究离不开守正创新这个总原则。

【采访人】 1996年，您首次发表了系统论述"矛盾融合、承传创新"这一哲学史观的文章。我有段文字写道："这篇文章原载广西人民出版社1996年7月出版的《今日中国哲学》，先生时年70岁。《庄子·人间世》说的'美成在久'，是说美好的事物需要时光的不断打磨方能日臻至善。我觉得这句格言最适合摹状先生的学思历程。"② 提到"美成在久"，我想起李宗桂教授讲您的一番话："他发表

---

① 李锦全：《现代新儒学思潮的历史评价》，《李锦全文集》第4卷，第169页。

② 杨海文：《美成在久：系庆版〈李锦全文集〉前言》，《云梦学刊》2020年第1期。

的论文，就时限而言，从先秦贯通到当代，各个历史时期的都有；就学术流派而言，儒家、道家、墨家、法家、佛家、名家等，无不论及；先秦子学、两汉经学、魏晋玄学、隋唐佛学、宋明理学、近代新学，以至现代新儒学，都在他的笔触之中。至于近年来影响广泛而深远的中国文化讨论，特别是关于中国传统文化与现代化的关系问题，他更是见解独到，论著甚多，颇为学术界同人重视，产生了比较广泛的影响。"① 您自己也说："……这是我研究中国哲学和中国传统思想文化形成的哲学史观。""这是从历史辩证法体认得来的规律性认识，在学术研究中具有方法论意义。"② 您做哲学史研究几十年，然后提炼出自己的哲学史观，既是水到渠成的学术成就，又是守正创新的典型体现。

【李锦全】 我们这个社会，机遇与挑战同时存在。历史上的思想斗争也一样，都是矛盾、互补并存的。我在"儒法斗争"后写过一些讲"儒法互补"的文章。儒、法是互补的，儒、道也是互补的，儒、释、道同样是互补的。唐代开始讲儒、释、道互补，宋明理学就做到了三家的融合。我做哲学史研究的时候，发现各家各派总是既有矛盾的一面，又有互补的一面，而一部哲学史就

---

① 李宗桂：《李锦全教授学术述略（代序）》，李锦全：《人文精神的承传与重建》，广东人民出版社 1995 年版，第 4~5 页。
② 《内容介绍》，《李锦全文集》第 1 卷，第 1 页。

是在既矛盾、又互补的过程中传承下来的。所以，我提出了"矛盾融合、承传创新"的哲学史观。它包括三层含义：一是特定思想体系内的"矛盾两重性"，二是不同思想群落间的"矛盾融合论"，三是思想史进化历程中的"承传创新观"。① 光这八个字，我可以写一本《中国哲学史》，只是没这个精力了。现在大家都讲"综合创新"，其实它在中国古代早已有之。方克立说这一哲学史观是我"在长期的中国哲学史教学与科研实践中对历史辩证法的深切体认和总结出来的规律性认识，对该学科的建设发展具有重要的方法论意义"②，这与你说的"守正创新的典型体现"大概是同一个意思。

【采访人】 您对中国传统思想文化的研究包括三个部分：一是以问题为中心的学术沉思，二是"矛盾融合、承传创新"的哲学史观，三是中国传统文化的现代转型。第一个部分——在不同的问题意识导引下从事的一系列备受瞩目的学术研究，使得您成为专业意义上的学人；第二个部分——将个别的、具体的、微观的学术研究上升为整体的、抽象的、宏大的哲学史观，使得您成为学科意义上的哲学史家；第三个部分——把书斋里的学问与火热的时

---

① 参见《内容介绍》，《李锦全文集》第1卷，第1页。
② 参见方克立：《贺李锦全教授八十大寿》，黎红雷、李宗桂、杨海文主编：《春风讲席——李锦全教授八十寿辰纪念文集》，第40页。

代担当感有机地结合起来，使得您成为当代意义上的建设者。学人、哲学史家、建设者组成了您的"学术儒"形象，这是"字史"意义上的，也是为人熟知的①。从"心史"意义看，则有"君子儒"形象。《思空斋诗草》的副标题中有八个字"忧患意识、旷达人生"，您2015年做《李锦全先生口述实录》时，认为它代表了您的哲学观。人们对此了解得较少，但又渴望有所了解。

【李锦全】这么一说，我那两个"八字"——"矛盾融合、承传创新"是哲学史观，"忧患意识、旷达人生"是哲学观。无论哪个教授，上课、做学问都只是人生的一部分，有时甚至是极小的一部分。人生岂能只有上课、做学问这几件事？哪会如此单调、简单？所以，哲学史观仅仅是我的哲学观的组成部分，而哲学观显然远远大于哲学史观。

我们这代人的经历是很难复制的。回首我的前半生，先是十四年抗战、四年解放战争，后来虽然没有打仗，但我讲师就从1956年到1978年做了22年（1960年由九级升为八级）。后半生相对好多了，但也不是风平浪静，同样有磕磕绊绊。任何人的一生，缺了忧患意识就会顶不住，又哪来旷达人生？所谓忧患意识，不是整天忧心

---

① 参见杨海文：《李锦全教授与中国传统思想文化研究》，黎红雷、李宗桂、杨海文主编：《春风讲席——李锦全教授八十寿辰纪念文集》，第162页。

忡忡、惶惶不可终日，而是明白人生总会遇上问题，必须预先做好准备，等到问题来了，就能兵来将挡、水来土掩。所谓旷达人生，是指忧患看得轻了，面对问题就不觉得有什么，心里当它没来，遇事看得开。因为我有思想准备，所以碰到问题就不会惊慌失措；因为我能应付问题，所以问题不再是问题，人生变得轻松起来。

从忧患意识到旷达人生，就是拿哲学体味人生。有人认为忧患意识是儒家的、旷达人生是道家的，说我这一哲学观受到儒家、道家的双重影响。很难说这是这家、那是那家的，倒不如说每个人的经历多了以后，都得这样做，都会觉得"道悟菩提，心通造化。来去自由，了无牵挂"① 挺好。我拿"忧患意识、旷达人生"应付了九十多年，表明这两个理念还是行得通的。

【采访人】 不管怎么说，做学问仍是读书人一生中的重要组成部分。我 2011 年 3 月给您填写"广东省首届优秀社会科学家"申报材料，统计了您在中大近年来定级为 A1、B1 期刊的发文量：《中国社会科学》1 篇、《哲学研究》8 篇、《中国哲学史研究》6 篇、《中国哲学史》3 篇②。您

---

① 参见李锦全：《为澳门佛教菩提禅院题词》，《思空斋诗草——忧患意识、旷达人生的剪影》，第 234 页。

② 《中国哲学史研究》1980 年创刊，1990 年停刊；1992 年，中国哲学史学会重新创办《中国哲学史》。

发表过那么多的"顶级"期刊论文,却又常说自己写的是"门票文章"。这也应该体现了您的哲学观吧?

【李锦全】 这个问题仍与读书有关。我的中学时期比较特殊,一共上了十年。因为日本人打进来,所以有四年没有上学,就关起门来自己读书,读的书比上学时还多,影响了一生。我这辈子不运动、不娱乐、天天看书的习惯,就是那几年养成的。我看书也不选择,能读就看,来者不拒,兼收并蓄。人们说要看好(正能量)书,我不是这样。我读的《红楼梦》,是东京出版的本子。十五六岁时,我编过《红楼梦》人物关系表,长达好几米,搞清了书中究竟有多少人物。我用毛笔标出性别:黑色是男的,红色是女的。前几年,我把这张手绘的表以及大部分藏书捐给了学校图书馆。2018年12月,系里给我新出的10卷本文集办会,吴重庆开玩笑说:"读博时,我向李老师借足本《金瓶梅》,李老师说任剑涛借走了。"我确实有过《金瓶梅研究拟目》的计划,只是后来没有研究下来。我是凭兴趣读书,所以读过的书就记得牢。

与同辈人相比,我的文章发得比较多。我1984年至1989年做系主任,不管时间如何紧张,大概每个月发一篇论文。为什么会这样?因为我写文章,只要资料、思路这两样东西弄好了,就开始写。关于资料,我平时有所准备;关于思路,我心中有数就行。我写文章是不打草稿的,没有初稿、二稿、三稿。写完看一遍,如果有错字，就改一改；如果没有，就算写完了。我的文章是用复写纸写的，一式两份，一份自己保留，一份参加会议。20世纪八九十年代的学术会议特别多，你请我，我都去，来者不拒。我参加过七八十次会议，一般是开这个会，就写下一个会的论文。台上开会，我在台下思考我的问题，外在环境影响不到我的思考。会上谁要我的文章，我就给谁，哪有什么C刊、"顶级"期刊的概念？如同进公园要买门票，参加学术会议总得交篇文章，我就调侃我写的论文是"门票文章"。

很多人觉得自己的文章了不得。我没有文章自贵的想法，也并不看重这些"门票文章"。人家对它们怎么评价，我不关心。无论说好还是说坏，都随人家去说。我的10卷本文集收的最后一组诗是2015年写的《门票文章自嘲十咏》。第一首说："门票文章亦自由，任随漂泊任沉浮。学无继统难成器，语不惊人也便休。住世未曾离旧俗，此生安得入清流。躲进小楼成一统，管他冬夏与春秋。"第十首说："门票文章已过时，教坛半纪愧为师。喜迎后辈超前辈，又见新词换旧词。秋月春花皆过了，行云流水欲何之。人生本是如朝露，造化回归莫太迟。"[①] 这是"门票文章"与我的哲学观之间的关联的写照。

---

① 李锦全：《〈思空斋诗草〉及其续集》，《李锦全文集》第7卷，第210、212页。

【采访人】 这次访谈有一个重要目的，就是试图从如何做一位学者的角度，更准确地把握您的哲学观。我揣摩它有两层更具体的含义：一是率性地做好自己，二是随和地对待他人。大致说来，前者强调凭兴趣读书是学者"学而优"最大的乐趣，后者强调不为难他人是学者"优则仕"起码的操守。您刚才讲的涉及第一层含义，如何领悟第二层含义呢？

【李锦全】 举个例子，以前开学术会议，住房分三六九等。1978年中国哲学史学会在太原成立后，组织去大同参观云冈石窟。晚上到达大同，昼夜温差大，比较冷，人们站着冷风里，等待分配房间。中大去了四个人，丁宝兰是教授，我是副教授，吴熙钊与冯达文是讲师。按规定，教授一人住一个房间，副教授两人住一个房间，副教授以下的四人住一个房间。我对接待人员说：我们刚好四个人，给一个房间算了，我们不计较。他说不行，一定要按招待标准来。结果，我们四个人分到三个房间住了。这类规章制度为什么就不能灵活运用、与人方便呢？

现在有不少教授争着当处长，觉得有权力、很威风。杨荣国当年对我说过："……系主任是兼职，应该是教授兼系主任，不能说系主任兼教授，因为教授才是本职。"①

---

① 李锦全：《风雨沧桑二十年——缅怀杨荣国教授》，杨淡以编：《杨荣国教授学术论文选》，第379页。

他一直以教授自居并重视学术成就，做系领导后只是把握大方向，具体工作则由两位副手打理。1978年起，刘嵘当副校长兼哲学系主任，我是副系主任，实际主持工作。凡是大事，我向他汇报；而一般工作，我就直接处理。我接下来做系主任的那几年，只在评职称、授学位的时候签个字。另外有两个副系主任，胡景钊管教学，叶汝贤（1936—2009）管科研。既然分工给人家，就要尊重人家。人家怎么做就怎么做，我从不干预。因为一干预，矛盾就来了。至于一般的事，办公室同意就行了，不用找我。当时办自学考试，课酬高，好多人争着上课，我一次也没有上过。有人问哲学系的自学考试挣了多少钱，我说不知道，因为我没有拿过一分钱。任何人只要把权力、金钱看轻一些，就不难随和地与人相处。

【采访人】 在我看来，您的哲学观既有"方便说法"，它是指"忧患意识、旷达人生"；又有"究竟说法"，它是指"道法自然"。这是因为您的诗文常常提到"道法自然"。1995年，您说："老实讲，我并不很推重儒家，也并未刻意去追求哪家风范，我只是习惯平平淡淡地生活、做学问，不太在意身外的东西。这样说来，我想我的思想人生态度基本上又算得是道家的，我是道法自然。"① 1996 年，您说："笑傲尘寰七十年，湖山又见散游仙。非关入世超流俗，且往寻根是宿缘。大地苍茫谁是主，人情幻变孰为先？休言造化知无限，乐道终归法自然。"② 无论"道法自然"还是"七十而从心所欲，不逾矩"，都是优入圣域的人生至境。所以，李宗桂教授为您的 10 卷本文集写序，用的标题是"道法自然，止于至善"③。在您这里，隽永的哲学观与丰富的人生经历是一而不二、互为一体的。这是一笔宝贵的精神财富，会让我们受用无穷。您是中山大学哲学系复办 60 周年自始至终的亲历者、见证人，这次学术访谈恰逢其时，因此具有特别的意义。您作为老系主任，又是中国哲学博士点的创始人，最后恳请您对承前启后的新一代哲学学人有所寄语。

【李锦全】 我念一念《〈思空斋诗草〉及其续集》中的两首诗。第一首是为 2000 年中大哲学系复办 40 周年写的："四十迎来不惑年，星光灿烂耀南天。切磋学侣来三五，培养生徒过百千。哲理精研生慧果，文风累洽聚

---

① 吴春雷：《道——李锦全先生访谈录》，《李锦全文集》第 6 卷，第 461 页。
② 李锦全：《七十初度，俯仰前尘，戏成四律》，《思空斋诗草——忧患意识、旷达人生的剪影》，第 233~234 页。
③ 参见李宗桂：《道法自然　止于至善——李锦全教授的学思和情怀（代序）》，《李锦全文集》第 1 卷，第 1~9 页。

时贤。自惭才薄难为继,久历征途望息肩。"① 第二首是为2010年中大哲学系复办50周年写的:"中山遗泽在斯民,道脉承传启后昆。复办哲坛非复旧,迎来学侣是迎新。百家探索求明理,半纪辛劳为育人。今日群贤齐聚会,同欢华诞乐嘉宾。"② 作为相伴哲学系60年的老教师,我新写了《中山大学哲学系复办六十周年贺诗》:"六十周年一甲子,哲坛复办欲何之?愿随国运开新运,应解今时胜旧时。世界文明争进步,中华传统育繁枝。后起诸君需努力,根魂固铸莫迟疑!"③ 前段时间,我让你看了张立文的一篇文章。他说:"哲学是时代精神的精华。中国的哲学,气傲烟霞,势凌风雨,反思纵横,中得心源,钩深致远,唯变所适。它将中华文明智慧的曙光,照射在哲学史上,使东方智慧之爱,尤为鲜艳灿烂。"④ 作为从事中国哲学研究60年的老教师,我借用这句话与继往开来的哲学后生们共勉。

---

① 李锦全:《中山大学哲学系一九六〇年复办,迄今已历四十周年。从复办至今,我在系中任教,现行将退休,感赋一律》,《李锦全文集》第7卷,第196页。
② 李锦全:《中山大学哲学系复办五十周年华诞志庆》,《李锦全文集》第7卷,第207页。
③ 杨海文按:"2020年6月23日晚,我送这篇学术访谈的校对稿到先生家里;次日晚,取回校对稿。此诗写于这两天。"
④ 张立文:《中国哲学之道》,《光明日报》2020年4月13日。

附　李锦全先生访谈后记

——兼议开展"尼山文库·儒学学者口述史"的意义

常　樯

《尼山世界儒学中心儒学传承发展"十四五"规划》指出："有计划地采访国际、国内著名专家，采集、收藏相关视频、音频资料，建立独具特色的儒学研究口述史文献库。"2023年下半年，尼山世界儒学中心（中国孔子基金会秘书处）应时而动，在征求陈来先生、舒大刚先生、干春松先生等部分权威专家意见的基础上，决定正式启动"尼山文库·儒学学者口述史"项目。项目名称，最终听取的是陈来先生的建议。我忝列项目组之中，又因部门调整之故，得以承担部分采访及协调服务工作。是年9月上旬，在李宗桂先生、杨海文先生及中山大学青年学友的引领与协助下，我们项目组一行5人，飞赴南国，走进时年97岁的中山大学哲学系教授李锦全老先生的家中，就他的科研经历和学术思想等话题，向他发问求教，积累口述史资料。李先生应是目前仍健在的中国哲学专家中最年长的一位。年近百岁的老先生，在书卷的滋养和后学的照料下,生活幸福安逸,精神世界充盈丰富,身居陋室却身体康健,乐观圆融。我们每个人,都为能亲近并采访年近百岁的著名学者而感到兴奋。

项目启动后,许多知名学者又给我们提出希望和建议。吴光先生同意在方便时接受访谈,并给我发微信说,汇编学者口述史意义重大,不仅能展现当代儒家学者的学术特色和精神追求,而且能呈现中华儒学发展演变史的历史面貌。他指出:"我希望口述史一要全,能搜罗当代不同学派代表人物的口述史资料;二要精,要收录确有创见者的学术创见。"杨海文先生认为,这个项目有望为日后的儒学研究开启一个新的领域。他把这个项目的意义归结为两点:"一是从量的角度看,涉及有无之辨、多少之辨,这是因为学者的学术论著一般很少甚至根本不谈论个人经历,而口述史主要记录个人经历,正好可以变无为有、变少为多,有助于弥补这一不足;二是从质的角度看,涉及刚柔之辨、大小之辨,这是因为学者的学术论著多是刚性、宏大的叙事,而口述史多是柔性、细小的叙事,正好可以刚柔并济、大小互补,有助于弥补这一不足。前者促使学者的'为人'变得鲜活起来,后者促使学者的'为学'变得生动起来。"先生们论述精辟,思虑周全,点明了开展儒学学者口述史的必要性和重要性,大大加深了我们对这项工作的理解和认知。

其实，走出李府后，我也一直在思考，我们纵向了解文化名家的学术经历和人生体会，当面就他们的社会观察和时代思考进行发问的意义与价值到底在哪里？除了学术观点，我们应该向这些前辈学人学习些什么？我们能为他们做些什么？尽管还没有完全想透想明白，但直觉告诉我，这个方向并没有错。

追溯历史可知，古代学者在完成其"学术专著"之后，往往会附上一篇记述他们家世（学）渊源、人生经历的文章，如司马迁之《史记·太史公自序》、班固之《汉书·叙传》、王充之《论衡·自纪》等，这些文章在本质上都是口述史作品，便利了后人对其人、其书、其时代的总体把握。冯友兰先生据此将这些作者的用意解读为："欲使后之读其书者，知其人，论其世，更易知其书短长之所在，得失之所由。"冯先生晚年出版有类似口述史性质的著作《三松堂自序》，指明该书"非一书之序，乃余以前著作之总序也"[1]。推而广之，此说同样适用。

我们认为，每一个中国人的奋斗史，都称得上是一部简版的中国断代史；而每一个中国学者的奋斗史，也都称得上是一部简版的中国学术断代史。个人，特别是作为各界翘楚的个人之成长经历，不应为其行业所忽视，

---

[1] 冯友兰：《三松堂自序》，人民出版社2008年版，第1页。

也不应在人文学术历史的书写中缺席。古今中外既往学术史总在不断提醒我们，欲真正了解一位思想巨匠、文化巨擘，不仅要"听其言"，还需"观其行"，学者的心路历程、成长道路、人际交往，一定会对他们的人生选择、学术追求和价值观确立产生过或多或少、或深或浅的影响。因此，纵向了解学者的个人成长，有助于我们更加全面、立体地了解他的一生。另一方面，也应当承认，无论早晚，思想者终将成为历史书写的"宠儿"。兼顾思想者的"言"与"行"，也将会对我们正确把握和理解他们所处时代的社会风气和精神特质，产生管中窥豹的作用。

就方法与路径来说，针对学者之"行"而进行的历史书写，可分为两种：一是由他人书写学者的个人历史，而这个"他人"，多为与学者不同时代的"后生"；二是学者本人通过书写或口述的形式，把自己的记忆唤醒。相较于他人书写或本人书写，本人口述的形式，能够更直接地获取学者"当下"的直觉感受，主观性与历史感都很强。而学者的所思所想，则又全属个体记忆的范畴，因此，"记忆"在口述史工作中便必然要占据关键位置，如美国口述史专家唐纳德·里奇先生所言："记忆是口述历史的核心，历史的意义从记忆里被提取和保存。"[①] 中

---

① ［美］唐纳德·里奇著，邱霞译：《大家来做口述历史》，当代中国出版社2019年版，第1页。

国社会科学院研究员左玉河先生也把口述史称作"记忆外化、固化和物化的过程"①。所以我们说，口述史工作就是唤醒记忆的工作。

从学科的角度看，每门学科都有自己的历史，换言之，每门学科及其代表人物也都有自己的独特"记忆"。可以说，不仅仅是较多使用口述史方法的社会学、历史学，每门学科开展口述史工作都是极为必要的。事实上，为老学者做口述史，的确是许多学者的一份心愿、一种共识。为何兆武先生执笔《上学记》的文靖女士曾回忆，她在清华上学时，就多次听葛兆光先生感慨，应该找一批研究生为老一辈专家学者做录音整理，为后世留下一份珍贵史料。② 就学科属性而言，口述史具有多重性：一是属于历史学，二是属于社会学，三是属于其主角所属的学科。多重属性决定其必然具有多重价值。但客观来看，那些文化学者、科研名家，往往以其突出的学术创新和深刻的理论洞见闻达于世。具体到儒学界，那些令人仰慕的当代大家，对我们而言，他们大多知名度很高，而"透明度"很低。故而，立足当下，以口述史形式记录在儒学界和社会上都具有重要影响力的

---

① 左玉河：《固化、中介与建构：口述历史视域中的记忆问题》，左玉河主编：《中国口述历史理论》，人民出版社2022年版，第99页。

② 文靖：《后记：把名字写在水上》，何兆武口述，文靖执笔：《上学记》，人民文学出版社2018年版，第298~299页。

儒学大家之关键性的人生经历,是我们儒学从业者一项义不容辞的重要职责。

以问答对话的形式进行口述史资料搜集,是当下我们推进这个项目所采取的主要方式。历史已反复告诉我们,向智者发问,从他们那里得到有益启迪与启发,并经自身实践后形成新的认识,是人类思想精华得以保留与传承的最主要形式之一。包括《论语》《孟子》《黄帝内经》等在内的古今中外许多重要的人文典籍,无不以对话体形式流传于世。一问一答,审问之并明辨之,这种最原始,也最具场景感的思想交流方式,记录并延续着"轴心时代"那些人类共有精神导师的价值选择、审美取向、伦理原则。杜维明先生在首届尼山世界文明论坛上致辞时便指出,中华文明不仅是"宽容的文明""学习的文明",也是"对话的文明"。① 发问智者,总能修得一颗透彻而笃定的心。于我们每一个人而言,与智者交流对话,都将是一个精神升华的过程,幽暗迷茫的心灵会变得澄明,百思无解的疑惑会变得释然。如此一来,我们的生活之路、思想之路、学术之路,自然便会走得更加淡定从容、自信坚定。

---

① [美]杜维明:《美国哈佛大学教授杜维明致辞》,尼山世界文明论坛秘书处编:《尼山:聆听世界多元声音》,五洲传播出版社2011年版,第50~51页。

十多年前，因工作之便，我曾访谈过周有光先生、饶宗颐先生、钟肇鹏先生、汤一介先生、李学勤先生、钱逊先生和张岂之先生、成中英先生、张立文先生、周桂钿先生等当代人文学术界的著名学者。这些"大先生"们谆谆以教，殷殷相告。与他们对话，聆听他们垂教，似醍醐灌顶，让我获益匪浅。直至今日，老先生们当面讲出的那些重要论断、核心主张，仍在潜移默化地指引着我前行。时年 106 岁的周有光老先生强调"要从世界看国家，不要从国家看世界"；与李锦全先生年龄相仿的汤一介先生为我们题词"转识成智、大美不言、止于至善"，强调儒释道不可偏废其一；李学勤先生重申他晚年的重要观点"国学的主流是儒学，儒学的核心是经学，经学的冠冕是易学"；张立文先生仿效费孝通先生名言而提出"各想其想，想人所想，想想与共，世界和合"。这些高论，为那时年近而立之年的我，全面把握儒学、中国传统文化的历史价值和时代意义，构建最基本的中国文化观，起到重要的点醒与塑造作用。人生中能有那么一段时间，集中品味由最权威的业界专家所烹制的文化大餐，那是一种莫大的精神享受。郭齐勇先生就把 20 世纪 80 年代他在中国文化书院第一届中国文化讲习班集中聆听梁漱溟、冯友兰、张岱年、周一良等先生之演讲的学习阶段，当作自己"一生中最幸福的时光"，并认为

"那段经历可以说影响了我的后半生"①。我当然亦有同感。我为能够在"个个人心有仲尼"之大先生们的指引下,正式踏上儒学传承发展的时代航船,深感荣幸。如今,我有机会重操旧业,难免生出些许欣喜。

日常学习钻研中,我总期待对"何为儒学"寻得答案,也总会在学术访谈和阅读中,留意向权威学者发问。这个"答案"不一定放之四海而皆准,至少应能自圆其说。围绕这个近乎常识的问题展开讨论,求教大家,必将加深或强化这个时代对儒学乃至中国传统文化的科学认识。我发现,不同学者之间对此问题的具体描述是有差别的,可谓见仁见智。如贺麟先生说:"儒学是合诗教、礼教、理学三者为一体的学养,也即艺术、宗教、哲学三者的谐合体。"② 王蒙先生说:"儒学是亲和、恰到好处的此岸思潮。"③ 牟钟鉴先生说:"儒学是东方伦理型人学。"④ 姜广辉先生说:"儒学是一种'意义的信仰'。"⑤ 邵汉明先生说:"儒学既是安身立命之学,更是经世致用之

---

① 郭齐勇:《清明在躬 志气如神——怀念张岱年先生》,《守先待后:文化与人生随笔》,北京师范大学出版社 2011 年版,第 268 页。
② 贺麟:《文化与人生》,商务印书馆 2015 年版,第 9 页。
③ 王蒙:《激活儒学》,四川人民出版社 2021 年版,第 6 页。
④ 牟钟鉴:《中国文化的当下精神》,中华书局 2016 年版,第 151 页。
⑤ 姜广辉:《儒学是一种"意义的信仰"》,《传统文化与现代化》1997 年第 3 期。

学。"① 朱汉民先生说："儒学是一门涉及中国和东亚地区人民和民族的全体大用之学。"② 王学典先生说："儒学是一种比较完善的社会发展理论。"③ 当我就此问题向李锦全先生请教时，起初他并没有给出自己的理解，而是引用司马谈在《论六家要旨》中关于"儒家"的描述来作答，在我二次发问后，他又指出："在一定意义上，儒学是治国之学。"以上高论，大都能呈现大道同源、殊途同归的理论特色，不同观点之间可能并不存在根本性的分歧。

同时，我也在尝试着对"何为儒学"及"儒学为何"进行作答。依个人的浅见寡识，儒学具有两大显著特点：一方面，仰视世人——儒学在其根本价值立场上是以人为本、以民为贵、以德为要的，儒学之"仁"由"亲亲"出发，最终要落实到"天下为公"意义上的"世人"身上，历代儒者无不自觉担负起了"天下监护人"的神圣职责；另一方面，俯视人世——回望几千年历史，儒学汲取三代元典之智慧，对含有人与物的"人世"形成一种透彻的、总体性的理性观察和科学认识，这些观察和

---

① 邵汉明：《儒学的未来》，《光明日报》2010年11月16日。
② 朱汉民：《儒学的多维视域》，东方出版社2015年版，第265页。
③ 王学典：《让儒学走出中国哲学：社会科学视野下的儒家思想》，靳诺主编：《面向世界的儒学：尼山世界儒学中心联合研究生院共同课2022》，中国人民大学出版社2023年版，第210页。

认识汇聚成一个"知"字,借给了后人一双"观乎人文,以化成天下"的慧眼。孔子说过一段由实到虚、由直观到抽象的妙语:"知者乐水,仁者乐山。知者动,仁者静。知者乐,仁者寿。"(《论语·雍也》)兼为仁者与知者,方为一个标准的儒者。冯契先生也说:"孔子的目标是要培养仁知统一的理想人格。"① 网上也流传一句话:"善良没有敌人,智慧不生烦恼。"这些话其实都是在强调仁与知之重要性。在我看来,我们与大先生们一起讨论"儒学"的过程,其实便是举办一次与古圣先贤进行交流对话的研讨会,也是开启一趟神游中华传统典籍的文化乐旅。

在不断追问中,我还认识到,我们对待儒学,有必要同时反对复古主义与虚无主义,既不可盲目推崇儒学,也不可鲁莽否定儒学。今天,谁说儒学包治百病谁就没有头脑,谁说儒学百无一用谁就没有良知。特别是对于我们这一群儒学从业者来说,不仅应对儒学的历史地位和时代意义抱有温情与敬意,更要持以理性态度。张岱年先生曾指出,儒家专讲"正德",不甚注意"利用""厚生",据此他得出:"从中国文化的长期发展过程来看,儒学实有所偏失。"② 对于这种观点,乍一听可能会

---

① 冯契著,陈卫平缩编:《中国哲学通史简编》,生活·读书·新知三联书店2019年版,第24页。

② 张岱年:《中国人的人文精神》,贵州人民出版社2018年版,第13页。

觉得不舒服，却也表达了事实，毕竟，儒学的突出优势就在于"挺立道德主体"①，张先生之说我们应当真诚接受。尽管儒学强调了"知"，明晰了大"方向"，却没有提供具体"方法"——在科学理论发展和生产技术进步方面，儒学便乏善可陈。

不曾"儒"得尽力，就没资格"闲"得尽兴。我们如果不曾在修齐治平、孝悌忠信上尽全力去做好，如果不曾在道德理念的落地实践上做到感动他人又感动自己，又怎能心安理得地去享受生活、纵情娱乐呢！王中江先生曾评价孔子道："孔子绝不是学院式哲学家或书斋中不问世事的学者，他一生的一个突出特点是行动。实践、活动、奋发，在他那里获得了鲜明的意义。我们用'行动主义'一词来概括他的这一特点。……对于言行关系的识见和态度，首先显示出孔子是一位'行动第一论者'。"② 梁漱溟先生便被称作"行儒家"③。儒学专门解决"成人"问题，我们生而为人，应当自觉或不自觉、有意识或无意识地做"行儒家"，朝着儒学价值理念，勇

---

① 语出牟宗三。原话是："开辟价值之源，挺立道德主体，莫过于儒。"参见牟宗三：《中国哲学十九讲》，贵州人民出版社2020年版，第54页。

② 王中江：《儒家的精神之道和社会角色》，中华书局2015年版，第6~7页。

③ 语出北京地球村环境教育中心创办人廖晓义。参见常樯：《儒此便好》，香港砚峰文化出版社2020年版，第161页。

毅前行。我常以上面这句个人心得自省、自勉。其实，我们所采访到的那些满腹经纶的和蔼长者，不仅是儒学理念及价值的诠释者和宣教者，更是儒学精神的践行者和应用者。他们既有书生志和乡土情，更带公益心，是"经师"，更是"人师"。如果说"做事靠儒家，生活靠道家"这句俗语成立的话，那么其中必有先后逻辑，即先要踏实做事，再去享受安逸生活。

在从事新时代儒学研究阐发和普及应用，以及推进口述史项目的过程中，"何为儒学"（或曰"儒学为何"）应是我们怎么都绕不过去的重要话题，"答案"看似简单明了，既可意会也可言传，而一旦落实到具体讨论中，可能便不是一两句话，甚至一两篇论文能够阐释清楚的。对于儒学的赞扬也好，贬斥也罢，我们都应当以包容的胸怀和对话的姿态来看待。反驳异己者，应当发生在对其全面了解之后。在不断追问、讨论甚至争辩之中，必将加深我们对儒学，对中国历史、中华文明、中华民族的整体把握与认知。

回头再介绍李锦全先生。鉴于此前杨海文先生曾围绕李先生的学术经历对他做过口述史访谈，因此我们这次访谈兼顾了老先生的经历与思想。若以"一言以蔽之"的形式来概述李先生的哲学史观和思想体系，可使用他自己所总结的"矛盾融合、承传创新，忧患意识、旷达人生"十六个字。访谈中，李先生重申了自己的学术观点，他指出，凡是能适应今日精神文明建设需要的，都符合批判继承原则，都应当在承传基础上有所创新，时代性与民族性应在矛盾中得到统一，这就是历史的辩证法。中山大学哲学系曾出版系庆版《李锦全文集》，李先生将该书送给了我们。李宗桂、杨海文二位先生在为该书选编文章时，专门把李先生的论文《矛盾融合　承传创新——论中国哲学、传统思想文化发展的特点》安排在了首篇。杨先生认为《庄子·人间世》中的"美成在久"这句格言最适合摹状李先生的学思历程。①

李锦全先生给我的整体印象，除了精神乐观和观点深刻之外，便是坦诚。交流中他坦言，自己不是一个儒家学者，而是一个"杂家"学者，因为"别人约我写什么，我就写什么；学术会议需要我写什么，我就去研究什么"。虽说李先生认为自己是个"杂家"学者，但就他的主要学术成就来看，其研究侧重点还是在儒学上。另从他曾兼任的主要社会职务上也可看出这一点，他曾担任中国孔子基金会理事、国际儒学联合会理事、广东儒学研究会会长、广东朱熹学术思想研究会会长等，这些机构无不属于儒学类社会组织。听罢李先生的坦诚之言，

---

① 杨海文：《美成在久：系庆版〈李锦全文集〉前言》，李宗桂、杨海文编：《李锦全文集》，中山大学出版社 2020 年版，第 1~2 页。

一旁的杨海文先生补充道:"'杂家'是一个很高的境界了!"此言甚是。尽管著作等身,桃李遍天下,但李先生并没有借接受采访之机宣传自己的科研成就和教学业绩,只是说一些平平常常的真实感受,对此我很感意外。

在当今这个学有所长、学贵有专的分科治学时代,"杂家""杂学"可能并不算是褒义词,但越是那种兼顾博与专的大学者,往往越会自谦地以此自谓。如李学勤先生也曾表达过类似说法:"我常说自己属于'杂学',所学驳而不纯,学识能力尤其有限,哪里敢讲对孔子和儒学有多少认识心得?"① 即便被他人赞誉为"杂家"学者,老先生们往往也会以谦逊的态度做出解读,牟钟鉴先生就曾说:"我涉猎学科较多,有人称我为杂家,但只是小杂,达不到大杂,大杂需要有大学问。"② 如果再加入社会变动因素来考量,如此之语,既为自谦之辞,也在很大程度上反映了实际情况。老先生们以"杂"自称,其实也当有客观上的一种无奈。像李锦全先生等这样一生经历过太多社会变故的知识分子,又怎能凭一己之愿,一辈子守住一个领域、抱定一个观点、把牢一种认知呢!这根

---

① 李学勤:《〈孔子文化奖学术精粹丛书·李学勤卷〉自序》,李学勤著,宫长为编:《李学勤谈国学》(上卷),中华工商联合出版社 2020 年版,第 354 页。

② 牟钟鉴:《中国文化的当下精神》,中华书局 2016 年版,第 322 页。

本就不现实，于变动甚至动荡中，他们只能接受"变是唯一不变"的社会现实，只能在因缘际会中静观其变，随遇而安，并在反复摸索中"承传创新"，最终找寻到自己的存在感和成就感。

李锦全先生曾发文介绍李贽思想，其中引用李贽在《童心说》一文中的一句话："夫童心者，真心也。"李先生指出，李贽"一生的言行可谓光明磊落"，"率性归真以行事"，到老仍童心未泯，他认为童心即孟子的"赤子之心"，并赞同用童心来比喻真心。[①] 像李贽这样的先贤，其对李先生为人处世的风格，必然会产生潜移默化的影响。我本人特别喜欢这种诚恳的真儒性格，打心里敬佩这样的人。我的同乡季羡林先生便是如此。晚年的季先生，身处"不虞之誉，纷至沓来；求全之毁，几乎绝迹"之佳境，仍能保持清醒头脑和谦逊姿态，还自谦道："我明明是一头瘦骨嶙峋的老牛，却有时被认成是日产鲜奶千磅的硕大的肥牛。"[②] 联想到季先生在 90 多岁时公开发文，请辞"国学大师""学界泰斗""国宝"三顶桂冠，其自知之明、谦逊之举便可见一斑。

我们追寻名师大家的足迹前行，一方面要了解他们

---

① 李锦全：《试论李贽的人生价值取向与终极关怀》，李宗桂、杨海文编：《李锦全文集》，第 188~189 页。
② 季羡林：《九十述怀》，季羡林著，王岳川编：《学问人生：季羡林自述》，山东友谊出版社 2006 年版，第 438、439 页。

的人生经历，阅读他们的书作和论文，学习他们的治学方法和态度，另一方面也要发扬他们的学术精神，传承他们的人格风范，特别是要学习他们身上那种宠辱不惊、明于自知、甘于奉献的人生态度。我想这两个方面应是同等重要的。高山仰止，景行行止。在结束对李锦全先生的访谈后，我们代表尼山世界儒学中心（中国孔子基金会秘书处）团委，向老先生赠送了由单位青年书写的书法作品，上书"知者乐，仁者寿"，以此来表达后学小辈对业界师长的崇高敬意和美好祝福。

记得若干年前，我曾随中国孔子基金会领导赴京拜望孔子嫡裔、当时年近百岁的孔德懋先生。面对从家乡来的故交，孔老吸着氧气，喘着大气，反复说道："我都这么老了，什么也做不了了，大家还都想着我！"听罢，我还真没想起来该如何接话以安慰老人。而我们领导则机智地回应道："您老人家健康就是工作！"可不是嘛，对于孔德懋先生这样极具代表性的文化老人，其健在这件事本身，便具有非同寻常的文化意义！现在来看，"健康就是工作"这句话，放在我们的每一位口述史访谈对象身上，都是合适的。

以上便是我走出李锦全先生家门后的一些片断性回忆和思考，纯属愚见，很不成熟，但个人对大先生们的崇敬之心是十分虔诚的。我们衷心祈愿像李先生这样年高德劭、博学多识的大先生们，福寿绵绵，桑榆晚景溢彩流光！

张立文教授口述

【按】 张立文先生是我国著名哲学家、哲学史家，中国人民大学荣誉一级教授。他率先构建了中国哲学逻辑结构论、传统学、新人学理论体系。根据21世纪人类所面临的五大冲突和危机，张立文先生又创造性地构建出化解五大冲突和危机的和合学理论体系，提出和生、和处、和立、和达、和爱五大原理，以构建和平、发展、合作、共赢的和合天下。张立文先生在国内外发表学术论文600余篇，出版《和合学概论——21世纪文化战略的构想》《和合哲学论》《传统学引论——中国传统文化的多维反思》《中国传统文化与人类命运共同体》《学术生命与生命学术》等专著35部。"和合是指自然、社会、人际、心灵、文明中诸多形相、无形相的相互冲突、融合，与在冲突、融合的动态变易过程中诸多形相、无形相和合为新结构方式、新事物、新生命的总和。""和合学"是指"研究在自然、社会、人际、人自身心灵及不同文明中存有的和合存有，并以和合义理为依归，以及既涵摄又度越冲突、融合的学说"。本次采访让我们近距离探寻张立文先生的治学之路以及和合学背后的故事。

受访人：张立文（中国人民大学哲学院教授，时年88岁）

采访人：温海明（中国人民大学哲学院教授）

【采访人】张先生，祝贺您在温州的和合文化园、和合书院开馆，您出生在明代首辅张璁的老宅边上，您的故居，包括您出生、生活过的老房子都保存完好，如今焕然一新。请问您回首自己的学术生涯，在多大程度上受到祖上文化传统的影响？

【张立文】人是实践的存在物，是社会的存在者，我不能脱离生我、育我、养我、成我的生命土壤，家乡的人文环境潜移默化地影响着我。我出生在温州龙湾，其地山脉形如蟠龙，至海而尽，故名龙湾。龙湾是龙的港湾，它面朝大海，具有海洋性的基因，其胸怀像大海一样宽阔，无边无际，海纳百川，开放包容；它背靠大罗山，具有山地性的基因，刚毅坚挺，万劫不摧。这两种基因的和合，积淀下深厚的文化底蕴，陶冶着我的思想精神。特别是张璁敢为天下先的创新精神，对我有很大影响。在我的学术生涯中，一直秉承着这种创新精神。我否定恩斯特·卡西尔（Ernst Cassirer）把人定义为"符号的动物"（animal symbolicum）。在《新人学导论——中国传统人学的省察》中，我提出"人是会自我创造的和合存在"。在20世纪80年代关于传统文化与文化传统的讨论中，我写了《传统学引论——中国传统文化的多维反思》，提出从文化学中分出传统学，构建了传统学的理论思维体系。根据21世纪人类所面临的五大冲突和危机，我创造性地构建出化解五大冲突和危机的"和合学"，提出和生、和处、和立、和达、和爱五大原理，以构建和平、发展、合作、共赢的和合天下。

【采访人】近几年，温州经过城市改造，保护了包括您的故居在内的一些重要民居。您觉得当代城市建设应该如何本着和合学的精神，去把传统文化资源保护好？

【张立文】温州龙湾本为一家一户的农村小镇。在城市化改造中应注重保护传统文化资源，保存具有历史价值的民居和名人故居、有标志性和独特性的古建筑以及有纪念意义的街道和门台等，使新城多姿多彩，具有多样性，而不是千篇一律、单一单调。若一个城市都被高楼大厦覆盖，与其他城市没有区别，也就失去了城市化的意义和价值。

【采访人】您说您小时候叫"张宪江"，考试借的文凭上的名字是"张立文"，所以从那以后您就叫"张立文"。您是否觉得这个名字对后来的文化成就有帮助？

【张立文】我虚岁6岁便到罗山小学读书，罗山是明嘉靖初年首辅张璁的号，张璁又号罗峰。罗山小学，既有纪念张璁的意义，也靠张璁宗祠的田产来维持学校的一部分开支。我上小学二年级的时候，要帮家里晒早稻和晚稻，特别是晚稻，晒谷、扬谷时身上沾满谷子的毫毛。晚稻的糯谷，毫毛特别多，一出汗就痒，痒了就挠，后来就生了疥疮，会起泡、化脓、流脓水，全身到处都有。当时乡下不讲卫生，又没有医院看病，只得休学。到后来把我折腾得不能坐、不能睡，身体很弱，才去找中医看，拿来一些草药，又敷又洗，而后终于慢慢痊愈。现在讲究卫生，很少有人生疥疮。

由于长疥疮，在小学休学两年，我心里只想复学读书，所以到了三年级，我就非常用功地读书。一方面为了赶上同学，把落下的功课补上，另一方面也想把休学的时间补回来，我于是跳过四年级，直接上五年级。父亲拿着我五年级第一名的成绩单，去跟老屋前进院子的张体宁老师商量，张体宁当时在温州"三希小学"任教，他同意我插班六年级，于是我便就读于三希小学。当时有20多名从各县、各乡来的住校寄宿生。宿舍挨着厨房，用薄木板隔开，但木板缝很大。教师、寄宿生一日三餐的饭菜都在这里做。由于烧柴，烟很大，烟都飘到宿舍里来。早上我们还在睡觉，就被做饭声音吵醒了，又被烟熏得流泪。于是我不想在这里住下去，想考中学。当时考中学必须有小学毕业文凭，我小学没有毕业（差半年），假期里，张岩芳借到张立文在罗山小学毕业的文凭。按照张氏宗祠的谱系，我这一辈有三个字：立、宪、思。我原名张宪江，用张立文文凭不违辈分。我就拿着张立文的文凭去报考温州瓯海中学。当时瓯海中学有春、秋两次报考机会，考上后便把文凭还给张立文家，并给他家一担谷子（合200斤）。这样，我就用张立文一名至今。"立文"也很合我的心意，我本来就喜欢文。在小学的寒暑假，父亲怕我在家里调皮，便要我去张步禧（邑庠生，县秀才）的私塾念书。那时我暗暗下定决心，要以文立身，以文化人，这鼓励着我奋发为学。

1950年我15岁，初中毕业，便参加温州地委土改工作队，先到温州地区干部学校学习土改政策等，约一个月后被分配到有土匪活动、贫穷的大山区——泰顺县进行土改工作。我到泰顺之前，不敢回家看望祖父母、父母亲，只怕一回家，家里人不放我走。尽管是冬天，我也只带了一条薄薄的被子和几件衣服（衣服塞在枕套里），还带着日用碗筷等。我们打起背包，像解放军一样背在背上。经过四五天，终于到了百丈口，也称百丈镇，这是泰顺县唯一的水路出入地，对于当时没有一条公路的大山区，这是唯一的交通要道。百丈镇政府接待了我们，他们安排给两个房间，男女各一个，地上铺着稻草和竹席，我们打开背包，席地而眠。第二天一大早，吃过早饭，我们就出发到泰顺县委和县政府所在地罗阳镇。从百丈镇到罗阳镇，要走一天山路，抬头仰望，只见山高林密，层层叠叠，白云缭绕，无边无际。我们翻过一个山头又一个山头，愈爬愈高，也愈爬愈陡，体力弱的人就爬不动了，特别是女同学更不行了。由于中间没有过夜的地方，而当时又有土匪活动，为了安全起见，必须赶到罗阳过夜。大家拿出吃奶的劲头赶路，女同学的铺盖转到男同学肩上，男同学也弯腰弓背，艰难地迈步，在傍晚总算赶到了罗阳。我脚上磨出了大大小小的泡。这是我第一次生命的磨炼。

县委领导向我们介绍泰顺县及其土地情况，泰顺原是革命老根据地，中华人民共和国成立后，原国民党散兵游勇与原国民党残余武装相结合，杀害乡村干部，破坏土改，十分猖狂。所以土改必须结合剿匪、反霸。我们在泰顺县政府所在地待了两天，第三天就到距离罗阳80里山路的泗溪去土改。我原来脚上磨出的水泡破了，与袜子黏在一起，忍痛剥下袜子，脚上好多地方都破了，一落地就钻心地痛。作为土改队员，我们住在最穷的贫雇农家里，与他们同吃、同住、同劳动，称为"三同"。当时泰顺有句描写实际情况的民谚："泰顺三件宝，薯丝吃到老，火笼当棉袄，火篾当灯草。"我住的雇农家，有时为了优待我，就拿出一块黑糊糊的猪肉皮，在烧热的锅底和锅边上转一圈，就算是烧菜的油了，这黑糊糊的肉皮又被拿起来，放着下一次再用。在同住中，身上长满了虱子，我做了一首打油诗："人生百味皆甚尝，泰顺土改甘苦尚。身长虱子甚发痒，捉虱比赛有奖赏。"当时我与几位贫雇农在一起，向着太阳，坐在地上，背靠泥墙，解开衣服，捉虱比赛，看谁灭得多。

【采访人】 您1956年考上中国人民大学中国革命史专业，算是实现了当时的愿望和抱负。这对您后来走上学术研究之路有什么意义？

【张立文】 1956年中共中央发出"向科学进军"的号召，我于是产生了考大学的念头。我于1950年初中毕业参加工作，在泰顺工作了六年，不仅没有念高中，而且农村工作很忙，根本没有时间看书和温习功课，但我要响应国家"向科学进军"的号召，所以我抓紧一切时间学习高中的功课。由于是响应国家的号召，单位也不敢阻拦。由于当时中国人民大学在全国统一招生考试之前单独招生，这样的话，我考不上中国人民大学，还可以参加全国统一招生考试，就等于有两次考大学的机会。当时泰顺干部有五人要考大学，于是我们五人便一起先到杭州考中国人民大学，考后回温州参加全国统一招生考试。在全国统一考试的前两天，《浙江日报》1956年7月10日刊登了《中国人民大学杭州招生组公告》："兹将中国人民大学1956年度录取新生名单公布如下：中国革命史专门化张立文……"第一个就是我的名字，我高兴坏了，也非常庆幸。最后泰顺县出来考试的五人中，原泰顺粮食局计划股股长吴杰考上了上海财政大学，另一人考上了武汉测绘学院。考后回到泰顺，我被任命为仕阳区粮食管理所副所长，由我负责全面工作，因为本就没有正所长。其实这之前我已负责仕阳区粮管所工作。在到北京报到之前，我回家一次，看望祖父母及母亲，父亲已去世离开我们。父亲去世时，由于我在泰顺，不能回家尽孝。父亲在去世之前，很想见我一面，却不得。

从穷山区泰顺到古老繁华的首都北京，我心情特别激动，反差特别明显。如果说1950年参加土改运动是我生命道路上的一次转折，那么到中国人民大学读书基本上决定了我人生命运和学术生命的道路，它使我得以实现学术研究的愿望和抱负，开启了我以后走上学术研究的大门。若无这个起步，我是不可能走上学术研究之路的，所以考上中国人民大学对我有着十分重要的价值和意义。

【采访人】 您20世纪50年代到中国人民大学求学和工作后，五六十年代经历了哪些曲折？您在五六十年代的经历是否已经有了和合学的萌芽？

【张立文】 20世纪50年代我参加的土改、反霸、剿匪、"三大"改造运动（农业社会主义改造、手工业社会主义改造、资本主义工商业社会主义改造）、粮食统购统销工作等，都以阶级斗争为中心、为指导思想。1957年4月27日，中共中央发出《关于整风运动的指示》，整顿党内的官僚主义、宗派主义、主观主义。动员同学们不要有顾虑，要"知无不言，言无不尽"。平静的校园掀起了"大鸣大放"、大辩论、办大字报的高潮。1957年6月8日，《人民日报》发表社论《这是为什么?》，是根据《中共中央关于组织力量准备反击右派分子进攻的指示》写的，全国掀起了大张旗鼓的反右派斗争。我们班有两个同学被划成右派分子，下放劳动去了。

二年级第二学期开学不久（1958年3月），中国人民大学结合全国反浪费、反保守的"双反"运动，开展一颗红心向着党的"向党交心"运动，就是要"搞臭资产阶级个人主义"，在思想上"拔白旗，插红旗"，拔掉资产阶级白旗，插上无产阶级思想的红旗。经反右派斗争、"双反"运动、"红专辩论"，知识分子属于资产阶级知识分子，要下农村劳动改造，要脱胎换骨地彻底改造思想。我们便到四季青人民公社劳动改造。

我想，国家实现富强，就不会受帝国主义的欺辱，就不会受军国主义的侵略，这是近代中国国家落后和不富强得来的惨痛教训。国家要富强，就要恢复正常的生活秩序，恢复生产活动、经济活动，有矛盾冲突可以协调，人们可以和而不同地相处，"万物并育而不相害"，不相斗，要和谐、和睦地相处，这是中国千百年传统文化中崇尚"和为贵"的思想。我想如果能够这样，国家就会富强，就不会受欺辱，这也是我当时和合思想的萌芽和愿望。

【采访人】 您1960年被提前分配到中国人民大学哲学系哲学史教研室，这对您后半生的影响是什么？

【张立文】 大学毕业分配，这是大家的愿望，但这件事在20世纪60年代是自己不能支配的，是由组织分配的。似乎是老天爷的眷顾，我被提前分配到梦寐以求的中国人民大学哲学系哲学史教研室工作。这是我一生学术生命的大喜事，是符合我学术兴趣的大好事。我获得了这个十分难得且良好的学术起步的机遇。我在中小学寒暑假上私塾所学的古文有了运用的机会，这唤起了我实现学术生命的希望，也使我后半生在中国哲学史研究上取得了一些成绩。不然是没有机会和可能在中国哲学史研究上有所成就的。

【采访人】 "文革"期间，中国人民大学停办了，您是如何思考和应对的？您在中国人民大学停办前入党，停办后，整个哲学系都去了北京师范大学。当时哲学系去了北京师范大学没招工农兵学员，天天搞运动、开会、学文件、做自我检查，但您一整天就在阅览室看书，抓紧时间一心一意研究朱熹。在那样的形势下，您是如何做到的？

【张立文】 我 1960 年毕业被分配到哲学系哲学史教研室（当时中外哲学史为一个教研室）后，石峻为教研室主任，尹明为党支部书记。他们一方面要我通讲中国哲学史（从先秦到近代），另一方面根据教研室情况，要我重点研究宋明理学。在看了一些理学家的著作后，我认为朱熹是宋明理学的关键人物，是孔子以后最大的新儒学家。但朱熹著作很多，而研究朱熹哲学思想，必须全面掌握他每本著作的思想，所以当时我便向图书馆借阅。

"文革"中，在 1969 年冬天，中国人民大学"五七"干校选择在当时以血吸虫闻名全国的江西省余江县刘家站的一个红土岗上，这在当时是一个"千村薜荔人遗矢，万户萧疏鬼唱歌"的地方。后来，中国人民大学"五七"干校准备撤销，这关系到全体教职员工的工作分配问题。"军宣队"要把中国人民大学的教职员工就地消化，交给江西省分配。当时学校副校长崔耀光向中共江西省委汇报，中共江西省委知道我校老干部多（有"长征干部""抗战干部""解放战争干部"），工资高——中国人民大学教职员工的工资总数几乎等于江西省全省干部工资的总数，所以当时江西省委书记程世清说消化不了，这样只得回北京，另行分配。中国人民大学停办，哲学系、经济系、党史系被分到北京师范大学，其他院系有的被分配到北京大学、北京师范学院、北京大学第三医院等。只要有一点空，我就到北师大图书馆看书。图书馆有专门的教师阅览室，图书管理员业务精通，服务意识强，我把要看的书单给她，她就把书提出来放在我桌上。后来我与管理员熟了，中午在食堂吃饭后没有地方休息，我就回到教师阅览室继续看书。在北师大将近六年，我几乎把宋明理学家的著作及有关年谱、地方志都浏览了一遍，精读了朱熹和陆九渊的相关著作，为我写作《朱熹思想研究》准备了充足的资料，亦初步构想了《朱熹思想研究》的提纲、观点及研究方法。

【采访人】 您在20世纪80年代的时候出版了《周易思想研究》和《朱熹思想研究》，这都是在国内相关学术研究领域最早的著作。之后受陈荣捷教授邀请，您参加1982年7月由美国学术联合会、亚洲太平洋研究中心联合召开的"国际朱熹讨论会"，他建议您撰写朱熹易学思想著作，您的学术思想开始有了世界影响，这是不是您的学术思想有所建立的关键阶段？

【张立文】 1981年10月15日到21日，在杭州新新饭店举行由中国哲学史学会和浙江省社会科学研究所联合举办的第一次"全国宋明理学讨论会"，老少学者咸集。国内老一辈学者冯友兰、贺麟、张岱年、任继愈、石峻、孙叔平、王明、张舜徽、邱汉生、冯契等均出席。世界知名学者陈荣捷、美国哥伦比亚大学狄百瑞、日本东京大学山井涌、加拿大多伦多大学秦家懿、德国图宾根大学余蓓荷以及香港中文大学刘述先等也都参加。我在 18 日大会上作了《王守仁哲学逻辑结构初探》的发言。由于我在 1980 年出版了《周易思想研究》，1981 年出版了《朱熹思想研究》，陈荣捷看到后很感兴趣，他约我谈话，并自我介绍他是来年（1982 年）美国学术联合会、亚洲太平洋研究中心联合召开的"国际朱熹讨论会"主席，并建议我撰写《朱熹的易学思想》。他说与会学者论文中还没有写这方面内容的。1981 年 11 月 8 日他来函："在杭得会，至觉欣幸。大著《朱熹思想研究》已经拜读若干页，喜知学术水准甚高……即谓台端不必经过申请手续而与艾民、汉生等教授同样到会宣读论文。由北京到夏威夷来回飞机旅费与夏威夷住宿费均由会议支付……主席陈荣捷。" 1981 年 12 月 13 日陈教授又来函："立文教授：本月 1 日赐示拜悉。台端肯惠临朱子会议与世界朱子学者一并宣读论文，鼓励朱子研究，此不特捷个人之幸也。论文仍请在北京译成英文。于 3 月 1 日以前寄到捷处……尊著两册（张立文案：指《周易思想研究》和《朱熹思想研究》）尚未毕读，然台端治学之严，所用材料皆第一手，且每有新见，令人起敬……台端《易经》经文与《易传》为两者不同之哲学系统，诚是高明之见。"

我发言时间安排在 1982 年 7 月 10 日上午 8：30 到 11：30，其间有三人宣读论文，宣读后有评论者评论及答问，每人 1 小时。我宣读论文后，由日本著名学者岛田虔次教授评论。他说他的老师曾说过，朱熹《易学启蒙》就连魔鬼也搞不清楚，而张立文在论文中说清楚了，对此表示敬佩。他还提了两个问题，我做了圆满回答，他表示满意。这次会议，我让大家知道了中国中青年学者是勤奋做学问的，并不是不做学问的。这也使我的学术生命有了好的开头。

【采访人】 20 世纪 80 年代您是如何酝酿和提出和合学的？或者说和合学早期经历过几个阶段？

【张立文】 20 世纪 80 年代末，我构建了和合学思想体系。从学术思想发展而言，1988 年中国人民大学出版社出版了我撰写的《中国哲学范畴发展史（天道篇）》，这本书对中国哲学概念、范畴做了全面的梳理，全面探赜了中国哲学范畴的产生、形成和发展的文化背景、中间环节、演变规律，阐释了中国哲学范畴发展史的对象、范围和特点，钩玄了天道、人道的范畴体系。因此人们知道了"和合"范畴的意义和价值。我与我的学生岑贤安、徐荪铭、蔡方鹿、张怀承共同撰写"中国哲学范畴精粹丛书"，就道、理、气、心、性诸方面分别撰成专著。这套丛书影响很大,在韩国和越南都有翻译本。

从哲学理论思维的自觉而言,这时我思想上已摆脱"照着讲""接着讲""对着讲"的教条模式,有了"自己讲、讲自己"的觉醒。1984年我撰写了《中国哲学逻辑结构论》,之后撰写了《传统学引论——中国传统文化的多维反思》和《新人学导论——中国传统人学的省察》,三本书撰写时间不同,但都在1989年由不同出版社出版,阐释了我自己的哲学理论思维。在《新人学导论——中国传统人学的省察》中,有人的"自我发现论""自我塑造论""自我规范论""自我创造论""自我合一论"五章内容。"自我合一论"塑造了和合型和完美型合一的人以及人生境界,并引用《国语·郑语》中"夫和实生物,同则不继""商契能和合五教"以及晏婴论和等内容。1989年我撰写了《从宋明理学到和合学》,后改为《新儒学哲学与新儒家的度越》,该文分三节,一是从旧三学到新三学,二是新儒家的度越,三是和合学的建构。此文收入拙著《中国近代新学的展开》(台北东大图书股份有限公司1991年版)。

此外,我提出和合学还有一个时机的激发。人生在世,难得遇到千年之交和世纪之交的机遇,人们不得不思虑21世纪人类的命运问题。我思议21世纪人类所面临的五大冲突和危机(人与自然冲突产生生态危机,人与社会冲突带来社会人文危机，人与人的冲突产生道德危机，人心的心灵冲突带来精神危机，文明之间的矛盾冲突产生价值危机），提出以和合学的和生、和处、和立、和达、和爱之五大原理来化解五大冲突和危机。因此对时代的思议而有《和合学概论——21世纪文化战略的构想》一书的撰写。

【采访人】 您在1984年经国务院学位委员会特批为教授，开始享受政府特殊津贴，当年教授很少，您当时主要的学术成就是什么？

【张立文】 1984年经国务院学术委员会特批，我成为教授，后来开始享受政府特殊津贴。当时，我的主要学术成就是1980年出版的《周易思想研究》和1981年出版的《朱熹思想研究》，还有合编的《中国古代著名哲学家评传》第三卷上下册、《中国近代著名哲学家评传》上册，以及在《光明日报》《文汇报》《人民日报》《哲学研究》《教学与研究》《江汉学报》和香港《华侨日报》等发表的学术论文60篇。因此被特批为教授。

【采访人】 您1984年完成《中国哲学逻辑结构论》，1989年出版，您认为中国哲学逻辑结构是指研究中国哲学范畴的逻辑发展及诸范畴间的内在联系，是中国哲学范畴在一定社会经济、政治、思维结构背景下所构建的相对稳定的逻辑理论形态。从中国哲学研究方法论的视角提出了中国哲学范畴解释学,以化解中国哲学研究方法的困惑。您这方面的研究有开创性的贡献,是否可以说,您是用内在论的视角研究中国哲学的发展?

【张立文】 我之所以写《中国哲学逻辑结构论》,是与1983年开展的"清除精神污染"运动和《朱熹思想研究》遭到批判有关。当时在国内最权威社科杂志上,发表了署名学谦的《评〈朱熹思想研究〉》长文,批判拙著在唯物主义与唯心主义这个马克思主义哲学基本概念上产生了偏差,模糊了唯物主义与唯心主义的界限,也模糊了主观唯心主义和客观唯心主义的界限。"这种观点与恩格斯当年批评过的施达克的观点可以说是异曲同工。"这就是说《朱熹思想研究》与施达克的《路德维希·费尔巴哈》一书犯了同样严重的错误。恩格斯曾批判施达克,写了《路德维希·费尔巴哈和德国古典哲学的终结》,提出全部哲学的最高问题与划分唯物主义和唯心主义的标准问题,批判施达克的错误。《朱熹思想研究》既与施达克的书"异曲同工",又在恩格斯批判施达克之后,问题更为严重。于是学谦批判说:"这不仅关系到个人的学风、道德、名誉,更关系到人民的利益。恩格斯告诉我们:'马克思认为自己的最好的东西对工人来说也还不够好,他认为给工人提供不是最好的东西,那就是犯罪!'"其锋芒所指,认为撰写《朱熹思想研究》

是犯罪。这本书作为"清除精神污染"运动的批判对象，牵连拙著责任编辑的职称评定和为拙著写序的德高望重的任继愈先生。我觉得很抱歉，对不起他们，此后我再也不请前辈学者写序，以免连累他们。所以后来出版遭批判的《和合学概论》时，我没有将张岱年先生的推荐信作为序言。

【采访人】 您研究中国哲学的逻辑结构，是否因为早年研究《周易》和朱熹而受到批判，所以您要提出中国哲学自己的逻辑结构，跳出唯心唯物的老框架？您在中国哲学逻辑结构方面的主要观点和影响是什么？您为什么说自己"从范畴逻辑结构网络上自家体贴出'和合'二字，随即创立和合学，为传统文化的现代转生找到了落脚点和安顿处"？

【张立文】 由于《朱熹思想研究》书中关于朱熹哲学思想有一篇篇幅很长的《朱熹哲学的逻辑结构》，所以我不得不用《中国哲学逻辑结构论》来回答各种批评。1984年6月完成初稿，1987年修改。凡是哲学，都是由诸多哲学概念、范畴构成的，逻辑结构探赜概念、范畴之间的内在联系，构成哲学之网，而成有机哲学体系。本书打破以往把哲学家哲学思想割裂成世界观、辩证法、认识论、历史观几大块进行研究的范式，因为那样分割使哲学家的思想不成有机的整体的哲学体系。《中国哲学逻辑结构论》从方法论意义上说产生了很大社会影响，以后很多人文社会学科的著作都采取逻辑结构分析方法，而跳出唯心唯物的老框架。

在中国哲学逻辑结构的网络上，每个哲学概念、范畴都是逻辑结构网络的一个纽结、一个连结点。由诸多纽结、连结点互相联系、联通，而和合成哲学的有机体系。"和合"二字在先秦以及后代的典籍中都有，但没有构成和合学的学说、理论体系。正如程颢所说，"天理二字是我自家体贴出来"，"天理"在《礼记》《庄子》中已有，但并没有建构成理学理论体系，"大程"说自家体贴出来，是讲建构理学学说和理学理论体系。和合学是对中国和合传统文化的创造性转化和创新性发展，为传统文化的现代转生找到了落脚点和安顿处。

【采访人】 您试图否定卡西尔在《人论》中所提出的人是"符号的动物"，把人重新定义为"人是会自我创造的动物"，后改为"人是会自我创造的和合存在"，并撰写《新人学导论——中国传统人学的省察》一书，1989年由职工教育出版社出版，2000年由广东人民出版社出修订版。书中论述自我发现论、自我塑造论、自我规范论、自我创造论、自我关怀论、自我和合论六个层面，并提出人生五境界说。作为现代化新人的价值导向，您提出新人学的理论思维体系。您今天如何评价？

【张立文】 我在《新人学导论——中国传统人学的省察》中提出新人学的理论思维体系，指出人是世界所有学科所研究的永恒课题，我们的研究归根到底是为了人，即使是信息智能时代，亦不例外（请参见拙作《和合学与人工智能——以中国传统和现代哲理思议网络》）。我把人规定为"人是会自我创造的和合存在"，是对现时代人学的反思和未来发展的预设，也是现代化的需要。人学作为哲学形态进入哲学研究的前沿，作为一种思潮关怀人的生存发展，作为新学科的科学体系，还需要进一步的学术观点创新、学科体系创新和科研方法创新，要加强各学科之间的交流联通、互学互鉴，促进新人论的创新性发展。

【采访人】 您著有《中国哲学范畴发展史（天道篇）》（1988年）、《中国哲学范畴发展史（人道篇）》（1995年），并主编过《道》《理》《心》《性》《气》，还有《空境》《和境》等，您为什么这么重视范畴研究？

【张立文】 我为什么重视哲学范畴研究？这既是赓续范畴研究传统，亦是根据时代发展的需要。中国传统范畴概念研究自古以来就很受重视。先秦时期是中国哲学范畴的开创期。《尚书·洪范篇》箕子陈述洪范九畴：五行、五事、八政、五纪、皇极、三德、稽疑、庶征、五福六极。九畴下共五十目，也可算五十个概念、范畴。

《周易》六十四卦，六十四个概念范畴。《墨辨》《荀子·正名》以循名责实为思维原则，提出天道、人道方面的概念、范畴。汉唐时期是中国哲学范畴的发展期，"白虎观"会议由班固等集成《白虎通义》，总括自然、社会、人生各方面共四十四个重要概念、范畴，构建了贯通天、地、人、自然、社会、人生的概念、范畴结构。宋元明清时期是中国哲学范畴的成熟期，朱熹弟子程端蒙著《性理字训》，论述了三十个概念、范畴，又陈淳《四书性理字义》（又名《北溪字义》）诠释了二十六个哲学范畴，成为理学入门的教科书，受当时人重视。

戴震的《孟子字义疏证》出现在明清之际理学批判性总结思潮之后。这本书倾注了他的哲学、政治、道德思想。他选择宋明理学中最重要、最常用的理、天道、性、才、道、仁义礼智、诚、权等八项范畴，条分缕析，并能因流溯源，探本求末，体用分合，会通其理。如果说陈淳的《四书性理字义》（《北溪字义》）对哲学范畴做横向剖析的话，那么戴震的《孟子字义疏证》则做纵向的剖析。中国古代哲学范畴发展史，体现出中华民族对自然、社会和人类理论思维的认识不断深化。我为弘扬中华民族哲学范畴的理论思维，而著《中国哲学范畴发展史》(天道篇、人道篇)，并主编"中国哲学范畴精粹丛书"。这就是我重视中国哲学特有哲学范畴及其独特品格的原因，体现出与西方哲学的异趣。

【采访人】 您著有《周易思想研究》(1980年),这是"文革"以后第一本系统研究《周易》义理思想的专著,后来又有《周易帛书今注今译》,您现在如何评价自己在《周易》研究方面的成绩?您早年就发现宋明理学的大家,无人不研究《周易》,借《周易》表达自己的思想,您的思想有多少是根源于《周易》的?

【张立文】 我曾说过,《周易》是一部百科全书式的书。我研究《周易》的书,只触其皮毛,而古代、近现代有许多研究《周易》的大家,我向他们学习,也由于教学需要,而做一点诠释。但《周易》理论思维,对我有很大启发,我的"和合学"的三个世界,就是根据《易传》的"立天之道曰阴与阳,立地之道曰柔与刚,立人之道曰仁与义",而生发为和合生存世界、和合意义世界、和合可能世界,《中国哲学元理》亦据天道、地道、人道而生发为七大元理。

【采访人】 您在宋明理学方面的研究著作很多,比如《宋明理学研究》《宋明理学逻辑结构的演化》《朱熹思想研究》《朱熹评传》《心学之路——陆九渊思想研究》《朱熹与退溪思想比较研究》。今天您如何评价自己的宋明理学研究?

【张立文】 宋明理学是中国哲学思想的"造极"期,即哲学思想发展史上的最高峰,集儒释道思想之大成。我虽然写了九本研究理学的书,提出一些新观点、新方法,打破了旧观点、旧方法的束缚,但就其整体来看,仍远远不够,不仅研究深度不够,也还没有探赜其"尽精微"的思想,亦没有多角度、多方位的探讨,还需要继续奋发努力研究,特别是理论思维的经验教训和现代价值需要总结,以裨益于中华优秀传统文化的发展。

【采访人】 您对朱熹思想评价很高,认为:朱熹以求理、求实、主体、力行和开放等一系列学术精神,建构了"致广大、尽精微、综罗百代"的道德形上学体系,用"天理"二字成功地融摄了儒、释、道三教文化的思维方式和价值观念,出色地实现了中国传统文化从汉唐训诂学向宋明义理学的理论转型,极大地显示了中华和合思想内在的生命智慧和无限的变易潜能,为中国古代社会后几百年的持续发展和中华民族共同体的最终形成,提供了强大的道德精神支柱。您觉得朱熹对您启发最大的有哪几点?

【张立文】 重读任继愈先生于 1980 年 12 月为拙作《朱熹思想研究》写的序,我很感动。因为我们都从事哲学史研究,20 世纪 60 年代中国科学院哲学研究所中国哲学研究室、北京大学哲学系中国哲学教研室、中国人民大学哲学院中国哲学教研室的教师集中在中央党校,共同编写由任继愈先生任主编的《中国哲学史》教科书，我们经常见面。他对我研究朱熹的情况比较了解，我写出《朱熹思想研究》书稿，又送给他请他指正，所以他为此写了一篇很感人的序。拙著写了理学的产生和形成，辨析了为什么不称"道学"的理由；论述了朱熹生活的时代、身世经历以及朱熹的经济、政治学说；阐明了朱熹哲学的逻辑结构、从气到物的辩证思想、从物到理的体认过程以及性、心、情学说；还涉及朱熹的伦理道德思想、教育思想、历史地位及作用等。

朱熹对我启发很大，对我研究中国哲学史有极大帮助：

第一，朱熹的开放包容精神。在唐末五代动乱后，伦理道德丧失，价值理想缺失，精神家园无着。为重建伦理道德、重构价值理想，朱熹海纳佛道二教思想，借鉴吸收其优秀成分。如在《周易参同契考异》中，朱熹化名"空同道士邹䜣"，《考异》按语说："邹䜣二字，朱子借之托名也。"朱熹在《参同契说》中说："此说欲与季通（蔡元定）讲之，未及写寄，而季通死矣。偶阅旧稿，为之泫然。戊午腊月二十六日。"又作《阴符经考异》，通过注释，对道教思想有所借鉴。

朱熹十四岁，父亲朱松病死。少年丧父，生活无依靠。其父死前把家事托付其好友胡原仲、刘致中、刘彦冲三人，并对朱熹说："吾即死，汝往父事之，而惟其言之听。"而胡原仲和刘彦冲好佛老。朱熹自己亦回忆说:"某年十五六时,亦尝留心于此(禅)。"甚至在应举考试之前还拜访大慧(宗杲)普觉禅师,吸收佛教思想智慧。这使我体认到,学术研究只有开放包容,才能有容乃大,而有所成就。

第二,朱熹的破旧立新精神。宋明理学是时代精神精华的体现,它是对"五经"神圣不可侵犯和汉唐以来章句注疏之学笃守"师法""家法"及祖宗之法不可变的挑战与反动,从这个意义上说,宋明理学的兴盛是一次思想解放运动。欧阳修疑群经之首的《周易·系辞》等非圣人孔子之言,司马光疑孟,王安石以《春秋》为"断烂朝报"。朱熹以《周易》为卜筮之书而不是圣人之言,认为《诗经》讲男女说情说爱之事,认为《尚书》是历史文诰等,剥去了"五经"神圣不可侵犯的外衣,扫除了"五经"为圣之言的种种神圣光环,而出现"疑经改经"的思潮、创新的思潮。朱熹见《大学》各章都有释文,唯"格物""致知"没有释文,于是他敢于大胆地作补释。他说:"右传之五章,盖释格物、致知之义,而今亡矣(此章旧本通下章,误在经文之下)。闲尝窃取程子之意以补之曰:所谓致知在格物者,言欲致吾之知,在即物而穷其理也。盖人心之灵莫不有知,而天下之物莫不有理,惟于理有未穷,故其知有不尽也。是以《大学》始教,必使学者即凡天下之物,莫不因其已知之理而益穷之，以求至乎其极。至于用力之久，而一旦豁然贯通焉，则众物之表里精粗无不到，而吾心之全体大用无不明矣。此谓物格，此谓知之至也。"朱熹以其理体学的思想来释格物、致知，而不管是否符合经意，敢为天下先。这种破旧立新的精神，给我很大的启发，在学术、哲学研究中只有创新才有价值，才能实践一个学者研究中国哲学的责任和职责。

第三，朱熹的坚持理学精神。在理学遭无情打击时，其坚持自己观点，自己认定是对的就坚持到底。绍熙五年（1194）朱熹任焕章阁侍制兼侍讲。朱熹借向皇帝侍讲的机会，面陈灾民流离失所的苦难，并提出希望皇帝下诏自责、减省舆卫以及近卫不得干预朝权、大臣不得专任己私等请求。这引起宁宗不满，便免去朱熹侍讲职位。韩侂胄以拥立宁宗而掌握大权，便发动反道学（理学）的斗争。庆元二年（1196）叶翥上书，批判"伪学之魁，以匹夫窃人主之柄，鼓动天下，故文风未能丕变"，请求把理学家的书"除毁"，科举取士，凡"稍涉经训者，悉见排黜，文章议论，根于理义者，并行除毁"。监察御史沈继祖指控朱熹十罪，时"更道学之名曰伪学"，"《六经》《语》《孟》《中庸》《大学》之书，为世大禁"。并"申严道学之禁"，订立"伪学逆党籍"，必罚无赦，共五十九人，包括赵汝愚、朱熹、叶适、陈傅良等。在这样严打的情境下，朱熹坚持自己道学（理学）立场观点，"日与诸生讲学不休"，去世之前还在改《大学》诚意章。朱熹这种坚持理学精神，使我大受教育，亦使我在遭受批判时，能坚持自己观点。这种坚持须经得起炼狱般的煎熬，要有下地狱的勇气，否则是坚持不下去的。

【采访人】 您很重视韩国儒学的研究，著有《退溪哲学入门》《李退溪思想研究》等，您是中国大陆学者中研究退溪学的第一人，也是荣获退溪学国际学术奖的大陆第一人。您如何评价自己的韩国儒学研究及其影响？

【张立文】 韩国儒学博大精深，尽管我写了《李退溪思想研究》《朱熹与退溪思想比较研究》《韩国儒学研究》，但对韩国诸多儒学大家没有研究，需要进一步研究。学界以往对韩国儒学研究比较薄弱，我比较早研究韩国儒学、朱子学大家李退溪（《李退溪哲学逻辑结构探析》，《哲学研究》1985 年第 3 期），后陆续发表有关李退溪及其他儒学家哲学思想的文章，虽在韩国、日本有些影响，但不是很大。

【采访人】 您著有《"自己讲""讲自己"：中国哲学的重建与传统现代的度越》，您为了说明中国有不同于西方哲学的独具特色的哲学，根据中国哲学的实际，对中国哲学下了定义："中国哲学是指人对宇宙、社会、人生之道的道的体贴和名字体系。"这是对中国哲学的自我发现,是通过中国哲学自身的发展逻辑来讲述中国哲学的"话题本身",这便是中国哲学"自己讲""讲自己"。请问您今天如何看待中国哲学与西方哲学的互动和比较?

【张立文】 中国哲学照着西方哲学讲,接着、对着西方哲学讲,西方哲学家仍然认为中国没有哲学,而只有思想。基于此,我提出中国哲学应该"自己讲""讲自己"。"自己讲",是根据中国哲学实际,自己讲自己中国的哲学,而不是依据他者哲学来讲。而自己讲中国哲学,只能是智能创新式地"讲自己",讲出中国哲学自己对"哲学话题本身"的重新发现,讲述中国哲学自己对时代冲突的艺术化解,讲述中国哲学自己对时代危机的义理解决,讲述中国哲学自己对"形而上者谓之道"的赤诚追求。

为了说明中国哲学不同于西方哲学的自身独具的特色,必须对什么是中国哲学下定义。胡适以西方实用主义对哲学下了定义,冯友兰依新实在论亦对哲学下了定义,我根据中国哲学实际,对中国哲学下了定义:"中国哲学是指人对宇宙、社会、人生之道的道的体贴和名字体系。"这是对中国哲学的自我觉解和自我发现。

在当代万物联通的信息智能时代,中西哲学虽各有其不同的诞生、发育、发展的文化背景、社会环境、伦理道德、宗教信仰、价值观念、思维方式、风俗习惯、语言文字，但仍可以互学互鉴、互补互济、和合创新，从而构建新的世界哲学体系、思维方法、话语方式。

【采访人】您认为，中国哲学只有从"照着"西方哲学讲或"接着"西方哲学讲的框架中脱离出来，才能发现中国哲学的自我，于是建构了当代中国哲学的和合学理论思维体系。您认为今天要如何进一步离开"照着讲"和"接着讲"？

【张立文】世界是多元世界，世界各个民族都有自己的哲学，它们没有高低优劣之分。而各民族哲学的资生资始，就不存在"照着讲""接着讲"的问题。但近代以来，西方以其政治、经济、军事的强势，以唯我独尊的态势，以西方文化之哲学为唯一的哲学，中国才出现照着、接着西方哲学讲的偏颇。为了从照着、接着西方哲学讲的框架中脱离出来，我建构了中国哲学和合学理论思维体系，说明中西哲学从源头上就是两个不同的路向。当今各民族哲学觉醒，各自构建自己民族的哲学，世界哲学融合在民族哲学之中，民族哲学融合在世界哲学之中，呈现多元多彩的世界哲学样态。

【采访人】美国战略家亨廷顿（Samuel P. Huntington，1927—2008）按照冷战思维，提倡对抗文化，认为冷战之后文化的冲突和对抗是主流，认为基督教文明的对手首先是伊斯兰文明，其次就是儒家文明。您认为和合学如何化解文明冲突？

【张立文】 美国战略家亨廷顿认为冷战之后文化的冲突和对抗是主流，主要是儒家文明与伊斯兰文明互相奥援，而对西方文明产生威胁。他扬言，儒家文明是西方文明的威胁者、挑战者。这不仅是对儒家文明的无知，而且是理智的缺失和对事实的罔顾。近来西方一些智者提出：如果人类要在21世纪生存下去，必得回到2500年前去吸收孔子的智慧。孔子是儒家创始人，他的"己所不欲，勿施于人"，与亨廷顿的"己所不欲，要施于人"相对；儒家文明主张"仁者爱人""泛爱众"，与西方霸权主义、单边主义者制造人道主义灾难相对；儒家倡导"己欲立而立人，己欲达而达人"，与制裁、限制、遏制别国和其他民族的独立与发展相对；儒家主张"和为贵""君子和而不同"，而西方挑起世界动乱，发动战争，欺压发展中国家和不发达国家。如此等等，皆与儒家文明背道而驰。有鉴于此，我构建了和合学理论体系，以和合学的和生、和处、和立、和达、和爱来化解文明冲突，营造一个和平、发展、合作、共赢的和合天下。

【采访人】 1996年您的《和合学概论——21世纪文化战略的构想》出版，是否标志着和合学的诞生？当时您如何回应各种压力和挑战？早期面对学界的压力，您是如何克服的？

【张立文】 1996 年《和合学概论——21 世纪文化战略的构想》的出版，标志着 20 世纪 80 年代我提出的和合学思想的理论思维、逻辑结构、和合观点、话语体系的系统化、深刻化、理性化、成熟化，但我一直认为和合学在途中。个别人不理解和合学的价值意义，认为和合学讲调和、不讲斗争，认为讲和合丧失原则，认为讲和谐不讲唯物唯心两军对战，认为与施达克观点异曲同工等。学术界、政界对我也有批判，他们连续在报刊发表批判文章，对我造成了很大压力。但我认为和合学讲和平、合作没有错，是符合世界人民要求的，所以我的心是安的。同时我觉得自己只是一个普通教员，本就没有什么地位，批判对我没有什么大的损失，相反我觉得批判"和合学"等于替"和合学"做宣传、做广告，本来"和合学"大家不知道，没有看到，这一批判引起人们兴趣、关注，就想拿来看看究竟是什么，这不是好事吗？因而心里也不觉得有压力了。

【采访人】 听说您的和合学刚提出来的时候，有很多人质疑，因为跟讲一分为二、对立统一的斗争哲学不同，甚至有人认为弱者才讲和合学。您是否认为今天更有必要讲和合学？越强大越需要和合学？

【张立文】 和合学的宗旨是讲和平、发展、合作、一个国家、一个世界只有和平才能发展，人民才能安居乐业，若动乱、战争，人民逃难，妻离子散，国家、社会就不能发展，只能贫穷、落后，以致挨打。只有和平才能发展，和平是发展的前提和条件，只有在和平的时空内才能更好合作，同时，只有互相合作，才能发展得更快、更好。在万物联通、人工智能时代，更需要和合学，也可以说越多元化、越强大越需要和合学。

【采访人】 您在21世纪初被聘为中国人民大学首批一级教授，您的学术成就非常突出。你如何评价自己的学术成就？

【张立文】 2009年中国人民大学在全国高校试行一级教授聘任制，我成为首批一级教授。当时我已在国内外出版学术专著26本，韩国学术信息出版社出版《张立文文集》（38辑），国内外发表学术论文490篇。但我认为自己有很多欠缺，没有对经典著作如《论语》《孟子》《老子》《庄子》以和合学的观点进行注释，也没有对诸多哲学家做出符合实际的评价、阐释，很多时期、阶段、学派的研究我还未涉足，即使一些人物、学派的研究也还很肤浅，没有说透、说深入，也就是说既无"致广大"，也无"尽精微"。

【采访人】 您认为和合学应对五大冲突（人与自

然、社会、人际、心灵、文明），克服五大危机（生态、社会、道德、精神、价值），今天您觉得这些冲突和危机有变化吗？今天您觉得是否需要加以修正？

【张立文】 和合学化解21世纪人类所共同面临的五大冲突和危机，其基本态势并无很大的变化，但人的主体性、能动性受到人工智能手机的约束，心灵受到一定程度的束缚，这是需要改革的，因为有的冲突、危机进一步加强了，需要加强应对和化解的力度。在人成为手机"奴隶"的情境下，人摆脱手机的束缚、控制，要有坚强的类似"戒毒"的勇气和毅力。

【采访人】 您提出和合学五大原理，今天是否需要修正？或者说，您关于和合学的理论过了几年之后，在理论体系上是否需要有所调整？

【张立文】 和合学的和生、和处、和立、和达、和爱五大原理，基本上可以化解人类面临的五大冲突和危机。国与国之间、民族与民族之间不仅要"和而不同"相处，而且要"以他平他谓之和"，他与他者要平等相处，要互相尊重，和平共处，合作共赢，和合共生。要尊重不发达国家、发展中国家根据其国家实际和国情选择其独立发展的道路以及国家制度，要倡导共同发展、共同发达。若世界贫富差距愈来愈大，这是世界不太平和动乱的根源之一。所以要共同发展、共同发达，以减少动乱。和处、和立、和达，都需要相互开放包容。

【采访人】 西方文化提倡竞争和博弈的精神，所以提出文明冲突论，这非常自然。和合学致力于化解文明冲突，您是如何构思和形成自己的理论的？

【张立文】 西方文化提倡竞争和博弈精神，因此亨廷顿提出文明冲突论。但冷战以后，特别是进入21世纪，世界多极化、政治多元化、经济全球化、信息联通化，和平与发展成为世界主题，因此我思考如何概括这一时代主题，在这过程中就有了和合学思想的萌发。同时我在反思21世纪人类所共同面临的五大冲突和危机要如何化解？其化解的价值理念、理论思维是什么？以斗争理念、博弈思维能否应对世界多极化、政治多元化、经济全球化、信息联通化并化解21世纪人类所共同面临的冲突和危机？鉴于两次世界大战与当代所发生的社会动乱、战争，显示出斗争、博弈的理念使冲突更激化，因而倡导和平、发展、合作、共赢的和合学能很好应对和有效化解新时代的冲突、危机。我经反复思考，构思形成和合学理论体系、创新观点、思维方法。这是我构思和合学的因缘。

【采访人】 您强调和谐与共生，这对于今天构建人类命运共同体的价值何在?

中华文明自古以来尚和合、以和为贵,主张和衷共济,和合共生;协和万邦,万国咸宁;大同世界,天下为公;民吾同胞,物吾与也;天下和合,共为一家。中华民族往圣先贤的和合天下观,为人类提供了和合共生、天下太平的"中国智慧"。这是中华优秀传统文化精华的体现。

【采访人】 有学者提出多元和合,多元共生,认为共生以多元为前提,共生才能和合。您的和合学如何回应这样的观点?

【张立文】 和合学主张多元和合,在这一点上,学界并没有分歧。我认为"和实生物",和睦、和谐、和合才能生物,共生须以"和"为基础或前提。我在《光明日报》的采访中讲,和才能生物。有人反对,说斗才能生物,反对和能生物。其实从人的出生就能看出,人的生命是和合的结晶,人生的路程就是融突而和合的过程。

【采访人】 西方哲学思想通常不是一元论就是二元论,一元论唯我独尊,二元论针锋相对,至今仍然占据主流,根深蒂固。您推崇"三"的和合、五行的和合,比如和平共处五项原则,您认为中国哲学相比西方哲学的优越性在哪里？

【张立文】 西方哲学从古希腊哲学家到费尔巴哈，都主张天地万物资始资生的本原和本体是"一"。巴门尼德认为"万有存在归一"。无论是水、火、原子，第一实体都是"一"。中国主张"和实生物"，是"先王以土与金、木、水、火杂，以成百物"。万物的本原是由多元的、多样的、相互矛盾冲突的事物杂合而成的，多元事物在杂合、和合过程中，各种有形相的五行是平等的，无优劣、主次的不平等。西方哲学世界本原是"一"，犹如上帝创世纪，导致唯我独尊，二元论导致非此即彼，对立斗争，你死我活。中国哲学推崇"三"（多）的和合、五行的和合，导致包容论、海纳论、平等论、互学互鉴论、互补互济论、和平共处论。这是中国哲学比西方哲学优越的所在。

【采访人】 您强调要超越和而不同，提倡和合起来，就是要"求通求同"，是否可以理解为试图建立思想的统一战线，同时让各家学说都有发展的空间？

【张立文】 强调和合起来，强调和合学永远在途中，既可以使世界各民族优秀文化求通求同，又可以使各民族文化有广阔的发展空间，达到天地万物与我同体、民胞物与的境界。

【采访人】 您的和合学如何促进身心和谐，推动个人与社会的和谐发展？您说自己一生中就遇到不少挫折，曾被错认是"反革命"，然后《朱熹思想研究》又被认为是"精神污染"，"和合学"也多次受批评，但您比较想得开，把别人对您有意见看成是对您的重视，推动自己的学术进步和人格提升。您有哪些面对逆境和磨难的经验可以分享给学生们？

【张立文】 人生在世，祸福相依，免不了会遭到挫折、误解、冤屈。我曾被错认是"反革命"，《朱熹思想研究》被认为是"精神污染"，"和合学"也多次受批评。面对这些逆境和磨难，我是如何保持一种乐观心态的呢？

一是做平常人，怀平常心。这是对世情的洞悉。世上的人像天上星，不可胜计，但有几个发光的？世上的人绝大多数是平常人，我也是平常人，所以要有平常心，不攀比，不计较，淡泊名利，做自己喜欢做的平常事，乐感就来，烦恼消除。

二是想得开，放得下。碰到挫折和打击，要想得开。人事纠纷要看得淡，把批评看作是别人帮助你进步，放下一切危机与挑战、痛苦与恩怨、偏见与恐惧，"宰相肚里好撑船"。放得下，幸福快乐就拥抱你；放不下，幸福快乐就离你而去，以致毁灭心身。

三是知足常乐。当今时代，"五鬼"迷惑人，人往往被金钱、权势、虚名、女色、美言所迷而不能摆脱。昏昏然，迷迷然，以小人为君子，以娼妓为贵妇，以金钱为宝物。追之犹恐不及，无有知足之时。贪心一开，胃口大张，而不知迷途知返，结果身败名裂，害国害家害妻儿。

四是看得远，境界高。心偏心窄，就会带来种种烦恼、郁闷、痛苦、忧愁、焦虑，生活就会过得很不痛快。再遇到打击、批判、挫折、危机，就可能走向绝路。看得远，就会变困难为顺利，变失败为成功，变打击为激励，变挫折为机遇。一切从长远处反思，从广大处思量，才能度越个人肤浅的视域。把打击视作对自己意志的锻炼，把困难视作使自己更加坚强的动力，这就会使自己心平气和，享受快乐。

天生我材必有用，要珍惜自己，和合人生，拥抱幸福。

【采访人】 有些学者，如张祥龙、孙向晨等提倡家哲学。和合学如何论述家庭？和合学是不是相当于提倡四海一家？

【张立文】 和合学主张"家和万事兴"。这是中国自古以来不变的信念。在家国同构的古代中国社会，司马光在《家范序》中把齐家提升到治国高度，"圣人正家以正天下者也"。家和万事兴，国和万事成，家庭和睦则国家和谐，社会安定。《论语》讲"四海之内皆兄弟"，王守仁说："大人者，以天地万物为一体者也，其视天下犹一家，中国犹一人焉。若夫间形骸而分尔我者，小人矣。"和合学赓续前贤，提倡四海一家，提倡和合天下。

【采访人】 和合学对中华民族伟大复兴的作用在哪方面？如何构建和合的共同体？

【张立文】 中华民族伟大复兴，不仅需要强大的物质力量，也需要强大的精神力量。就精神力量而言，和合是中华民族人文精神核心理念和首要价值之一，是中华民族传统哲学思想的精粹和生命智慧的精华，是一以贯之的文化理念，是思维实践、理想追求的目标。尚和合作为中华优秀传统文化的精髓之一，历史悠久、博大精深，具有持久的民族凝聚力、向心力、亲和力，对唤起民族的认同感、归属感、安顿感、落叶归根感具有重要的作用。

构建和合共同体，在于建立和合的世界观，形成和巩固中国多民族、多宗教和合共体的大家庭；建立和合的价值观，各国家、民族、种族、宗教、文明，在互相尊重、和平共处、合作共赢的原则下，共同建设天、地、人共和乐的共同体和合世界；建立和合的道德观，共同遵守"己所不欲，勿施于人""己欲立而立人，己欲达而达人"的原则，构建和合道德共同体；建立和合的国际观，协调各国、各民族、各宗教、各地区、各联盟间的矛盾冲突，以构建和谐世界。中华民族自古以来就以"协和万邦"作为处理国际关系的总原则，以"和而不同"的原则与世界各国、各民族、各地区和平共处，以"以他平他谓之和"的原则与各国、各民族、各宗教、各党派平等、互相尊重地相处，以"讲信修睦""与邻为善、以邻为伴"的原则实现人际、社会、国际间的友善共处。发扬这些原则和理念，以和平、发展、合作、共赢的和合天下的精神，助力构建人类命运共同体的世界。

【采访人】 中国传统认为阴阳五行有相克的力量。和合学是否主要提倡相生的力量？如何应对相克的力量？

【张立文】 中国传统文化认为阴阳五行相生相克，是互相联系的，有相生才有相克，有相克才有相生，犹如矛盾统一，而不是简单只强调相生，或只强调相克。

【采访人】 您近年来以和合学的视野重新审视中国哲学，出版《中国哲学思潮发展史》和《中国哲学元理》两部著作。《中国哲学思潮发展史》对 2000 余年的中国哲学发展做出了全方位、新角度的阐明与解说，融史思为一体，寄往以思今，是哲学家写哲学史的一大力作。

《中国哲学元理》指出中国哲学的七大原理是对人与自然、人与社会、人生价值、人类理想的哲学反思，也是中国哲学特殊性的根本写照，是中国哲学根本精神的集中体现。请问今天中国哲学的发展应该如何继续推动？

【张立文】 我写《中国哲学思潮发展史》，从全方位、新角度阐明中国哲学的哲学史，又写《中国哲学元理》来指出中国哲学的根本特性、根本精神，都是为了讲明"中国的哲学"，驳斥"哲学在中国""中国没有哲学"等谬误。其实中国哲学智慧博大精深，需要更多学者继续深入，探赜索隐，撰著更多更好的中国哲学原理和有哲学的哲学史著作，使中国哲学在世界哲学舞台上具有应有的地位和价值。

【采访人】 您的和合学在养生方面有什么功效？

【张立文】 我身体孱弱，但"身体是革命的本钱"，"是工作的资本"，在这种思想的推动下，我开始思考如何强身健体。于是我自创了一套"和合养生十二式"，并以此为书名正式出版（科学技术文献出版社2023年版）。"和合养生十二式"是吸天地万物生机之精华，摄龙、鹿、龟、鹤、狮五种动物长寿健体之秘诀（不是模仿真动作），纳儒、释、道三教健康养生文化之精华的养生法。三十多年来，我坚持以此方法锻炼，对改善我的身体有很大的功效，使我工作起来精神饱满。

【采访人】 作为温州学先贤，您的事迹和思想与先辈有哪些相通之处？

【张立文】 我作为温州人，温州先贤优秀的品质和精神对我有很大的影响，如不达目的不罢休的精神，张璁七次考进士都名落孙山，仍然坚持赶考，第八次才中进士；敢为天下先的创新品格，我撰写《中国哲学逻辑结构论》《新人学导论——中国传统人学的省察》《传统学引论——中国传统文化的多维反思》《和合学概论——21世纪文化战略的构想》及《中国哲学元理》等，都是在创新中不断向前；敢于担当的精神，在1950—1951年镇反运动中，我被错认为"反革命"，我敢于自己担当，而决不冤枉别人。

【采访人】 您为什么说哲时、哲识、哲德、哲才、哲通，是哲学创新应具备的素质和品格？

【张立文】 我认为要实现哲学创新，成为哲学的大先生，或是成为有成果的哲学学者，必须具有哲时、哲识、哲德、哲才、哲通的素质和品格。哲时，是要体识该时代的人文语境，偏离对时代精神的把握和体认，就不可能有哲学的创新。哲识，是对古今中外哲学理论思维的精深认识。哲德，是应具备的道德、人品和境界，要使中国哲学创新的大事业得以彰著，必须以修德为根本。哲才，是能在古今中外哲学家的肩上起步而提出哲学新理论、新思维、新方法、新范式的才能。哲通,意味着对人类哲学理论思维成果的精通,能为哲学创新、再创新奠基。这五者激发人的想象力、批判力、反思力和创造力,而冲破人类思想观念中的怠惰力、世俗力、守旧力。

骆承烈教授口述

【按】2023年11月,在习近平总书记视察曲阜并发表重要讲话十周年纪念日即将到来之际,"尼山文库·儒学学者口述史"项目组赴著名学者、曲阜师范大学教授骆承烈先生家中采访。骆先生为我们讲述了他的童年往事、治学经历、人际往来及个人学术观点。骆先生年近九旬,但精神矍铄,思维敏捷,思路清晰,特别是当提到过往事业和对儒家文化的光明前景时,更是激情澎湃,充满自信心和自豪感。他对我们说:"2013年11月26日,习近平总书记在孔子研究院考察时,我曾对他说,我弘扬传统文化一辈子了,再干十年应该没问题。现在回头想想,我做到了,这十年几乎没有闲过一天。现在,我们弘扬中华优秀传统文化的大环境这么好,我要做的事情还有很多,仍然不能止步,活到老,学到老,钻研到老,奉献到老,就像我学生送给我的这幅书法(挂在骆先生家客厅墙壁上)一样,'老骥伏枥,志在千里'。我决定,至少再干一个十年!"骆承烈先生一生经历过许多社会事件,但尊崇孔子、弘扬圣学、服务社会的志愿和激情,历经80余年而不曾消退,他把一生都奉献给了儒家文化的传承与发展，著作等身，桃李遍天下，是当之无愧的当代大儒！

受访人：骆承烈（曲阜师范大学孔子文化研究院教授，时年88岁）

采访人：常樯、王文英

【采访人】 骆老您好，您研究孔子近70年，在孔子文化学术研究和普及传播上造诣很深，功劳很大，受到海内外学术界的认可和敬仰，也受到社会大众的普遍欢迎。您最早是怎么接触"孔子"的？请谈谈您与孔子最早的缘分。

【骆承烈】 1935年，在日本侵略者对中国步步紧逼、"整个华北放不下一张平静的书桌"时，我出生在山东济宁的一个县城内。两年后，"七七事变"爆发。三岁时，父母带着我和哥哥到乡下"逃反"。形势逐渐稳定后，我们一家回到济宁城里，在西门大街租房住了下来。父亲被一家亲戚开的药房请去，先当店员，后升管账先生，于是我们生活稳定下来。但日本人占领济宁后，以主人自居，横行霸道，被他们收买的汉奸"维持会"替他们征税、管人。父亲所在的药房里，日本人、汉奸常去买药，不但不给钱，还得给他们赔笑脸。日本侵略者为了"歌颂"他们的侵略之功，在济宁最繁华的南门大街南头，靠近南门的地方，立了个水泥的"胜利纪念碑"，下面大，上头小，上面刻着谁也看不懂的日文和日本国旗。南门是人们进出济宁的必经之地，白天、夜里都有荷枪实弹的日本兵站岗。他们还规定，过路的人必须向站岗的日本兵鞠个躬。

记得我五岁时，快过年了，按照济宁的民俗，谁家过年都要吃一条鱼，表示"年年有余"。济宁南面是微山湖北面的小北湖，渔民们打了鱼在岸上卖。为了买条便宜的鱼，父亲要去南门外买。我听说后，非跟着去不可。那时日本人统治下的济宁阴森森、乱糟糟，人们很少出门，大人更不让孩子出去乱跑。到南关买鱼可以到街上，还能出城，机会难得。经一再要求，父亲答应带我一起去。父亲领着我，走到南门口。刚要出城门时，忽然"发现"我的鞋带开了，便蹲下给我系鞋带。我从小都穿母亲做的布鞋，为多穿两年，都做大一点，为了"跟脚"，后面有条鞋带。早上系好，晚上解开，平时不会松开。父亲低着头，给我系好鞋带后，拉着我快步走出南门。

出了城门，我对父亲说："我的鞋带没开啊？"父亲没答话，拉着我快走。父亲领着我向南走到湖边，讲好价钱，买了条大鱼。卖鱼人用荷叶包上，拴上麻绳下船时，我见船上有很多整个的荷叶，都是卖鱼人包装用的。出于孩子的好奇心，我向卖鱼人说："大叔，给我一张荷叶好吗？"卖鱼人挑了一张下面带把的大荷叶给了我。我举着荷叶和父亲高高兴兴地下了船回去。回来时走到南门口，父亲一手提着鱼，一手拿过我举着的荷叶，把脸一挡，拉着我，快步走进了城。

到家后，我还忘不了父亲给我系鞋带的事，又问缘由。父亲说："你看见了吗？每个大人路过城门，都要向站岗的日本兵鞠躬。我给你系鞋带，一忙活，转身就走了。"我恍然大悟地说："回来时，您拿着我手里的荷叶也是为了躲日本兵，不给他鞠躬吧？"父亲见我懂得他不向日军鞠躬的道理后，说："男儿膝下有黄金，不能乱鞠躬、乱磕头。人生在世，只应向三种人鞠躬，乃至磕头。一是老天爷，一是父母长辈，一是孔圣人。"这些话我似懂非懂。我记得北屋王奶奶门前东首供着一尊神，说是老天爷。每逢过年过节，人们都给老天爷烧香、磕头，保佑一家平安。过年时，孩子们都给父母、长辈鞠躬、磕头、拜年，父母给孩子压岁钱。这些我都知道，孔圣人是什么人，我不懂。向父亲问起时，他说："孔圣人就是孔子、孔夫子，他是位大学问家。他教给人们怎样做人：在家孝敬父母，出门守规矩，对人讲诚信。教每一个人做好人、办好事，家庭、社会都和和美美。他是一位最好的人、最令人尊敬的人、最值得人学习的人。向他好好学习，就能做个有道德的人、有本事的人。一个好人应该向他鞠躬，甚至磕头……"孔圣人、孔夫子，五岁的我,对他开始有了好的印象。

【采访人】 各种版本孔子形象都是传播孔子思想、儒家文化的重要载体。我们了解到,您对孔子像情有独钟,还在1997年获得吉尼斯世界纪录"收集孔子像最多的人"。您向我们展示了两张印有孔子像的纸币,非常珍贵,可谓是您亲近孔子、走进儒家文化殿堂的两张"门票"。请您谈谈收藏孔子像的早期情况。

【骆承烈】 在日寇统治下,人们对侵略者怀有敌意,很多人不愿上他们办的学校。有钱的人家请家庭教师学中国文化,大量普通人家请不起,只好让孩子上日伪办的学校。我的父母认为要让孩子认识些字,学点算术,会算账,将来有点养家糊口的本事。我六岁那年,父亲把我送进白衣堂小学上学。这里原来是供奉白衣大士的小庙,地方不大,但离家近。日寇统治无孔不入,小学也不例外。除强令学生学日语、学唱日本国歌、校园里挂上日本国旗外,每到周末或节假日,还派人来校训话,什么"中日亲善""共存共荣"等。我们这些小学生根本听不懂他们说的什么。

日伪统治下的小学教师,谁也不甘心为日本人服务。他们白天不得不说些违心的话,晚上回家照样骂侵略者。我家的近邻仲玉甫老师就是这样。仲玉甫老师是孔子弟子仲由(子路)的七十四代孙,传统文化功底很厚,终生崇拜孔夫子，敬奉其先祖仲子。日本人来了，他为了挣钱养家，才当上小学教师。他知道我父亲是个老老实实的买卖人，可以说真心话。有时在他家里，他对我和他儿子仲跻悦说："日本人是欺负我们中国人的坏人，不能听他们的！不能中了他们的毒！"说着他又情不自禁地说起他祖先仲子怎样向孔子学习、孔子怎样教导他人以及怎样学习孔子的思想等。在我幼小的心灵中，孔子高大的形象开始树立起来。回到家，父亲又向我说起孔子这位大圣人教导人们仁、义、礼、智、信，以及孝亲、敬老等优秀品质。巧得很，日本人在学校里讲"中日亲善"时，也拉出孔子来做幌子。他们说："日本与中国从来是一家，我们都崇奉孔子。依照孔子的教导，我们一起建设东亚王道乐土。"于是我问仲老师："孔子是中日两国的吗？"仲老师哈哈大笑，连说："胡闹！胡闹！孔子是咱中国的，和日本人有什么关系？"但我却不知道孔子先生是什么样子。

有一天，学校在大门外贴了一张宣传画，上面印着孔子像，还有孔子说过的"大道之行也"的字和曲子，两旁有"忠孝仁爱、礼义廉耻"八个字，下面还印着孔庙和孔林。这张贴到学校门外墙上的彩色宣传画引起很多人来看。我站到那里看了又看，原来孔子是这个样子。心想：这张画送给我多好，但这是学校贴的，不能随便拿走，我只好每天进学校前多看上几眼。一天夜里，刮起了大风。第二天，校门口的孔子像被刮起一个角。我想：风大点刮下来多好，我便可以拿走。当天晚上，我吃过饭便奔向学校，发现那张孔子像真被风刮下来了。当时天黑乎乎的，我四顾没人，便拿了起来（当时一个六七岁的孩子，从地上拿起个过了时的宣传品，不能算偷吧）。我兴高采烈地把得到的第一张孔子像拿回家，卷好放到最保险的地方。有时拿出来看看，想想父亲及仲老师的教导，高兴地认定我是中国人，不与日本侵略者同流合污。后来，我怀着对孔子敬仰的心情，到处收集孔子像，1997年已收集到2400多种，荣获吉尼斯世界纪录"收集孔子像最多的人"。七十多年了，那张最初的孔子像一直在我身边。

当时家里很穷，不吃早饭。因为我要上学，早上不吃点东西，难以支撑一上午学习。家里每天给我一角钱，让我到学校门口喝一碗粥，保证上午学习不饿。日伪时期的一角硬币很轻，上面印一些网状的图案和"中国联合准备银行"的字样。我每天用一个硬币买一碗粥，从来没见过大票子。有一天买粥时，一个大人拿出一张一元的纸币，上面印着个古代老人像。我问别人，他们说是"孔子像"。啊！我又见到一个孔子了。那时日本侵略者为了笼络中国人，假装尊重中国传统文化，也拿出一些中国古人作招牌，分别把黄帝、岳飞、文天祥、孔子等人的形象印到纸币上。我想：如果能得到这么一张纸币，不用打开那张捡来的宣传画，便可天天看到孔子了。我也知道家里穷，不敢张口跟父母要一元纸币。怎么办？于是只能自己攒。每天我还照样跟家里要一角钱，十天不喝粥，空着肚子上半天学，一天省一角钱，省了十天，到粥铺里换了张印有孔子像的一元纸币，高高兴兴地放进书包，拿回了家。当然，这件事是自己偷干的，没敢跟父母说。我不喝粥，换了张带孔子像的纸币，心里得到很大的满足。但过了几天，在粥铺又看到另一个版式带孔子像的一元纸币。还是饿十天肚子，又将另一种版式的一元纸币换到手。直到现在，这两张日伪币上的孔子像还在我手里呢，就是刚才你们看到的那两张。

【采访人】 孩子们学习中国传统文化，一般都是从蒙学读物开始。您小的时候，从内容上接触孔子思想、儒家文化，是不是也要学习蒙学读物？再请您谈一谈您的启蒙书籍吧。

【骆承烈】 我的小学同学有个叫袁玉涵的，是个很老实的孩子。他对日本人不满，从来不说出口，但积极参加反日语的活动，我俩关系很好。有段时间，他突然不来上学了，老师也不知道什么情况。一个星期天的上午，我去找他。他家住翰林街中部路西，我每天上学路过他家门口，但没进过他家的门。这次我走进他家大门找他。守门的老人很警觉地问我找他做什么，我说我是他的同学。老人见我是个孩子，放了我进去，告诉我他在第三进院西屋里。我走进去是一座好大的院落，穿过一个院又一个院，到了第三进院，见到了袁玉涵。他带我走进西屋。室内富丽堂皇，十分宽阔，我从来没到过这么富有的人家，没见过这么华丽的摆设。正在惊讶时，一个女孩进屋问袁"这位少爷是……"袁说："是我的同学。没什么事，走吧。"我第一次被人称作"少爷"，很不自在。袁却不急不忙地说："这是我家的丫鬟。"这时我更认识到这不是寻常人家。

我问袁玉涵："为什么没去上学？"他说："家里不让我上日本人办的学校了。""那你只在家里玩吗？""不，家里给我请来一位私塾老师孟老师，他可有学问啦，教我学四书五经。"袁家能单为孩子请来私塾先生，说明人家真有钱，其实这也是反对日寇的一种行为，他家的家长令人敬佩。当我问到他学什么时，他兴致勃勃地说："现在学《三字经》，以后老师还教我《上论》《下论》《上孟》《下孟》，还有很多很多古书。"我似懂非懂地问他："学这些书做什么用？"我这个同学学着私塾先生的腔调，摇头晃脑地说："学做人，学做事。修身、齐家、治国、平天下……"他越说我越不懂了，他又说："《三字经》是容易懂的。"我好奇地问他："什么叫《三字经》？"他也许是想展示这几天的成绩，不假思索地向我背了起来："人之初，性本善，性相近，习相远。苟不教,性乃迁……"我奇怪地打断他:"怎么还学狗不叫?"他笑得前仰后合,说:"什么狗不叫?苟不教就是假若不对孩子教育的话,性乃迁,孩子就要变成坏人了。"我又问:"如果教坏了呢?""教坏了再改过来。不过改过来就很麻烦了。我父亲就告诉我:上日本人的学校,把孩子教坏了,教坏了再改不容易。所以不让我再去上学,请私塾先生教我学些中国文化。"我问他:"请私塾先生要花很多钱吧?""那当然,管吃管住,还有束脩。"我真羡慕袁家有钱,请得起私塾先生。我家没钱,请不起,只好上日本人的学校。

告别袁玉涵,我怀着一番失落的心情向家走去。心想现在日本人的学校再不好,也要上,不上学到哪里去?忽然想到他说《三字经》很好,我为什么不也学《三字经》呢?我不由地走进仲老师家,向他说起《三字经》来。仲老师问:"你愿学《三字经》?你哥哥跻悦也在学呢。"接着从屋里拿出来一个旧式的小本,说:"借给你看看,不明白再找我。"他明确表示支持我学习。我如获至宝地揣着这本书回了家,找出个好本子,工工整整地抄了起来。我用了将近一个星期的时间,把它抄完,不认识的字照样画出来。不久送还给仲老师,抄写的目的自然是学、背。几十年后,我为了把这本"百科全书"式的古代蒙书传给青年人,与曲阜师范大学电教系合作,编写、主讲了八十集共 1000 分钟的《三字经》,由山东教育电视台播出，还得了山东省教育电视节目一等奖呢。

【采访人】 刚才提到了您最早接触《三字经》的情况。那么您又是怎样接触到其他儒家经典的？比如《论语》这本集中记载孔子思想的最权威经典。

【骆承烈】 1945年中国人民抗日战争胜利，1946年1月中国共产党领导的人民军队解放济宁。同年9月，济宁被国民党军队短期占领。我家住在文昌阁街，那时我已小学毕业，考上中山中学，放了学在家除挑水、推磨外，又结识了一位忘年交——李大叔。

我家前院东屋这家主人姓李，住着李奶奶和儿子李大叔。这是个没落的书香人家，上几辈在前清时有过功名，民国以来逐渐败落了。李奶奶常说李爷爷不懂洋学（新学），不能干洋事，只能教国学（私塾）。多年来，社会动荡，鲜有人请私塾先生，李爷爷只好靠变卖家产度日，直到死去。他们在光绪三十二年（1906）生了李大叔，时间是五月五日午时，那年又是丙午年，一共占了四个"五"（午），便给儿子起名叫李庆五，说是一个人有四个"五"（午），一定福大命大，不同凡人，将来能干大事。老两口从小就对儿子精心培养，李庆五日夜攻读四书五经，倒背如流，可说是满腹经纶，又写一手好字，但那时社会大混乱，横行的日寇刚被赶跑，国民党又把国家搅得乌烟瘴气，这位饱学之士没有用武之地。

他父亲潦倒而死后,李大叔只好在街上摆桌代写书信。但这种生意挣钱很少,他只好把家里值钱的东西陆续卖掉来养家糊口。那时他已四十多岁,还没娶上媳妇。我从小喜欢读书,经常到他家借《三国演义》《水浒传》等书读。每到他家时,李大叔总是像对待大人一样,对我很客气。我为了好玩,曾把《水浒传》中一百单八将的名字、绰号、星名都背了下来。李大叔说:"背这些没有用,这不是学问。学问还是四书五经。"我曾向他借过《诗经》,读不懂。他推荐我读《论语》。我把线装《论语》带到家里,似懂非懂地读了一点,又去向他请教。他向我讲了一两篇后,因为社会局势大变,我不得不把书还给他。我学《论语》的事自然停止,但李大叔多次跟我讲:"《论语》中很多孔子名句,一个人在社会上修身、处世、干各种工作都离不开它。""《论语》教人做个好人。一个人照《论语》说的那样去做,就会成为一个好人。"《论语》——好人,好人——《论语》,多少年来一直存在我的记忆中。

李大叔在城里没法生活,不得已到农村入赘,离开了济宁。为了找到一本《论语》,我到旧书店跑过几次。书架上多是"四书"合订本,还带书套,很贵,买不起。老天不负有心人,有一天,我终于在旧书店角落里找到一本破旧不堪的《论语》,花了很少钱买到手。为了不翻坏,我工整地包上书皮。那时我已是中山中学初中一年级的学生了。父亲常说:"花钱上学不容易。别管闲事,别看闲书。"但对我读《论语》却不反对。父亲常告诉我:"老老实实读点书,日后和你哥哥一样当个店员,熬个掌柜的,挣点钱养家糊口,什么政治活动也别参加。好好地读《论语》,照孔夫子那样做人做事就行了。"以致当时学校让全校所有学生参加"三青团"时,我和两个同学偷偷溜回了家。日后"文革"中有人多次逼我交代参加"三青团"的情况时,我决不承认。他们查了当年的档案,没有我的名,才放了我。

【采访人】 刚才骆老分别谈到了自己与孔子、孔子像、《三字经》和《论语》的早期缘分。这些都是您在到曲阜读书之前发生的事。请谈谈您是如何到曲阜求学的,这就又涉及您与曲阜这座"圣城"的缘分了。

【骆承烈】 1948年7月,解放军打下兖州以后,国民党七十二师闻风而逃,济宁第二次解放。不久,我便考上了济宁联合中学(后改为济宁一中)。初中毕业后,因成绩优异,班主任孙瞿门老师告诉我可以免考升高中。但家里穷,急需我挣钱养家。堂兄骆承运知道后,要我去当学徒,依照多年的老规矩,三年学徒很累,不给钱,只管饭。我当时刚到十四岁,个子不高,母亲说我干不了。父亲因被资本家欺辱,半身不遂,整天为家里吃饭问题发愁,让我当小贩卖点烟卷、花生仁,我更不愿意。

正在着急的时候，遇见同班同学高殿钧（高新），他告诉我：济宁东边曲阜有个师范学校，上学管饭。更吸引我的是这个学校在孔庙旁边，可随时进孔庙拜孔圣人。我马上决定跟他去考。他比我大五岁，符合十六岁以上的报名条件，我差两岁，不能报名，情急下找到远房的一个姐夫，请他在学校里开了张"年龄十六"的证明，与高约定去曲阜师范学校报名。那时汽车很少，票价很贵，我们坐不起车，便面临着一场长途跋涉。但想到能到孔子家乡与孔子相伴学习，便浑身来了劲。我俩背着简单的行李，天刚明就出了半截阁，向东走去。一开始还劲头十足，走了不到十里，已觉累了。走了六十里到了兖州，已气喘吁吁。我一再建议停停，高说："走长路不能停，一停就走不动了。可以慢走，但不能停。"我们从早上六点走到下午四五点，花了十多个小时，总算到了曲阜。我们在曲阜师范学校门口买了几碗水喝，身上冒出许多黄豆粒大的汗珠子。高又告诉我，不能多歇，趁没下班马上到学校报名。我俩报上名，心里一块石头落了地，几乎走不动了。高拉着我出了校门，向北一拐，便看见一座富丽堂皇的建筑物。高说这是孔庙。我睁大眼睛一看，马上来了精神。我快步走进孔庙，坐了下来，心想日后考上，真能天天和孔子相处了。在孔庙转了一圈，天已黑。我们住不起旅店，只好找地方住。高领我进了"十二府"。这是清朝大书法家孔继涑的府第。高与这家主人很熟，人家看我们无处可住，便答应可以在他家借宿一宿。

五天后我们几个人一起到曲阜考试时，背了一些书籍、文具、被单、凉席以及可供吃三天的食物。这次不好再去"十二府"麻烦人家，只好另想办法。那时孔庙随便进出，也能住下过夜。我们几个济宁的穷考生，在孔庙十三碑亭南面西起第四个碑亭内找了个宽敞地方，铺上凉席准备休息。累了一天，本应该倒头便睡，却遇到了干扰。孔庙中的许多斗拱为蝙蝠安身之处，它们昼伏夜出，到处寻找食物。在我们头上飞来飞去，有时落下来咬我们的胳膊、腿、鼻子，天再热我们也只能用被单将身体裹严，偶一拉开被单喘喘气，就可能被这些"夜游神"袭击。当我们想到天明后还要考一天试时，再热也捂起被单来睡着了。几天后，我收到曲阜师范学校寄来的录取通知书。从此我成为曲阜师范学校的学生了，要到孔子家乡去上学了，也结束了我的少年生涯。

【采访人】 据我们了解，您在山东师范学院（现山东师范大学）求学时，发表了人生中第一篇关于孔子研究的文章。请您谈谈这段经历。

【骆承烈】 位于山东曲阜城里的曲阜师范学校，是国内最早的新式学校之一。清末政府实行"新政"时，光绪三十一年（1905）批准在孔子家乡曲阜建"四氏师范学堂",招收孔、颜、曾、孟等子弟入学,衍圣公孔令贻为学监(校长)。民国以来,其被称为山东省第二师范(简称"二师"),在大革命的洪流中,成为反帝反封建的活跃基地。抗日战争及此后时期,学校曾转移到抗日根据地,中华人民共和国成立后从东面的临沂老区回到曲阜,1950年开始在曲阜招前师(初师)生、后师(中师)生及附设中学部。1950年,我背着行李和几位同学一起到学校报到。那年"后师"招了三个班。报到后,老师给我一张纸,说"你在后四丙",我很奇怪,刚入学老师就给"厚柿饼"吃?一看纸上写的是"后四丙班",在学校偏南的"工字楼"二层西面的一个教室。进了曲阜师范学校,我很开心。虽然每月只有七元的伙食费,天天吃小米、地瓜及白菜、豆腐、豆芽,但每星期还能吃上三个小馒头和一份带肉的菜。虽然不能挣钱,家里却少了一个吃饭的人,给家里减轻了负担。

中华人民共和国成立后,神秘的孔庙全部开放,前面的棂星门,两面的快睹门、仰高门、毓粹门(东华门)、观德门(西华门)也全部开放。东、西华门还成为曲阜城内的主要通道。那时庙前璧水桥下还有流水,生长着一些水草和慈姑。孔庙不但全部开放,里面还搬来一些太湖石,好像是个公园。我和同学进孔庙主要是找个幽静地方复习功课,也经常看当时似懂非懂的碑文。尽管不全懂,但知道都是祭孔、颂孔的文物。我在曲阜师范学校学习两年,几乎进了孔庙百十次。

时任曲阜师范学校副校长的卢兼三是从莒县来的老革命,他很有学问,我常向他请教孔庙碑文的事,他见我好学,多次外出调查曲阜文物古迹时带着我。我跟着他到过孔府、孔林、周公庙、颜庙、少昊陵,还去过城东三十里的梁公林。《曲阜名胜古迹介绍》就是他的著作。我为他写作帮了点忙,从此对曲阜的文物古迹产生了兴趣,日后在这方面做了许多工作。有一次,我跟他进了孔府,看到位于二门里东首的一幢碑,他详细对我讲解说:"奴隶社会强迫奴隶干活,是劳役地租;封建社会百姓交粮食、农产品,是实物地租;封建社会后期出现资本主义萌芽时,百姓将粮食折成钱上交,是货币地租。明清实行货币地租时,这幢碑却记的是收取劳役地租。这是为孔府的女户、乐户、扫地户立的碑。上面规定孔府婚丧嫁娶时,种孔府地的农民前来服役、奏乐,以及平时打扫庭院,这种剥削方式国内少见。"我第一次听说这种稀罕事,花了一个星期天把它抄了下来。一面抄,一面想:曲阜有几千块碑,都能说明历史问题,以后有机会都把它们抄下来多好。卢副校长是长辈,慈祥、温和,我在他面前无话不谈。有一次问他为什么叫"兼三"?他向我解释:"孔子说人应有三种好品德:智、仁、勇,三者同时具备不容易,我叫这个名字是朝这方面努力。"他接着又对我说:"你知道我们校长李贯一名字的涵义吗?曾子说孔子的思想一以贯之,忠恕而已矣。"这么一说更使我悟到孔子思想的博大精深了。

在曲阜师范学校两年的学习中,我近距离接触了孔子,看了许多曲阜当地与孔子有关的文物,了解了孔子故乡的民风民情,对曲阜这座县城也有了感情。学校很重视音乐、美术,两年来,我是校歌咏队队长,演过话剧《友与敌》;放假回济宁时,在义演《钢骨铁筋》《龙须沟》中都演主角。所以毕业时,学校给我的评价是:音乐"合格"、美术"基本合格"。

当时临沂老区的中小学缺音乐、美术教师,所以我们毕业生大多会到临沂各县中学教音乐和美术。正在我整装待发到临沂教中学时,省里通知:每班抽两名年龄小、有培养前途的毕业生,直接到山东师院报到,保送升大学。学校里推荐了我。那时,山东各个地、市的后师都推荐了一些学生,七月份毕业,就到济南报到。那时国家刚与苏联签订了《中苏友好同盟互助条约》,山东师院让这些学生早入学搞宣传。我在后师就是文娱活动骨干,又会说山东快书,宣传队便交给我负责。我们每天到济南最繁华的地方,拉开场子,先演节目,后作宣传讲话,节目有独唱、合唱、活报剧、苏联舞等。有时节目接不上,为了不冷场,我就来一段山东快书。两个多月来我们这些师范生演了一百多场。

1952年,全国院系调整后,山东师院由营盘街迁至经五路纬九路和西面的道德北街。学校让我们这批师范生填志愿，分配到各系学习。宣传队的同学及参加活动的老师们都认为我应报艺术系，学音乐或美术，我却报了历史系，这当然与我对学习孔子有兴趣有关。我最感兴趣的是《中国古代史》和荆三林教授讲的《考古学》。在学到先秦思想史部分时，章诚志老师对孔子的介绍很简单，我意犹未尽，便到图书馆去找书学习，找到李长之的《孔子的故事》，认真读了一遍。心想：孔子为什么创立这么好的学说，这与他广泛学习、到处调查研究、了解风俗民情有很大关系。当年周游列国多艰苦，我应向他学习。我于三四年级时，在汪伯岩老师的帮助下，要对日本侵略军残杀济南人民的事进行调查。为此，我走进济南的大街小巷广泛调查，到省文史馆向专家请教，写出了《济南惨案》，毕业前由山东人民出版社出版。我们是山东师院第一届本科生，学校安排学生毕业前试写论文。我的《济南惨案》将要出版，学校新办的山东师院学术刊物已决定刊登我这本书的缩写文章，这可以抵论文，但我不满足，想试写一篇关于孔子的文章。本科生写毕业论文，没有自己的观点，更说不上什么新意，只是抓点资料，东拼西凑，只要文从字顺，便可过关。我选的题目是《孔子的教育思想》，主要是将这些年来自己读过书中的资料予以归纳、罗列出来。因为我对孔子很敬佩，看了一些研究孔子的书籍、文章，也读了点

《论语》，便将此文写了出来。我多年来有写日记的习惯，中学时也曾为壁报写稿，大学时为校报写稿，思路和文笔都清楚、流畅，交上去便很快通过。我通过写这篇文章，梳理了孔子的教育思想，对孔老夫子更加佩服，同时也坚定了我一生从事教育工作的信心。

【采访人】 您是如何走进曲阜师院，并开始从事教学工作的？

【骆承烈】 1956 年夏，我从山东师院历史系本科毕业，系里打算把我留校工作，但需要世界史、教学法、绘图员教师各一名。我喜欢中国史，尤其中国古代史，表示不愿留校，在得知山东师专改为曲阜师院时，希望回曲阜工作。当时曲阜师院是国内第一所农村大学，条件很艰苦，但我对孔子情有独钟，便和班内五个同学一起到曲阜师院报到。当年的后师生能到济南上大学，十分兴奋，此次又由济南回到曲阜工作，更兴奋异常。那时的曲阜是个小县城，居民大约两万人，大部分是农村户口。学校设在城西两公里的郊外，即我当年在曲阜师范学校上学时割麦子的回回林。学校才盖起几座楼，还没有围墙，三个人挤在一间屋里住，条件很艰苦，但因回到孔子故乡，在这位伟大的教育家的家乡教书有着特殊意义，我们情绪一直很高涨。

新成立的曲阜师院，设有历史、数学两个系，中文、物理两个专科。当年山东师专招的学生，一个系科只有一个班，1956年来曲阜后多了好几倍，历史系招了近二百人，分三个班。当时中学教师很缺，学员大部分是教了几年小学、年龄在二十三四岁的小学教师和少量应届后师毕业生。省里从各地区调来几位中学校长和十几位老教师，当年山东师院毕业的学生来了七八十人，组成了学校的教学班子。历史系的中国史、世界史专业的课很快被别人抢光，只剩下一门《历史文选》，我便被分配成这门课的教师。这门课全名是"中国历史要籍介绍及选读"，是介绍和选读古书的课，一般年轻人不愿干，我却很乐意，因为学古文、教古文正是基本功，对将来研究孔子有利。那时教师奇缺。开学不久，系里就让我试讲，讲了两次，效果还可以，系里便把这门课交给了我。当时我才二十周岁，很多学生都比我大好几岁，所以当时上课、辅导都特别紧张，不上课时就在系资料室里读古书，晚上回到宿舍再读，一面读一面记摘要与心得。一本"金陵版"的《史记》，上面的笔记密密麻麻，后来我知道这是很珍贵的版本时，有些后悔，又买了本铅印的《汉书》，又从旧书摊上买了四书五经，因为是自己的书，一面读一面写（这些读过划过的书，可惜都在"文革"中被红卫兵拿走了）。在此基础上，我在王先进教授指导下，编写了四五十万字的讲义，依此讲起来，便得心应手了。

我在历史系，先教《历史文选》，两年后改教《中国古代及中世纪史》。这门课量很大，本科生要学两年，便分两段，我教上段，即先秦到隋，这样便与中国古代思想史，尤其孔子思想产生密切联系了。我在此前后出了五本书，被学校推选为山东省"先进生产者"，1960年晋升为讲师，同时任系内教师最多的"中国古代及中世纪史"教研室主任。1958年教学改革时，学校开新课，我曾给57级、58级历史系本科开设《考古学》《山东地方史》，又写了二三十万字的《考古学》讲义。为了加强史论，1959年后我又开设《毛主席论历史科学》，与李笑鹤老师合写了此课的讲义，后来又扩为《马列主义科学》，在校内讲，也去农场讲。"文革"前，历史系改为政史系。不久，《中国古代史》课程改为《中国人民革命斗争史》，教研室解散。"文革"后，我曾讲过几次《中国近代史》，任教研室副主任，并编了讲义，后来此讲义被教育部定为教材，但署名是"山东大学历史系"。工作以来，我都一直坚持锻炼，曾在几百名师生参加的越野赛中获第七名，还以举重运动员的身份，参加济宁市运动会，获轻量级第二名。

【采访人】据我们了解，您到曲阜工作后，还参加了许多考古工作。请谈谈您在曲阜的考古经历和体会吧。

【骆承烈】曲阜作为国家第一批历史文化名城，历史悠久,文化深厚。这里除衍圣公府(孔府)外,还有孔氏旁支的三府、五府、八府、十二府等十几个府,颜家、东野家和一些贵族地主也居住在这里。这些人家中多有一些文物、古董,很多被文物贩子收购了,但应收归国家所有。曲阜师院作为国家办的大学,理应收集、购买这些文物。来曲阜前,校方便委托对传统文化深有研究的曲阜师范学校卢兼三副校长代购。我当年是曲阜师范学校的学生,1952年曾帮助卢副校长写《曲阜名胜古迹介绍》,又专学了考古学,便由我与他具体联系,收购了许多文物、古董。

我记得这些文物有铜器类的青铜大甗、上有"子孙"铭文的青铜彝、一对带盖的簋和带盖的簠、春秋战国乃至汉以后不同形制的鼎,还有春秋战国时的戈、剑,汉代的双鱼铜洗,还有"建初尺"。此外,还收购了大量先秦时期的矢(箭头),一个汉代的机弩和一件三国时的绿釉瓷瓶,还有魏晋及南北朝时期的坛子,多件宋代瓷碗、民窑瓷坛及龙泉窑的器物,大量明清官窑烧制的瓷器,如康、雍、乾时的绿龙碗,成对的斗彩盘等。另有一对洪宪瓷瓶,引起许多人注意。人们常说"洪宪半窑",袁世凯称皇帝时年号"洪宪",此种瓷器只烧了半窑,所以很难得。此外又有刻着"响泉"二字的唐代古琴及历代古钱币、古铜镜、古印等。

1957—1958年及1977—1978年我两次参加考古活

动，发掘到一些文物，如龙山文化的"蛋壳陶"陶片，原始社会的石刀、石斧，商周时期的陶豆，汉鲁城的整块大型几何纹砖、带字的汉砖等，均系实物，有一定的历史价值。1958年暑假之前，我提议历史系印了一份通知，发给几百名学生，要他们回家收集现代文物与革命文物。开学后学生们拿来很多，如中华人民共和国成立前中国银行、中央银行、交通银行、中国农民银行的大量纸币，一些房契、地契，中华人民共和国成立后农民领到的土地证及党员证、光荣牌、解放军的传单，还有多种毛主席著作单行本、解放区识字课本等。1960年我带领学生调查铁道游击队时，原队长洪振海的通信员将他的文件箱、毡帽、茶缸子交给我，它们均被放进文物室。我自己也拿出一些现代文物，如老钱庄数钱的钱板、缠足女子的鞋等。这些古今文物不仅在高等学校中少见，一般的地方博物馆也没这么丰富。"文革"开始，我向上级多次请求，把这些文物保护起来，领导接受了我的意见，打了十四个木箱，将这些文物全部装了进去。"文革"后人们打开箱子，文物基本无大损失。后来，历史系把这些文物放进文物室，之后成立了"曲阜师大文物馆"将它们尽归其中。所有馆藏我均了如指掌，负责将每件文物名称、年代写清，历史文化学院又让我将这些文物给学生讲述了多次，并录下音来，以长期保存。

【采访人】 曲阜师范大学自建校起，便以孔子文化研究为己任，学校还成立了我国第一个专门研究孔子的组织，当时就叫"孔子研究会"。请谈谈这个组织的有关情况。

【骆承烈】 我国第一个专门研究孔子的组织——孔子研究会，是曲阜师院首任院长高赞非筹建的。高赞非出身于山东郯城的一个书香世家，其祖父、父亲都是硕儒，在地方上曾办私塾。他早年就学于梁漱溟、熊十力，投身于梁的"乡村建设"活动。抗日战争爆发后，其父母不屈殉国，他毅然投笔从戎，先是率领乡民武装抗战，后在滨海区当参议会参议长，不久加入了中国共产党。济南解放后，谷牧任济南市市长时，把他调去任济南市文教局局长。1955年他受委托筹建山东师专。中央决定在孔子家乡建师范学院时，周恩来总理正式任命他为曲阜师范学院院长。

早在1924年，高投入梁漱溟门下时，梁就建议国民政府在孔子家乡建"曲阜大学"，高来曲阜办学，既是人民政府重视文化、重视传统的体现，也是完成其师的夙愿。他到任后就写了一副对联："犹有洙泗遗韵，更加众志成城。"我到校后，第一次听他报告时他就说："我们在孔子这位中外闻名的大教育家的家乡办学，很有意义。孔子当年教学生有'四科'，我们现在有四个系科，以后要发展到几十个。孔子有'七十二贤'，我们能培养成千上万的贤才。我们现在虽然不到一千名学生，没有孔子'三千弟子'多，但我们以后要发展到三万、三十万。"大家听了，都十分振奋。

建校之初，学校办了个油印的校报，因为我来校前就在山东人民出版社出版过《济南惨案》等书，宣传部部长黎明便向高院长建议，由我帮忙。前几期的文章都由我编，几期"编者的话"都是在校领导授意下写的。1957年春天，高院长提出为了在曲阜更好地学习、研究孔子，建立"孔子研究会"，并把他写好的《章程》给我看，内容是：设在孔子家乡的高等学校，理应对孔子加强学习、研究，古为今用，为发展中华人民共和国的教育事业做出贡献。我看后很高兴，立即表示同意，他让我到校内有关老师家中拜访，商讨聘请事宜。我找到中文系主任李子虔，历史系教授王先进，教育教研主任李国榕、陈信泰，历史系教师张志平等。大家都很乐意，便开会筹建了起来。高赞非为会长，下分三个研究组："学术组"由高亲自任组长，李国榕具体组织；"《论语》组"由教务长赵紫生负责；"文物组"由我负责。我负责会内具体事务，实际上算是秘书。过了一段时间，研究会开会，要求各组说出打算。"学术组"的李国榕、陈信泰、王先进及高都写了文章。"《论语》组"的负责人制订了"会剿《论语》"的计划，一位李姓青年教师响应。他们要组织学生先把《论语》中不适合现实的内容挑出来批判,再找可以用的拿来用。高不同意此做法,反驳道:"我们研究孔子主要为了吸取他有用的思想,古为今用,然后再说哪一点不合适、不能用。'剿'字是针对坏人坏事进攻,对孔子哪能这样?"两个人争论还未得出结果,便被一场运动淹没了。

我和陈克礼老师在"文物组"。陈克礼是位老教师,天津人,学问很大,因为有点历史问题,一直小心翼翼,但在研究学问上却很努力,尤其研究文物古迹没有风险,他劲头更大。我对曲阜的文物古迹早有兴趣,我们便抓紧时间,到处调研,在卢副校长当年的稿子基础上又增加了很多内容。书稿油印出来,大家认可后,又印了很多,广泛地发给老师和历史系的学生。这份文物古迹调查报告,几经修改,多次印刷,济宁地区出版办公室编写《曲阜观览》时,也参考了我们这份材料。1997年黄河出版社出版我的《孔子故里史迹》一书,又增加了近百首诗及图片。

【采访人】 您学术兴趣非常广泛。并且我们发现您特别高产,在许多领域都有创见。比如,您对节庆文化便有系统研究,并推出了学术成果。您在节日民俗研究方面,做了哪些工作?

【骆承烈】 中华传统文化的重要载体是节日。人们每逢清明节就想起祭奠先人,每逢中秋节就想到阖家团圆，过年更想到除旧布新。在传统文化熏陶下成长的我，对一年中的各种节日很感兴趣，小时候经常问大人年、节的来源、寓意。有时得到满意的答复，有时大人也说不好，长大后总想将这些事弄明白。到曲阜工作后，我常向一些老人请教，也从许多地方志中得到一些资料，并及时记到一张张卡片上，长期以来积累了一些资料，便编写了《节日民俗故事》。书稿首先写出某一节日的来源、演变，再写此节日国内各地的民俗，最后落脚到怎样看待这些节日，即结合现实，宣传传统文化，宣传中华人民共和国的新气象。

1959年12月本书由山东人民出版社正式出版，印了一万册，由新华书店正式向全国发行。此书虽内容不多，又浅显，但在弘扬中华优秀传统文化上却有开创之功。20世纪80年代民俗专家叶涛教授在一部著作中用了此书的"前言"，并说这是建国后的第一本节日民俗著作。为了更好地弘扬传统文化，我又在此基础上写成四十万字的另一本书稿。此书虽未出版，却被许多刊物分别刊出，也已达到宣传传统节日的目的了。

【采访人】从文献保护和圣裔研究角度而言，孔府档案是一笔非常宝贵的文献资料。您对孔府档案有没有相关研究？或者说，您有没有参与对孔府档案的保护利用？

【骆承烈】 位于山东曲阜城内的衍圣公府（孔府）是孔子嫡裔世代居住的府第，府内存留的一些文书、档案，是一批难得的历史资料。这批私家档案中的原始资料，不仅记下了一个典型封建贵族的兴衰史，也可以从各方面体现我国封建社会后期及半殖民地半封建社会中政治、经济、文化等方面的真实情况，为历史研究提供生动、可靠的资料。

集中堆于孔府书房（文书处）、司房（会计处）的这批档案，最初曾被当废纸卖出一些。后来，曲阜文物管理委员会报告国家文物局，派来单士元、李洪庆二位专家，确认这批历史珍宝的价值。不久，南京博物院又派人来指导，之后曲阜文管会派孔昭丕与颜世镛具体整理。我学古籍、教古籍，听说城里文管会有大量的古籍，便多次到孔府的档案室，先是参观，接着请教、学习。实际上是想拜颜世镛先生为师。颜世镛，字冠声，"复圣"颜子（回）七十七代孙，民国时被任命为"复圣颜子奉祀官"，后任曲阜市政协委员。此人道德高尚，文化功底深厚。曲阜文管会请他整理孔府档案，虽然一个月才补助十元（当时干部最低每个月补助二三十元），但他为了保存这份珍贵的文化遗产，欣然接受了任务，一干就是多年。当时整理的方式是在成堆的文字材料中分门别类，先依时间分为明、清、民国等八部分，再按内容（如袭封、刑讼、田产、工食等）分开以后，装订成册，一些年深日久不好装订的还要用白纸粘贴。我到那里,先是观摩,也动手帮助挑选、归类。旧式档案有很多公文程式、常用术语及大量敬辞,等级分明,又加上一些地方语言、民间俗语,一开始我很难读懂,便向颜老多次询问。他十分耐心地解答,有的整篇向我讲解。与他同时工作的还有一位孔昭丕老先生,据说当年他是朝廷封的"奎文阁典籍",对孔府档案非常熟悉。他很器重我这个年轻的大学教师,我也很尊重他,昭丕先生也是我的老师。我从两位老先生那里学到许多知识,可称为他们的"关门弟子"。

1961年,中国科学院历史研究所前所长——我国社会科学界泰斗杨向奎教授专程到曲阜"淘宝",要我和郭克煜做他的助手。我们在孔府档案室工作二十天,抄录了许多第一手资料。这二十天对我来说,不仅是帮助杨老工作,也是一次专题进修。这批档案越来越受到学术界重视。1963年,杨向奎教授带领中国科学院历史研究所六名科研人员再次来到曲阜,从孔府档案中寻找历史资料。他们六人,加上我和郭克煜、孔令彬,在杨老指导下,进入档案室寻找资料,又从曲阜师大中文系、历史系的高年级学生中选了二十几人参加。我们几人选出的资料经杨老同意后,再给每一件定下题目,学生们则垫上复写纸恭正地抄录。两个月来我学到很多古文献知识,学生中也有四人考上了中国科学院的研究生。"文革"中当年复印的三份资料，只有我们的一份保存了下来，"文革"后由山东社科院牵头，中国社科院、山东大学、曲阜师院、曲阜文管会联合，我任常务副主编，由齐鲁书社出版了二十四大本、五百多万字的《曲阜孔府档案史料选编》。

2013年"历代孔府档案文献集成与研究及全文数据库建设"这一项目被批准为国家社科基金重大项目，该项目团队以曲阜师范大学教师为主，还组织了庞大的研究队伍。曲阜师大历史文化学院专门调来学档案的吴佩林博士将这批档案整理后输入计算机，使这批国内难得的私家档案在新时代妥善保存，亦适于使用。

【采访人】 提到了孔府档案，就不得不提曲阜碑刻。由古至今，曲阜保存了大量的碑刻。请简单介绍一下曲阜碑刻的有关情况。

【骆承烈】 曲阜作为孔子的故乡，历代被尊为"圣地"。历代帝王中曾有十几人专程到曲阜朝圣（清朝乾隆皇帝就来过八次），有时派专使到曲阜朝圣、祭孔，每次祭完都将祭文刻石永存。历朝文人雅士纷纷到曲阜拜孔、谒孔，留下大量诗文。历代朝廷也将对孔子嫡亲后裔及孔氏族人、四氏子孙优待的内容刻碑永存。它们的主要内容有历代帝王尊孔、祭孔、颂孔碑，历代朝廷赐给孔裔的特权碑，历代文人来曲阜颂孔、尊孔的诗文。此外还有一些少数民族文字的碑和大量元朝的碑（元朝被推翻后，大量碑刻被毁，只有尊孔的七八幢独存）。更引人注意的还有大量以书法艺术著称于世的汉魏碑刻。这些碑有大有小，有高有低，有真、草、隶、篆等各种字体，碑额、碑身、碑座更各具特色，堪称我国第一碑林，它们有三个特点，一"多"，二"古"，三"专"（即尊孔）。

我自十四岁到曲阜求学，抄录第一幢《洒扫户碑》以来，每到星期日、节假日就去孔庙、孔府、孔林等文物点抄碑。关于曲阜的历代古籍很多，除《曲阜县志》《阙里文献考》《阙里述闻》外，我还找到《曲阜林庙碑目》，但它们记的碑都很少，有的还只有目录。我好不容易找到一本《曲阜碑碣考》，也简单得令人失望。这样一来，更坚定了我抄碑的决心。除了平时的教学、科研外，我在星期天、节假日的户外活动便是抄碑。早上带几个馒头，背着水壶，提着包，便去孔庙等处。有的大碑很高，字很多，仰首抄起来很费劲，有的碑残破，字迹不清，要费很大力气瞪起眼来辨识。实在看不清时，从地上抓几棵草擦一擦，趁着湿气辨识。看不懂的字，照样画下来，回校查字典或问别人。抄一阵很累，坐下歇歇，喝口水时，有一些游人围观，还有人说风凉话。有一次在孔林，我攀越山石去抄一块残碑时，戳了马蜂窝，成百的马蜂袭击我，把我的手、脸都蛰肿了，我回到家用碱水洗洗，手、脸恢复好了，再去抄。每次回家后，我依原样整理好，下次再去核对。有时核对几次，确认无误，才放下心来。一幢碑抄完后，再认真附到卡片上，写上名字，记录它的高、宽、厚及碑额、碑身的特点，还记录书写者、篆刻者、刻石者、立碑时间、位于何处等。这种卡片我制作了一千多张。

1980 年，在古籍整理研究会上，整理古碑的项目受到许多专家、学者的肯定。指导全会工作的王玉清同志称赞整理历代碑刻是"古籍整理研究中的一个重要侧面"。不久，全国高校古籍整理研究委员会将此项目列为重点项目，拨出两万元经费给予支持。这一项目在中国孔子基金会首任会长匡亚明教授指导下立项，杨向奎教授指导，老摄影家孔祥民摄影，经中国孔子基金会的专家委员会讨论通过后，交由齐鲁书社以《石头上的儒家文献——曲阜碑文录》为名出版。责任编辑李兴斌同志本着对历史负责的精神，不断提出一些问题，我又到实地校对。这部八十万字的书，从 1951 年算起，历经五十年，2001 年 4 月终于出版了。

《石头上的儒家文献——曲阜碑文录》出版后，《孔子研究》2001 年第 5 期刊发了修建军写的《犯其至难图其至远——评〈石头上的儒家文献——曲阜碑文录〉》。该文指出本书几个特点：第一，通过碑文比较直观地体现了我国历史上各个时期对孔子及儒家思想的态度，有助于中国历史的研究。第二，这是一部资料集，通过内容，可使人们对实物有详细了解。第三，这是对历史、文物的一种抢救工作。这些碑刻自然损毁、人为破坏严重，如不抢救，将会逐渐消失。这种抢救工作，功德无量。

【采访人】"文革"以后，曲阜师院又成立了"孔子研究室"。这是个什么样的机构呢？它是不是后来曲阜师范大学孔子文化学院的前身？

【骆承烈】 1978年12月党的十一届三中全会召开，确定国家以经济建设为重点，开始改革开放。国内政治上的寒冰解冻了，思想上的禁锢也放开了，位于孔子家乡的曲阜师院在多年来反孔的噩梦中惊醒，又开始研究起孔子来了。此时研孔的领军人高赞非已逝，年轻人应继承他的遗志继续研究孔子。1979年春，校领导正式决定在校内建"孔子研究室"，由王先进和我负责。王年老体衰，又经过"文革"的惊吓，不敢活动，只是挂名，实际上我是研究室主任。此单位先附于历史系，很快就独立了。1979年国家试行评职称制度，1980年我晋升为副教授，关系还在历史系。在此前曲阜师院与山东大学合并时，学校不重视古代史，我改教《中国近代史》，此时又改过来教《历史文选》《中国古代史》《考古学》。我又可学孔、研孔了。

研究室初建，先干了两件事：组织讨论和编资料。1980年1月，孔子研究室开了"文革"后第一次"孔子讨论会"。当时，到会的有院长赵紫生、教务长颜润生，还有历史系书记王清，教师王先进、李毅夫、张迪亚、王洪军，教育教研室的李国榕，图书馆的刘震阳、黄立振、李克正，曲师大附中的王效友。校外有曲阜文管会主任管象敏，曲阜师范学校老领导卢兼三、赵勉和校长翟树杞，另有曲阜一中的王宪彬和一位姓邢的老师，济宁市文物局局长宫衍兴，邹城文管会主任王轩，临沂师专教师孙玮。还有一位专门从徐州赶来的李雅琴，是1961年的老毕业生。会期一天，大家畅所欲言，总的调子是孔子不应被打倒、"三孔"不应被破坏。卢兼三副校长、刘震阳老师谈起前些年否定和打倒孔子的事，言辞激切。此次会议未有人写文章，也未形成会议纪要，但是"文革"后第一次有组织的研究孔子的活动，当时拍下的照片特别珍贵。

在学术研究上，我从来重视微观研究，让资料"说话"是第一位的，一开始便着手编资料，以孔子研究室的名义印出。当时印点东西很不容易，铅印更难得，在校印刷厂排版时，他们很难找到一些生僻的古字，有时还要造字，但学校重视，总算克服困难将书稿印了出来。这是"文革"后的第一本孔子研究资料集，共336页，约三十万字。它虽然粗略、简单，却有开创之功。当时印了两千本，寄往一些大学、研究机构，在一些会议上分发，均获好评。山东省政协原副主席孔令仁教授为获此书，多次给我来信、打电话，直到得到此书后，高兴地说："我这可对先祖孔子做些全面了解了。"向人们提供孔子研究资料，是研究室（所）的一项重要任务。我们在编此书的基础上，发展为一部更大的资料集——《孔子资料汇编》。

1990年，时任山东省委宣传部部长的苗枫林组织建立了《孔子文化大全》丛书编辑部，计划将一些世上罕见的儒家古籍及重要资料专项出版。《孔子资料汇编》便作为其中之一，正式出版。此书所收古籍、碑刻、竹书、帛书等达一百二十九种，十六开本，880页，200多万字，将先秦至南北朝时期各种书上记载孔子言、行的内容收录。此书之《编辑说明》除写了对这些资料如何选取、如何采用之外，又说："一九八一年，骆承烈、郭克煜、李启谦等，曾整理编辑了《孔子研究资料》一书……由于此书比较简单和粗疏，显然不能满足研究者进一步的要求，在此基础上，我们重新编辑了这部在资料收集上更为丰富、完整的汇编……"

孔子研究室初建时，学校在校内东教学楼二层东拨了一间屋供我们使用，不久扩大为两间。一年后迁到招待所，给了四间。不久，又拨了招待所八间房。后来在中国孔子基金会的支持下，盖了一座小楼供研究室使用。

最初只有我一人专职,历史、中文、教育、图书馆等院系部门的一些人兼职。1981年,77级学生毕业,杨佐仁留校加入了研究室,后来又陆续增加到十几个人。1983年经山东省教育厅正式批准,研究室改名为"孔子研究所",1994年改称"孔子文化学院"。

【采访人】"文革"后,给孔子平反成为当时思想文化领域的一件大事。那时候,孔子研究是如何步入正轨的?请结合您自身经历谈一谈这个话题。

【骆承烈】 1980年在我校召开的孔子讨论会影响很大,海内外研究孔子的学者纷纷与我们联系。我们在与全国广泛联络的基础上,于1983年4月在校内大礼堂又开了一次"孔子思想讨论会"。全国二十多个省、市的学者及孔子七十七代嫡孙女孔德懋女士,齐集曲阜。在历时五六天的讨论中,大家从各方面研究孔子,各谈观点。会后会议组从百十篇参会论文中选出五十多篇,由湖南教育出版社出版。此论文集由我组织全研究室同志集体讨论、编辑而成。

这次会议有两个重点:一是给孔子平反,一是建立孔子研究组织。

会上,严北溟教授的文章《"孔家店"要打倒,孔子要平反》引起大家高度重视,大家展开了热烈的讨论。严文将"孔子"与"孔家店"区分开来。孔子是位伟大的思想家、教育家,"孔家店"却是后儒对孔子思想"变异"后的产物,即并非真孔子的"假孔子"。"假孔子"故步自封,为封建统治者服务,"真孔子"主张变革,有许多爱民的思想;"假孔子"讲愚孝,"真孔子"讲正确的孝道……"文革"中对孔子的批判,除了歪曲事实外,就是把后世异化了的儒家思想当成孔子自己的思想加以批判,因此我们认为"'孔家店'要打倒,孔子要平反"。

为了给孔子平反,会上起草了一份"给孔子恢复名誉"的意见书,大会通过以后,交到了上级部门。此后各种报纸、杂志上相继发表研孔的文章等,实际上已达到给孔子平反的目的了。

建立孔子研究组织则不太顺利。到会的人是来自全国的老中青历史、教育、政治、哲学、社会学、法学等学科背景的学者。他们在发言中都提出建立孔子研究组织的事。如新疆师大教师周东晖说:"孔子思想遍及全国,新疆也不例外,可见孔子影响深远。建立孔子研究组织,才能更好地联络全国,深入研究孔子。"我把这些意见转给校领导后,他们心有余悸,不敢答应,让我说服大家,过几年再说。

会后到邹县参观时,北京的几位学者统一了意见,决定在北京建立孔子研究的组织。在泰山参观时,大家形成了决议。中国教育科学研究所的韩达研究员从泰安给我寄来一封信,附《咏一山一圣》诗一首:

东山一柱逞风流，万态千姿作尘烟。

只缘一段妖风起，山陷云天缥缈间。

此诗名为写泰山，实为未成立孔子研究组织而遗憾。我即和诗：

东岳盛名赖岱顶，千古磨炼益峥嵘。

勿惜极峰未观日，明朝云破金乌升。

我们二人在诗中各自说出自己的心情，我以积极态度鼓励他。韩达回到北京后，与社会科学院孙开泰等人联合聘请张岱年教授为会长，成立了"中华孔子学会"。但那时候学会还不能真正独立，而是"中国老年学学会"所下辖的二级学会。

孔子研究在全国有了进展，曲阜师院更应跟上。1983年孔子研究室升格为"孔子研究所"。建所之初，研究所便以校《齐鲁学刊》增刊之名，出了本约五十万字的书。这本书名叫《孔子研究》，展示了我院教师多年来的研究成果。老院长的《孔子的思想核心——仁》《略论孔子礼的思想》两篇文章被收了进去，四十篇文章中收了我十一篇。在《编辑说明》中这样写着："这本集子收录了我院同志迄今已发表的一部分文章。文章发表的时间有早有晚，所处的历史背景也不完全一样，文章涉及的内容和观点各异，仁者见仁，智者见智，论说不一。为了更好地运用马列主义、毛泽东思想研究古代文化遗产，执行党在学术研究上的'双百'方针，在现有基础上，把研究工作推向前进，我们在辑录时一律维持文章原貌，让它带着不同时期的历史风尘，同读者见面……"至此，把孔子研究当作学术问题，而不是政治问题，已十分明确。

【采访人】 20 世纪 80 年代，您曾与著名学者梁漱溟先生进行过学术互动。请谈一谈这段故事。

【骆承烈】 梁漱溟先生生于广西桂林，是我国现代新儒家代表之一。抗日战争前，在山东邹平、菏泽等地搞"乡村建设运动"。他要从基层农村做起，探索一条救国之路。这一主张虽因抗战爆发未能执行下去，但他拥护共产党、热爱祖国之情，却彪炳史册。先生坚持真理、主持正义的铮铮骨气，一直被世人赞扬。孔子研究室刚建立时，收到美国寄来的一封信，在美国成立了一个"世界孔子文教基金会"，信封上的孔子站在地球上。该基金会负责人多为各国政要，中国只有一位"荣誉会长"，便是梁漱溟，可见他国际地位之高。

1984 年，孔子研究室为推动孔子研究的开展，计划编印一本《孔子研究者概况》，向国内外提供孔子研究的信息。在向国内各地寄信时，我们首先想到梁先生。信寄出去不久，便收到梁老的复信，上面说："1974 年，如所周知，有批孔运动。我曾写出《今天我们应当如何评价孔子》一文，送领导阅看，以示不附和批孔……"当我们又一次去信请梁老填写我们印制的表格时，梁老又回信说："我不自认为是什么研究孔学的专家、学者，无意照表填写。如其外人认为我亦算是研究孔子之一人，而来访问我，那是他的事情……"

梁老如此谦虚，出乎我们意料。看来通信了解不到真实情况，我便决定进京造访。这年八月，我专程到北京复兴门外木樨地二十二楼梁老住所拜访老人。敲门后，一位年轻人说："他不接见客人。"当我请他告诉梁老，我是当今社会上专门研究孔子机构的负责人，又是他爱徒高赞非的下属及学术继承人时，老人破例接见了我。九十多岁的梁老，穿对襟小褂，戴瓜皮小帽，清秀隽奇，精神奕奕。他问明了我的身份及来意后，同我攀谈起来。他说："我是为了救国才研究孔子的。孔子认为要把国治好，先从个人做起。我就从最基层的地方政权做起，搞起乡村建设来。行知（陶行知）搞教育救国，渭川（董渭川）搞职业教育救国，润之（毛泽东）搞武装斗争救国，都是爱国的。历史证明润之对了，我从心眼里佩服。所以1946年我去延安参观、考察，后一直跟着共产党，我认为中国应该走社会主义道路，但是对待古文化却不应轻易抛弃，更不能粗暴地否定。所以1974年的批孔运动我不赞成，便写了《今天我们应当如何评价孔子》的文章。"

当我提出能否阅读、学习一下时，梁老慷慨地从一摞书中找出这篇长达一两万字的文章交给我。我说找人工整地抄好,希望能在我院学报《齐鲁学刊》上发表时,梁老欣然同意。我回来抄好寄给他,谁知等了一年,也无消息。第二年我去北京参加中华孔子学会成立大会时(此时,中华孔子学会已升格为国家一级学会)很难得地见到老辈哲学家贺麟、老革命家、周恩来同志的入党介绍人张申府,老辈哲学家冯友兰以及梁老。当我向他问及此文时,他说:"去年刚接到你的抄稿,便被香港一家刊物要去发表了。"他一再对我说"对不起"。这篇当时旗帜鲜明地反批孔的文章只要能发表,我也就没什么意见了。

日后,梁老的长子——北京大学教授梁培宽要编梁老的书信集时,我把这几封信都交给他,予以面世。后来,大象出版社又影印了《梁漱溟往来书札手迹》,内有"致骆承烈"的信两封,还有致他当年搞乡村建设中的另一名弟子、济宁市人民医院的名医孙方成的两封信。

【采访人】 您可谓是我们单位——中国孔子基金会的一位重要见证人和支持者,直接参与了孔子基金会的创办,并在近40年的时间里,一直在参加、指导我们的工作。我们特别想听您介绍一下孔子基金会成立前后的一些情况。

【骆承烈】 你们是中国孔子基金会的工作人员,你们来到我家采访，我非常乐意介绍一些情况。20世纪80年代，随着改革开放，人们对孔子的看法也逐渐变化，尤其更加肯定孔子的教育思想。1984年9月，曲阜师院又与中国教育学会在我校召开"孔子教育思想学术讨论会"。中国教育科学研究所蔡公期、杨焕英、赵岚梵，北京师大毛礼锐、陈景磐，华东师大张瑞璠，复旦大学严北溟，河北大学闫国华，华南师大杨荣春，福建师大黄寿祺，新乡师院许梦瀛，南京大学匡亚明、刘毓璜，山东大学韩连琪、殷孟伦等教授，以及孔子后裔七十七代嫡孙女孔德懋，"孔八府"长孙孔令朋、孔令仁，原山东省教育厅厅长高维真、济宁市市长韩寓群等参加。在四天的时间内，大家对孔子教育思想的许多方面进行了肯定。会后会议组将七八十篇论文编成论文集，由齐鲁书社出版。会议结束后，派我将匡亚明教授送往南京。

当时曲阜已经开放，国内外朝圣者、旅游者纷纷来参观。但孔庙、孔府、孔林，尤其"文革"中被毁的周公庙等建筑多年失修，残破不堪。政府虽拨款修整，但钱不多。为了募集些钱维修文物，有人提出建个基金会，让各方捐款以修整文物。有人提出南京的匡亚明先生资格老、地位高，又重视传统文化，县里便派政协副主席翟盛奎找到我，让我和他坐火车去南京。当我和翟走进南京高云岭匡老家中时，匡老问我："还在南京没走？"我说："来此又有新的任务。县里请您出任曲阜孔子基金会会长。"匡老诙谐地反问我们:"孔子只是曲阜的吗?"翟副主席说:"是我们山东的"。匡老说:"怎么是你们山东的?是中国的。要成立就成立中国孔子基金会。"我们恳求匡老再和我们一起回曲阜。

匡老来到曲阜,住到了孔府西院的国际旅行社。当晚九点钟,匡老让我马上给北京的谷牧副总理打电话。接通后,匡老说:"我在曲阜,人家要我当中国孔子基金会会长,你应该当名誉会长。如果你不当,我也不当……你一定答应。如天明前不回电话,就算答应了。"天明前,响起了电话,山东省委办公厅让曲阜方面快些写报告,请谷副总理担任中国孔子基金会名誉会长。

既然是中国孔子基金会,就要由中国儒家方面一些代表人物来组班子。这些年来,我在国内结识的人多,这个任务便交给了我。匡老叫我找三种人:学者、名人、孔子后裔。我便列出一些名单:在孔学研究方面的学者,如历史学方面的杨向奎,哲学方面的张岱年、严北溟、辛冠洁,教育学方面的毛礼锐、陈景磐,考古学方面的罗哲文;名人如周谷城、赵健民、吴富恒;孔子后裔如孔德懋、孔令朋、孔令仁等。第二年在曲阜召开中国孔子基金会第二届理事会,最后将名单定了下来。会上还任命县委书记刘福田为秘书长,又任命了翟盛奎等为副秘书长,牌子挂到孔府,孔府前部西面一个小院为办公地点。基金会下设学术委员会,由匡老自兼主任,辛冠洁为副主任。孔子故里文物委员会主任由刘福田兼任,副主任为孔德懋、翟盛奎,还聘请国家文物局原局长任质斌、全国政协原副秘书长孙轶青、山东省政协原主席李子超及中国社会科学院杨向奎研究员为顾问,组织了十七八位考古、文物专家为理事。基金委员会由山东大学原校长吴富恒等负责,对外联络由外交部原副部长宫达非负责,办公室由翟盛奎、高景鸿、赵翠英、夏祥敬等负责。

曲阜虽是济宁市下辖的一个普通县城,但名气很大,我们对外联络时均称"曲阜市"。中国孔子基金会建立后,由匡老提议向上申请,1986年撤县建市。又办了《曲阜报》,匡老为此报写了报头。为了开展孔子与儒学研究,又申请办了《孔子研究》刊物,1986年创刊,当时每季一期,一年四期。后来,我编辑出版《孔子故里史迹考略》,以《曲阜报》增刊的名义出了三辑。

当时理事会主要人员一起研究工作时,就三项事进行了讨论:一是对孔子如何称呼(评价),二是基金会主要用哪个孔子像,三是什么时候祭孔。匡老说,孔子应被称作"伟大的思想家、政治家、教育家",张健教授说"应是伟大的思想家、教育家、政治家"。匡老的理由是"他的教育是为政治服务的",张老的理由是"他一生主要从事教育,从政机会不多"。两人各持一说。在孔子形象上,匡老说:"应该用程宗元先生画的'三十而立像'。

我匡亚明今天是个老头子,但我风华正茂的时候是在抗日战争时、年轻时。对孔子不应用老年像,应用青年像。"张老主张用清人改绘吴道子绘的"孔子行教像",说:"这个像已被国人认同,'三十而立像'人们还不认识、不承认。"争论的结果是张老放弃"教育家"在前,匡老放弃"三十而立像"。谈到纪念孔子诞辰在哪一天时,我提出:"我国台湾地区、美国都用阳历9月28日,不科学,为什么跟着他们学呢?我们应用阴历八月二十七,最符合实际。"这一主张被采用了。此主张执行五年后,外国人提出疑问,认为阳历、阴历时间不同,还是换算成阳历好。1989年纪念孔子诞辰2540年前,有学者重新议论起此时间问题。当时本来有两篇文章考证得很好,可以再商量,但有人向省领导汇报后就定下来了,不能改了。

在对孔子的评价、称呼上却是大问题。《孔子研究》创刊号《发刊词》以谷牧署名时,对孔子的称呼是"伟大的思想家、教育家",从此学术界便定了下来。

【采访人】 据我们了解,骆老曾大力推动尼山圣源书院在孔子诞生地落地建成。如今,尼山圣源书院已经成为建在孔子故里的一处重要的儒家文化场所。请您谈一谈创办这座书院的原因及其过程吧。

【骆承烈】 "南有博鳌,北有尼山",这是21世纪以来人们常说的话，意思是：当今世界经济论坛的高地在海南的博鳌，文化论坛的高地在山东的尼山书院。在尼山书院的创建中，我做了一些事。

时任泗水县教育局局长的陈洪夫同志，在推广国学方面很积极，在当地做了不少事，如主办了第二届"中华母亲节"，召开了关心留守儿童的会议等。2006年9月下旬，他邀请到王殿卿、钱逊、周桂钿及香港的刘国强等学者，在泗水研讨传统文化普及的事。当时正赶上曲阜的"国际孔子文化节"，我提议大家到孔子生地尼山去看看。去以前我向大家讲了一些那里的情况。

尼山孔庙在距离曲阜城东南约28公里处，居于尼山中峰东麓。作为孔子生地，历代在这里举办活动，直到五代后周显德年间正式建庙，宋仁宗时增扩，明永乐年间重建。这里共有五进院落，殿堂五十多间，历代碑刻十余幢。其旁还有尼山书院，为曲阜"四大书院"之一（另三处为洙泗书院、春秋书院、石门书院）。在尼山孔庙北邻有一四合小院。宋仁宗庆历年间，文宣公孔宗愿扩建尼山孔庙时，建讲堂，立学舍，置祭田。孔庙在宋末兵火中被损毁，元初衍圣公孔思晦复建祠庙，再置尼山书院，现为明永乐时建。正房三间，东西两侧各有配房三间，门内有照壁，门前有明弘治年间立《尼山书院碑》。尼山孔庙大成殿前也有一幢元代的《尼山书院碑》，内容是对孔子先世、父母的赞誉及对他创立学说的赞扬。

我兴致勃勃地讲了一些情况，几位学者高高兴兴地驱车前往。走到尼山孔庙门前，锁着门，进不去。大家失望地沿东墙走去，正好一段墙倒了，我们从豁口进去，大家好好地参观了一下。我又对大家说，北面有座尼山书院，是研究儒学的地方。离开孔庙，走近书院，又锁着门，其东墙也有一段倒塌，大家又爬了一次墙，进去看了看。在回来的路上，大家认为学习孔子不能光讲形式，也应用当年书院的形式传播儒学，希望可以再建一个新的书院。

2007年6月9日至10日，国际儒联在北京国谊宾馆召开成立"儒学普及委员会"，我和王殿卿提出新建尼山书院的建议，得到与会学者的一致支持。接着在另一会议室，有十七人参加会议，具体议论如何建尼山书院的事，这十七人算是发起人。我介绍尼山原属邹县、泗水，中华人民共和国成立后划归曲阜，山下的河东岸便是泗水地界。尼山以西曲阜地段中居民区已建满，不好占用，可以在河东的泗水一带选址。这一建议，陈洪夫同志记在心里，回去马上向当时的县委书记田志锋汇报。田书记得知后，说："这在泗水是天大的好事，这是送上门的大智慧。"但泗水太穷了，哪里拿钱支持这个大好事呢？于是他们马上写了一份报告，希望济宁市出资两千万元，先修一条从高速公路泗水出站口到尼山的路。时任市委书记的孙守刚批了钱，让泗水县马上办。泗水县破例无偿地在圣水峪乡拨出土地100亩，先期拨款100万元为启动资金，由建设部门等成立了工作班子，很快修成了这条路。

泗水县的行动感动了国际儒联的学者们。8月13日，在泗水圣源酒店，十几位专家对建书院事项进行了论证，成立了筹备会。田志锋书记为主任，我与王殿卿为副主任。当年在选址一事上，有人坚持在曲阜境内建书院，我引证当年成立孔子基金会时匡亚明先生的说法：孔子不是曲阜的，也不是山东的，是中国的，所以叫"中国孔子基金会"。当时尼山西麓，村庄已经布满，为什么不能在山之东面的泗水地界上建呢？大家同意了这个意见。选址的事定下两个原则：一是离尼山要近，二是不要占好耕地。最后大家便决定将书院建在圣水峪乡南端的岑上，具体方位请原山东省周易学会张晓雨会长勘察后定了下来。至于名称，为区别老"尼山书院"，新书院称"尼山圣源书院"。实际上称"圣源"是有道理的，泗水西流到曲阜，尼山这个地方以前曾属泗水。

大家就此书院的性质进行了反复磋商，最后定下"民办公助，书院所有，独立运作，世代传承"十六字方针，充分体现了学者味、书卷气。城里的"圣源宾馆"负责杂务，实际上又给宾馆办了个"宾馆"，但这里主要进行学术活动，县里派陈洪夫全面负责，并从当地师范学校调来金英涛副校长具体管理。

尼山书院一面建造，一面向国内外广泛宣传。2007年2月16日，书院先举办了一期国学培训班。这个班均由国内著名的国学专家授课，结业时，以尼山圣源书院的名义发放结业证。学员们兴奋地说："尼山书院还没建成，就对我们特殊优待。在推广传统文化上，我们一定走在全国的前列。"不久，书院又在安山度假村举办了博士学习班，对外影响越来越大。

2008年8月9日，在安山度假村举行的"尼山圣源书院"成立庆典上，邀请了国内外一些著名大学的校领导、专家近百人。美国的安乐哲教授代表国际学者到会祝贺。书院名誉院长、美国哈佛大学杜维明教授讲话时豪情满怀、诗意大发，铿锵有力地朗读起朱熹那首脍炙人口的诗句："半亩方塘一鉴开，天光云影共徘徊。问渠那得清如许？为有源头活水来。"

关于书院的院长（旧时称山长）及工作班子，自然要好好地选取。院长的条件：一是儒学专家，二是在本领域中有一定威信，三最好是山东人。经过仔细考虑，书院聘请烟台人、中央民族大学的牟钟鉴教授为院长，山东大学丁冠之教授为执行院长，王殿卿教授为副院长。在牟钟鉴教授任职期满、丁冠之教授去世后，刘示范教授继任院长，颜炳罡教授担任执行院长。其中，颜炳罡教授兼任书院秘书长。第三任院长是中国人民大学的张践教授。

2013年11月26日，习总书记到曲阜考察，我以"加强文化自信"为题向总书记作了汇报。后来，由国际儒联发起，在位于北京大兴区的国家教育行政学院成立了"国学经典教育联盟"。责任人由钱逊、王殿卿、牟钟鉴、周桂钿和我组成，该校于建福教授为秘书长。此联盟在国际儒联领导下，以尼山圣源书院为基地，进行以学国学经典为主的传统文化教育。后"联盟"举办了国学培训班，组织成员在尼山书院实地学习，并到尼山等参观。我曾在一个多星期内讲了十几次课，成员结业时发国家教育行政学院签署的结业证书，现已办了二十多次班。济宁市作为孔孟之乡，得天独厚，来此学习的人很多，现在每个县、市的图书馆或文化馆均挂上了"尼山书院"的牌子。

尼山圣源书院的建成是个大工程，我在这方面贡献不大，但有两点需要说明：一是我最早在国际儒联提出来建书院；二是"国学经典教育联盟"培训班以我讲课次数最多。

【采访人】 您过谦了。在我们看来，您不仅对尼山圣源书院的创办有功劳，而且现在又把它的创建过程原原本本地讲给我们，这是非常难得的历史记忆，对于我们全面了解尼山圣源书院的历史和21世纪以来孔孟之乡的儒学传承发展情况，具有不可忽视的历史意义。再请教您下一个问题，孔子被历代读书人尊为"万世师表"，但前些年，您又提出一个新的定位——孔子是"万邦师表"。请您谈谈对"万邦师表"的理解。

【骆承烈】 从前，曲阜衍圣公府（孔府）门口曾贴一副对联："天下文官祖，历代帝王师。"这是依据清朝康熙皇帝亲题"万世师表"而来的。人们走进曲阜孔庙最后一座殿堂圣迹殿时，可以看到正面嵌着宋人绘的孔子形象刻石，其上面有煌煌四个大字"万世师表"。人们读了以后，都会想到孔子是每一个人的老师。我学习、研究孔子思想五六十年，结合当今现实，悟出一个道理：孔子思想遍及世界，孔子应被称为"万邦师表"。

1988年，75位诺贝尔奖获得者在法国巴黎集会时，诺贝尔奖得主、瑞典物理学家阿尔文在大会上提出：人类要在21世纪生存下去，必须从两千五百年前的孔子那里寻求智慧。话音刚落，便得到全场热烈响应，与会人员一致赞成这一说法。这一消息不胫而走，很快为世界各国所知。从20世纪末到21世纪初，孔子在国内外的地位越来越高。2004年在曲阜孔子研究院召开的世界儒学大会上，我发表了一篇论文《"万邦师表"孔夫子》。此文一出，引起与会者高度重视，大家都觉着这一提法有道理。

先说"万世师表"孔夫子。两千五百多年前的孔子，生活在奴隶社会末期，未被重用。然而，自封建社会以来，代代皇帝尊崇孔子，历代百姓拥戴孔子。他的言行历代不绝于书（笔者主编的《孔子资料汇编》仅魏晋之前记其言行的各种古籍就有 129 种），其弟子及再传弟子编成的《论语》被人们奉为圭臬。截至民国以前，《论语》注本已有 2000 多种。古今学者研究其思想者，史不绝书。孟子说孔子的学问"集大成"，司马迁称赞孔子德行"高山仰止，景行行止""孔子布衣，传十余世，学者宗之"，王充说孔子是"道德之祖"，魏文帝的诏书中说孔子为"亿载之师表"，宋徽宗说孔子为"百世之师"，清康熙帝称之"万世师表"……

再说"万邦师表"孔夫子。孔子不仅是中国伟大的思想家、教育家，在世界范围内，也是伟大的教育家。

孔子在世界教育史上的地位也很高，被誉为"世界十大文化名人"之首。美国传教士卫三畏曾说："孔子的著作同希腊和罗马哲人的训言相比，它的总旨趣是良好的，在应用到它所处的社会和它优越的实用性质，则超出了西方的哲人。"作为教育家来说，孔子在实践的基础上创造出许多理论，除一般的教育原理外，诸如教育哲学、教育心理学、成人教育学、终生教育学、职业教育学、心理学、逻辑学、体育教育、美育教育等方面也都有涉及，且达到一定的高度。孔子是一位综合的教育大家。

作为中国乃至世界上伟大的教育家，孔子的影响越来越大。2004年，山东省人民政府和济宁市人民政府分别致函中国联合国教科文组织全国委员会，提出申报"孔子教育奖"，教科文组织的专家们经过认真研究、比较，2005年全票通过设立"孔子教育奖"，一年颁发一次，一次颁发两份。每年9月26日"国际孔子文化节"前在孔子家乡曲阜颁发。第一次颁奖是在2006年，我和当时中国联合国教科文组织全国委员会副秘书长杜越作为电视嘉宾。人们盛赞孔子的"有教无类"思想。

我这篇写孔子"万邦师表"的约16000字的文章，在世界儒学大会上与大家分享后不久，得到北京大学、清华大学、中国人民大学、中国领导科学研究会、中华炎黄文化研究会、中国孔子基金会等十几家学术机构学者的赞赏。此提法也已得到国内学者广泛认可。

【采访人】 饮食文化是中华传统文化的重要组成部分。据我们了解，您对孔府菜也很有研究。请谈谈您对孔府菜的认识和理解。

【骆承烈】 人们把中国的饮食文化称作"国宝"是有道理的。中国在菜肴上有"八大菜系"，其中"鲁菜"是历史最久、发展地域最广的菜系之一，几乎北方各省及东北各地的菜系均与"鲁菜"有关。"鲁菜"实际上是以早期滨海的"福山菜"及内地的"孔府菜"为代表。几十年来我有幸参与了这方面的工作。

1984年，曲阜县商业局邀请我参加一个会。到了曲阜宾馆，全屋的人我只认识一个——当年的学生殷启发。他是烟台饮食服务公司的经理。知道我是研究孔子、孔府的，就请我来参加"孔府菜"的活动。此次活动由山东省饮食服务公司委托，烟台饮食服务公司参加，在曲阜党政机关及曲阜饮食服务公司的支持下，召集当年在孔府任过内厨的葛守田、葛景玉、彭俊德、葛长田、孔庆德、孔昭臣等著名老厨师，共同回忆当年孔府菜的名目，每项菜的原料、制法、特点，以及与此菜有关的各种故事、传说。老厨师们大都在孔府工作多年，自己有许多技艺，也分别带过一些徒弟。孔府菜多是口、耳、手相传，不成文，没被记下来。日久天长，这些技艺难免消失，现在政府组织人员进行挖掘、回忆，正是传播自己多年手艺的好时机，老人们都高兴畅谈。在大家共同回忆的基础上，由八十七岁高龄的孔府主厨葛守田主述、青年厨师沈学田执笔、山东饮食服务公司赵勤俭科长总纂，编写了一本囊括 300 多种孔府菜的书，取名为《中国孔府菜谱》。此书编委会请孔子七十七代嫡孙女孔德懋题写了书名，全国人大原常委、末代皇帝溥仪的胞弟溥杰先生题词"食不厌精，脍不厌细，割烹有术，民食为天"。全书由中国财政经济出版社于 1986 年 4 月出版。出版前由我执笔以匡亚明、骆承烈的名义为此书写了《序》，主要内容为：

……孔子的饮食生活和现在的《孔府菜谱》之间既有联系,又有区别。说有联系,因为现在的孔府和孔府菜都是利用孔子在历史上的巨大影响、声望和孔子有关饮食卫生、养生之道的言行,而由历代封建统治阶级和孔子后裔逐步形成的,说有区别,则因按司马迁的说法,孔子本人仅是"布衣"(平民),不可能有现在宏大规模的孔府和独具风格、丰盛多采的孔府菜……

孔子的饮食观和养生之道,可以概括为如下四点:

第一,孔子讲究饮食科学。提出"食不厌精,脍不厌细""失饪,不食""不时,不食""不得其酱,不食"等。孔子是我国重视饮食的第一人。

第二,孔子特别强调饮食卫生。他说过"食饐而餲,鱼馁而肉败,不食""色恶,不食""臭恶,不食""祭于公,不宿肉""祭肉不出三日。出三日,不食之矣""不撤姜食,不多食",以及"食不语,寝不言"等,均有科学道理。

第三,重视饮食中的量及度。他说过"肉虽多,不使胜食气",是说即使肉类食物丰富,也不应使其总量超过主食的总量。"唯酒无量,不及乱",是说人的酒量有大有小,但不要超过"度"。

第四,孔子还讲究饮食时的礼节。如"有盛馔,必变色而作""有酒食,先生馔""食于有丧者之侧,未尝饱也"等。

孔子对饮食的种种论述，体现出当时的饮食文化水平，也是我国传统文化的重要内容。

出书的当年，"孔府菜研究会"成立。当时曲阜的副县长鄢辉增任会长，我任副会长兼学术委员会主任，孔德懋任名誉会长，几位老厨师及孔祥铸老先生任顾问。在成立会上，我写出《赞孔府菜》：

海岱钟灵地，孔孟管葛家。鲁馔驰遐迩，府菜誉中华。精细遵庭训，色香味形佳。庖厨登大雅，刀勺连天涯。

这首诗发表后，引起不小反响，许多厨师认为给自己正了名。当年人们看不起的"勤行""下九流""厨子"，如今登上大雅之堂，自己的工作既是技术，也是艺术。"孔府菜研究会"成立的时候，我们从北京把孔德懋接来，老厨师们见到孔德懋，一个个恭敬地尊称她"二小姐"。

孔府菜这一技艺在大家的共同努力下，很快便推向全国。几年后再次开会时，我被选为会长。我们组织厨师们到新加坡、德国展示孔府菜；为了庆祝香港回归，在香港组织了大型的孔府菜品尝会。后来，联合国教科文组织颁发"孔子教育奖"，获奖者在曲阜吃"孔府菜"。事先我组织几人制订了菜谱：孔府一品锅、一卵孵双凤、金钩挂银条、带子上朝、三思而行、圣书香、韦编三绝、鲁锦添花、一品豆腐、烤花揽鳜鱼、尼山踏青、诗礼银杏。

为了发展孔府菜技艺，我们办了四期培训班，培训出200多名孔府菜厨师，他们的足迹遍及全国各地。2005年我们举办了一次大型的"孔府菜论坛"，又出版了《正宗孔府菜》《圣地话饮食文化》《中国鲁菜文化》等。2011年我们又在济宁市建立"孔府菜联盟"，有了会徽、会旗，以及由我作词的"鲁菜飘香满天下"的会歌。此后，几乎每年我们都举行孔府菜评比活动。

2011年"孔府菜烹饪技艺"被列入"国家级非物质文化遗产"名录，老厨师彭俊德之子彭文瑜为传人。他已带出近百名徒弟，遍布省内外。在上海世博会期间，山东馆的菜品是孔府菜，曲阜御书房孔门官府菜每日经营额达八九万，而曲阜国宾馆为宣传孔府菜制作的视频被多次播放，受到国内外更多人士的关注和欢迎。

社会在发展，事物在变化，孔府菜相关节目多次在中央电视台、山东电视台、邻省电视台及济宁、曲阜电视台播放，《中国烹饪》《中国鲁菜》等刊物不断发表相关内容。此外，孔府菜也在不断创新。这些年来我一直提出"尊重传统，改革创新"的主张，孔府菜厨师有了许多创新，如由名厨张仰金创制、我命名的"列国行""圣书香"菜品，曾在全国评比中获二等奖。我们正在为孔府菜走向新时代、走向全世界不断努力。

孔府菜传人彭文瑜打算写一本《孔府菜技法》，邀我写了"序",但一直没出版。曲阜儒源文化集团孔子礼仪文化学校的年轻人做了不少工作。他们遍访孔府菜厨师,将孔府当年各种宴席的菜品、规格,详细列出,加以评论,并加上一些结合现实的创新菜,出版了一本书,取名为《孔府菜》,邀我写出"序"来,由山东友谊出版社出版。孔府糕点传人周传梅找我,要在此事上开展活动,也是一项重要举措。

【采访人】 谈到了美食,就不得不提您的养生之道。中国哲学界有个现象,就是长寿的哲学家、思想家特别多。目前,骆老也已年近九旬,但身体这么硬朗,精气神这么饱满,和我们交流,依然这么健谈,许多往事您都记忆犹新。请您谈谈自己的养生之道吧。

【骆承烈】 身体是一个人最基本的财富。我从小身体纤弱,三岁时出疹子怎样也出不来,吃了几个樱桃便出来了。但体质仍很差,每吃过晚饭,肚子就胀,母亲或哥哥领着我遛遛才好些。我上小学时,处于日伪统治时期,经常处在惊恐中,身体也不好。中学以后因为经常在家挑水、推磨,放了学就劳动,身体好了一些。自从离家到曲阜上师范学校后,一是意识到将来要当教师,一是知道师范生大都分配到农村教小学,生活会更艰苦,便下决心锻炼。为了锻炼身体,我每天有计划地练习长跑。日子久了,身体便壮了。上大学后,主要还是跑步,有时练练双杠的基本动作。当时推行"劳卫制",每个学生体育测试都要达标。我百米跑过 13.1 秒,算是快的,1500 米在班内也是前几名。到曲阜师院工作后,我仍坚持长跑,建校初期师生百余人越野赛,曾得了第七名。因为身体较好,我便练举重,当时很少人练,居然得到机会到济宁参加运动会,得了轻量级第二名。我当时二十岁入校便教课,是工会文体委员,组织教师文体活动,自己当然应带头。"文革"时我三十六岁,正是身体强壮时,当时到八宝山拉石头,两人一辆地排车,一次拉几百斤,从山上拉下来,再走 30 多里。有一次同伴没来,我一个人照样拉几百斤石头。

我这些年研究孝文化、老年问题时,认为一个人要长寿有五个条件:心理平衡、与人为善、家庭和睦、生活规律、环境优美。因此身体健康及长寿的大权从来掌握在自己手里。

1995 年秋,我在"华东六省、京津沪渝四市老龄工作暨老年学学会联席会议"上发言时,说起养生保健的"八字方针",上海《自我保健》杂志记者牛飚曾作过专题报道。二十多年来,我一直坚持执行这八个字。自己称"方针",实际上是从几个方面对自己的要求。此八字为:活动、营养、向上、舒畅。

第一,活动:人在社会中生活,就应不停地活动。古人说"一生之计在于勤",懒了什么事也做不成,只有勤劳、勤恳、勤快才能出成绩。这应指身体和头脑两方面：生命在运动中生长、发展、前进，只有不断活动，加强锻炼，身体素质强了，才能远离疾病，心情舒畅。活动有多种方式，因人而异。年老了，可以打打太极拳，坚持健步走。头脑活动就是不停地想事，加强与各方面的联系交往，不要因为老了就自甘寂寞，应主动地时常与家人、朋友谈谈心、说说事。常看看报纸、电视，关心国家大事，把自己的活动与家庭、社会、国家联系起来。善于接受与理解新事物，享受新时代、新事物带来的实惠。常参加社会活动或做个帮助别人的志愿者，在活动中获得幸福和愉快。

第二，营养："民以食为天"，人人知晓，但怎样吃喝却有学问。要提倡杂食，什么东西有什么样的营养，不要挑三拣四。注意饮食卫生，注意饮食的量与度。好东西也不要吃太多，不要使胃经常处于饱和状态。要戒烟限酒，老年人可适当饮点酒，但不要多。可以适当喝些牛奶，吃点补钙、补硒的药物，但不必吃太多的保健品。老人应少吃多餐，按时进食，科学用膳，少用药物，保证健康。

第三，向上：一个人从思想上到行动上，应一直保持积极向上的情绪和态度。人老了，各种器官老化很正常，但要科学对待。思想上不要认为自己老了、干不成什么事了、该享清福了，应认识到退休并不是生命划上句号了,而是划了个分号,还应该再从另一些方面做贡献,即老有所为。要心情舒畅,每天都应干点事。在家买菜、做饭、照顾孙辈、支持子女工作是奉献;在单位、社区做些公益事业也是奉献;自己努力学习、提高,教育年轻一代也是奉献;发挥自己的业务专长,干事业、搞科研、写文章、著书立说也是奉献。当然这些要因人而异、量力而为。古人说"哀莫大于心死",自己觉着什么都不行了,那就真的不行了。不论从哪方面做出成绩,都是幸福。时时获成绩,时时得幸福,活得就会更有意义。

第四,舒畅:一直保持愉快的心情,可从两方面理解:一是不要生别人的气,一是不要自己找气生。自己某些方面差一些,别人看不起,不要生气;有时自己做的事别人不理解,对你说闲话、怪话,也不要生气;自己把事情做好了,成名了,别人嫉妒、讽刺,也不要生气;有人出于不良目的,利用权力,做出些不利于你的事或无端制造障碍,也不要生气。自己只要走得正,站得直,就不怕别人不理解、说闲话,乃至打击、报复。不应以此影响你的情绪,乃至"一朝之忿,忘其身以及其亲"。总之,不应以别人的不恭敬当作折磨自己的工具。另一方面是自己不要找气生,这主要表现为攀比。大千世界,人事各殊,人人有不同的情况,"家家有本难念的经"。有人在某些方面只看到别人的好,如人家的房子好、车子好、孩子好、工作好，有人的水平比自己差很多却高居自己之上，于是越比越难受，越比越生气。比来比去，除了自己气自己以外，解决不了任何问题。古人说"知足常乐"。思想上一直处于稳定积极的状态，对自己、对家人都有好处。

改革开放以来，我国政治稳定、经济繁荣、文化发展迅速。我虽然早在1958年春天便被山东省授予"先进生产者"的称号，但不能吃老本，要在新形势下立新功。我自2000年六十五岁退休以来，已过了二十多个年头。这些年来我都是本着这八个字的精神走过来的。为了保证身体健康，戒烟限酒，科学膳食，睡眠正常，每天保证走一万步，从来不生气，多次体检都健康无病，平时坚持学习、写作，积极参加各种社会活动。在研究孔子、儒学等方面，退休前出过15本书，退休后又出过51本书，主编过37本书。我到20多个省开展过以弘扬中华优秀传统文化、孝文化、儒商文化等内容的学术讲座，其中主要是退休后应邀去讲的。同时我也在国内外一些学术团体中任会长、副会长、顾问等，均能干些实事。2008年我被国务院六部委授予"中华孝亲敬老楷模"提名奖。我撰文并担任学术顾问的《文化巨人孔子》获"中国文献记录片二十年（1986—2006）优秀作品奖"；为形象地普及《论语》，我创意、改编并任总顾问的102集电视片《演说论语》于2011年获得中国广电学会"百家奖"一等奖、个人"创意奖""撰稿奖",次年又被授予"发明创新奖"、山东省"精品工程奖"。中国教育学会为鼓励我在教学方面的成绩,2015年授予我"烛光奖"。1997年我获吉尼斯世界纪录"收集孔子像最多的人",2015年以我主编的《新编二十四孝图》为内容的30米长的大碑再获吉尼斯世界纪录。

【采访人】 据我们了解,您曾回顾您八十多年人生经历,将其概括为八次大的转折。可否简单介绍一下这八次转折,这些经历对于我们了解您的学术历程和文化思想,必定是非常有帮助的。

【骆承烈】 人生如潺潺的流水,有时顺畅地流,有时缓缓地流,有时遇到石头等障碍物也是很正常的。我们年轻时遇到些困难,吃些苦,是终生的财富,如果一直在温室里长大,自然经不住暴风雨。暴风雨袭来,忍受下来就是胜利,这又会成为日后的财富。我这八十多年经历过许多事,是生命中一次又一次的转折点。

第一,幸未加入三青团。我初中一年级在济宁中山中学上学,当时是国民党统治时期。每天放学前,我们都要全校集合,由校长和主任训话。有一天,训育主任说:"我们学校重点发展三民主义青年团,每个有志青年都应加入。现在排起队来到礼堂听讲。"我在家经常听父亲说要努力学习,将来挣钱养家,什么政治活动不要参加,便从队伍里走了出来。和我一起出来的有中医世家的鲍振乾和出身商人家庭的徐传钰。第二天上课前,除我们三人以外,大家都在填表,他们都成为三青团员了。过了几天,学校在大会上宣布党团合并,所有三青团员一律也是国民党员了。有些人为此高兴,我们则淡然处之。"文革"开始后,我刚从济南的"四清工作队"回来,有人便贴出大字报,说我"多年来教中国古代史,吹捧帝王将相,美化孔子,把一些'大毒草'教给学生,毒害青年"。但我个人、家庭、社会关系都没有任何问题,他们硬说我是三青团员。但我从来不承认,一口咬定过去档案里有我的名,有我填的表,我就承认。如此过了三四年,他们真找到当年的旧档案,没找到我的名字,才算罢休。

第二,未当流亡学生。1948年,解放战争节节胜利,而国民党到处抓壮丁,抓不够又在青年学生身上打主意。他们在济宁败退之前,提出迁校的主张,说迁到安徽阜阳继续上课,以后再回来。很多学生听他们的话要跟着去。我不愿走,父母也不想让我走,四叔却让我走。四叔是布经纪,在布行里传递信息,介绍雇主,曾一度很挣钱。他无儿无女,按传统我应该过继给他,所以他对我特别关心。他来到家中,拿出十块大洋,向桌子上一放,要我随学校南下。父母不同意我走,他们闹僵了,便征求我的意见。当时我才十二岁,个子不高,也没出过门，连三青团都不加入，表示坚决不走，气得四叔狠狠点了下我的头，他拿起钱来就走了。所谓"迁校"去的学生，到阜阳便成为"青年军"，给国民党当了炮灰，还有的流落到南方，自此很少回来。

第三，未去东北去曲阜。济宁解放后，我马上上了共产党办的学校，为济宁联合中学（后为济宁一中）1948年的第一批学生。1950年我初中毕业后，因成绩好，高中可免试入学，但家里很穷。父亲给资本家忙了半辈子，被无理解雇，一气之下病倒，导致半身不遂。母亲在人民医院当保姆，两个哥哥当店员，只管吃，没有工资。妹妹十二岁便当了童工。堂兄骆承运让我到铁厂当学徒，父亲让我当小贩，也好挣点钱养家，我都不愿干。为了找个吃饭的地方，我便报考了吉林市林业中专，学校管饭，还有助学金，招生的人根据我初中的成绩，录取了我，说回去就寄录取通知书来，由济宁一中教务处范老师代收。我等了二十天，找了好几趟，都没消息。后来范老师说他把通知书弄丢了，我当时十分埋怨他，但是也没办法。正好有同班里年龄大一点的同学到曲阜报考师范学校，我也跟着一块去考，这一来就进入了教师行列，改变了命运。

第四，未能保送参军。在曲阜师范学校上学时，正赶上抗美援朝。为了保卫中华人民共和国，各方动员参加志愿军。我们先是到社会上宣传，后来很多人纷纷报名参军。1950年入学不久，我要报名，家里不同意。到了1951年春天，全国人民都在为抗美援朝做贡献。学校的任务是派十几个学生去军事大学训练三个月，然后到抗美援朝志愿军中去当排长或班长。这时父母、兄长都同意我参军。回到济宁，家里给我买好毛巾等物品，我与两个哥哥一起照了相，准备马上回校参军。但学校接到省教育厅转教育部的通知，后师学生属于水平较高的知识分子，应在建设祖国上努力，暂时先不要去保卫祖国。一封公函由学校寄回家，我也由被欢送的志愿军变成欢送别人的学生了。这封公函我留了五十年，曲阜师范大学校庆时，送交了母校展览馆。

第五，实现了上大学的梦。中华人民共和国成立初期的后师（中师）生、前师（初师）生，学校管饭，还发少量助学金，但毕业后至少要当五年教师，才许变动工作。我考上曲阜师范学校后学习起来很努力，也经常参加各种社会活动。两年内除学文、理科以外，也重视音、体、美。1952年临沂老区特别缺教师，尤其是音、体、美老师。毕业前，学校对我的评价是音乐"合格"、美术"基本合格"。班内同学纷纷被分配到临沂地区各县、乡、镇教中学。我当时还未被具体分配，省里通知：每班抽调两个学习好、表现好、有培养前途的学生到刚组建的山东师范学院上大学，后四丙班便抽出了我和沈景昭。至此，我上了梦寐以求的大学，成为山东师院第一届本科生。

第六，躲过"反右派斗争"。1956年我被分配到曲阜师范学院历史系当助教，第二年全国开展"反右派斗争"。我当时任校工会委员、团支部委员，业务上冒尖，正有可能出问题。但此时学校刚办校报，主编黎明是工农干部，把编报的任务及写社论的工作都交给了我。我便一切依上级的政策和要求来说话、办事。当时大家在食堂吃饭时，老同学说我假正经，不敢提意见，天天敲着饭桌骂我、讽刺我。我不敢说一句不合时宜的话。现在想来，我幸运地躲过了"反右派斗争"。

第七，"右倾""白旗"未沾边。"反右派斗争"以后，我又经历了"反右倾"斗争。当时，"人民公社办早了、办糟了""'大跃进'早了""大炼钢铁得不偿失"这些话如果从工作人员口里说出来，尤其是从教师口里说出来，便是"右倾"，要拔他的"白旗"。当时历史系只有王阁森和我是"讲师"，是"高级知识分子"，也是被批判的主要对象。王阁森引用别人的话，说了些评论"人民公社""大炼钢铁"的话，便被批判。而我却安然无恙，为什么呢？因为我一句发牢骚的话也没说过。1957年秋冬及1958年春，我参加国家文物局的文物训练班，这个被后来的文物界称作"黄浦一期"的训练班，当时有一百多人，我是历史助教，也是考古学员。从曲阜鲁都到临淄齐都、大辛庄商代遗址、城子崖"龙山文化"遗址，我忙了大半年，主要任务是钻探。我拿着探铲天天钻，劳动量很大，也真学了些东西。那一段时间我对大炼钢铁、深翻土地没有实感，一句出格的话也没说，所以"白旗"拔不着我。

第八，万幸揪出"四人帮"。在"文革"及以前的一段时间里，读书的人是"资产阶级知识分子""精神贵族"，"文革"中更被诬为"臭老九"。那几年，我在关押"牛鬼蛇神"的"牛棚"里三进三出，他们批判我，我不服气，进行争辩，作为"孔老二的孝子贤孙"，在一些人眼里我是最该被"教训教训"的人。我除了参加重体力劳动、校内被重点批判、拉到孔庙被重点批判外，一些人一直认为我是跟"红色新政权"不合作的人。1976年10月6日，中共中央一举粉碎了"四人帮"，全国欢腾，正邪分明，我还继续以人民教师的身份活跃在教育战线上。

唐僧取经，经过九九八十一难，当我活跃在弘扬中华优秀传统文化战线上，被人们尊敬地称作"老教授"时，我常说："我是靠着中华人民共和国助学金长大的，是中国共产党的子弟兵。党给了我多次生命。"活到老，学到老，干到老，作为一名共产党员，一生融入党的事业，在实现伟大梦想的途中，我愿意起到一颗螺丝钉的作用。

成中英教授口述

【按】 2023年下半年,我们对著名学者、美国夏威夷大学教授成中英先生进行了专访。访谈前,成先生特别指出,这次他是从"新新儒学"的角度对我们的问题进行回答。按照成先生的话,"新新儒学"又可称为"分析儒学"或"分析理解实践重建儒学"(Analytic-Practical-Reconstructive Confucianism),具体是指"在结合先秦儒学典籍与宋明心性哲学义理的基础上,运用当代分析的方法与本体诠释的眼光进行的分析、推演与整体建构,以洞触真相及实践发展"。在这次访谈中,成先生还对他的成长经历、教学科研情况、社会活动进行了回顾,并围绕文明交流对话、中华民族现代文明、全人类共同价值、文化自觉与自信、中国文化自我更新、中国管理哲学、儒学的价值原则等话题,阐释了他的理性观察和深邃思考。

受访人:成中英(美国夏威夷大学教授,时年88岁)
采访人:常樯

【采访人】 尊敬的成先生，您好！感谢您接受"尼山文库·儒学学者口述史"项目组邀请，接受我们的专访。首先，我们从您的家庭背景和儿时生活经历谈起吧。

【成中英】 多年前你曾经访问过我两次，这次你再访问我，我很高兴。我出生在一个书香世家，父亲成惕轩从小就在祖父炳南公鼓励下精读古书并治旧学。我的故乡在湖北省阳新县龙港镇一带，丘陵环抱，有富河之水蜿蜒直达长江南岸。按照祠堂序谱，我的祖先可上溯至周代，为文王姬姓之后，后依封地取姓为成。秦代乱离南迁，不知经过多少代繁衍，迁至汉中云梦一带，阳新（清时名兴国府）成家在宋明时即已聚族成村。在我的祖父之前数代，都刻苦耐劳，是一个传统社会中的耕读之家。到我祖父时，手中有些积蓄，乃在故乡山间筑楼，作为我父亲专心读书之所（此楼在我父亲后来写的诗中称"藏山阁"，父亲著有《藏山阁诗》一卷），那已是民国十多年间的事了。父亲后来离乡负笈南京，进新式学校，并通过国民政府全国第一届高等考试，在中央机关任职。

父亲在南京和我母亲徐文淑女士结婚，我也就在卢沟桥事变前两年，诞生于南京鼓楼中央医院。父亲为我取名为"中英"，显然有盼我成为中国之英华的意思。自我有记忆以来，我就记得父亲常常把卷读书，琅琅有声，心中不禁油然生出敬书、乐书、爱书的感情。全面抗战起，我们举家经湖北老家搬迁到四川重庆。于是，我的幼儿时代和小学时代初期，也就在四川重庆乡下嘉陵江上游的一个乡村庄院（名洪家塝）度过。

回顾我的童年和少年生活，我觉得对我发生影响的事主要有以下几件。

第一，我有刨根问底的性格。据我母亲所说，我从小就好奇多问，对天空尤其有兴趣，许多新鲜的事物吸引我，我都要一探究竟，而且还乐于亲身经历。我记得3岁时，我与小同伴到田间捉蝌蚪，有一小同伴吞食了一二只小蝌蚪，我也毫不犹豫地一试，一口气也吞食了二三只，回来告诉母亲，让母亲大吃一惊。住在乡下，天天都接触到自然界的花木、草石、鸟蛇虫兽。我开始入学是到离家两里外的一个旧庙里，每天一早一晚都要穿过许多山径田坎小路，沿路都会碰到虫蛇，有时还会听到豹子吼叫；我虽心怀恐惧，却又渐能习惯，并养成镇静观变的心态。更重要的是，与自然界如此密切的接近，这确是一种重要的体验，使我对大自然有一种亲切感。以后，我嗜好爬山，至今还喜欢到海中游泳。这都是受童年经验的影响所致。大自然中强烈的生命气息和多彩多姿的变化，不是经常与大自然为伍的人，是体会不到的。后来，怀特海和柏格森的哲学能对我有吸引力，也是根源于此。

我自己坚信，宇宙充满生机，大小生物息息相关，生命於穆不已。这也是我心灵深处的一种体验。我深信，中国哲学的开端必须以这种体验来了解。我所经历的自然虽有许多令我恐惧的事物，却不足为害，也未造成巨大的威胁和灾难；一切经验中的变化对人的影响，也都是人力所能实际控制、防止或化解的；但这种控制、防止和化解，并非把自然奴役改装，更非与之隔绝，而是顺应配合，以求物我和谐并行。另一方面，大自然在我的体验中也非奇迹，这与处在沙漠地带或热带森林，或航行于汪洋大海的人的感受，应完全不一样。人确是要靠天吃饭，但天也必须可靠；如果天不可靠，那么人就必须自作发明，另谋出路。

中国人所体会的天，正是一个可信、可靠、友善的自然生命力，这与希伯来人在绝望中体验到的上帝和印度人在幻觉中憬悟到的大梵天，以及希腊人在奋斗中想象的宙斯大神毕竟不一样。这也许就反映了人对所处生活环境（生活世界）的不同体验；客观的自然能在不同的状况下，形成不同人的原始存在实体意识观念。从这一点出发，后来我提出了"文化意识原始取向"论，认为中、希、印三种文化取向的差异都来自原始的自然体验，以及相应而形成的自我意识。这一原始自然经验和自我意识，也就规范了后来发生的哲学思想，同时成为哲学理性化的对象和主体。这一了解的线索，不能不追溯到我自己从小对自然的感受。

第二,我总是想知道真实。我童年中另一个重要经验就是听故事。小时常在庄院的院落里听邻居长辈们讲故事(四川人谓之为"摆龙门阵"),讲的人是津津有味,听的小孩也都聚精会神。故事的结果往往令人心中释然,也往往令人大失所望。但毕竟有一结果才能叫人心安,否则就叫人彷徨不安。我从小就喜欢听故事,我母亲也喜欢讲她小时候的事给我听。许多民间故事(包括许多鬼怪故事),我都是小时候听来的,所以在小学四年级就看了《封神榜》《西游记》之类的书,我听故事就想知道情节如何发展,最后如何结果。这一感受十分重要。我也不知道,究竟是喜欢听故事而引起我的好奇心,还是因好奇心而特别爱听故事;但这两者相互影响,相互促进,遂养成我喜欢打破砂锅问到底的习惯,即追寻真实是什么,以及为何如此这类问题。后来,我喜欢文学,一则是受我父亲影响,二则也是受这种爱听故事的心态所致。继而,又由喜爱文学而走向喜爱哲学,这仍然是同一心态的进一步发展。要从"是什么"问到"为什么",并直至获得满意的回答为止。我想,这也许就是一个人的理性发展的自然线索吧!

第三,父母是我上进的动力。第三件值得一提的事是:我从小就得到父母的宠爱,加上从小因感染支气管炎而得气喘病,变得体弱多病,都靠母亲细心培护,并在家中教导,才能顺利完成小学学业,而且能够连跳几级而不落后，这在我所处的动乱时代，是十分难得的。记得我在四年级时，全家自乡下搬至重庆郊外三江村，学校常常因日军飞机轰炸而宣告辍课躲警，功课自然就耽搁很多，但我都从家中父母那里获得补充，不但不落后，反能名列前茅，这便造成我加倍努力向上的自信。这不能不归之于我父母之赐。父母对我的关怀数十年如一日，虽然有时曾造成对我的过分保护，但这种父母的关怀却是我永远向上追求的力量，以及对人性永怀信心的泉源。直到大学毕业后出国，我才脱出父母直接的保护，开始自己独立的生活。

我的父母并未特别期望我从事哪一门特殊学科。父亲虽然从事中国学问，却对子女的所学，丝毫不加主观的限制。相反的，我倒觉得父亲有一个十分豁达开放的心胸。他自己一点也不热衷名利，完全是以培育和发掘人才为己任；他平时生活清廉俭朴，却孜孜不倦地写文章和教学。他对我们子女的要求也是如此。他在生活上对子女的管教是保守的，但在学问上对子女的鼓励却是积极的。他常常说，中国人一定要学会用中国文字表达意思，不论是文言或白话，文章好坏的道理也都一样，但即使要做到这一点，也非下功夫不可。他对我的文章特别关心，就怕我词不达意，每次看我的文章，总是提出许多修改意见，使我受益不浅。唯有我写哲学文章涉及义理，他却很谨慎地不愿轻予置评。我母亲更有一颗开朗包容的心,她对许多新的观念反比我父亲更能接受,她更有一颗慈祥的、永为他人设想而忘却自己的爱心,这也促使我后来对自己子女的教育上倾注了很大的心血。父亲对学问的执着追求和生活的俭朴、母亲对世事的宽怀和仁爱,都构成了我探索智慧、力求上进的动力。我从选择文学到选择哲学,都得到父母精神和物质两方面的支持,这对我来说是多么的幸运。如果说我有什么成就的话,那么,首先应当归功于我父母的爱心。

【采访人】 请您再详细谈一谈您在青少年时代的求知岁月。这一段经历,应该对您的学术人生具有重要的影响吧?

【成中英】 那肯定的。1945 年抗日战争胜利了,父亲先离渝回南京,我和母亲及弟、妹也于 1946 年 8 月回到南京。当时我小学尚未毕业,但很快就考取了当时在南京的国立社教附中,后来改名为南京第六中学。回到南京,父亲鼓励我写一篇自重庆坐船沿长江而下到南京的旅行游记,我写了一篇投到了《中央日报》的"儿童周刊",竟然发表了,这是我小学时代唯一发表的文字。

我在南京第六中学只读到初中二年级,因时局动荡不安,不得不辍学,随家南迁了。在南京读书的两年里,最值得记述的是我开始接触到西方翻译小说,如《侠隐记》之类。这使我跳出了阅读中国通俗小说的范围，而对翻译的西方文学作品产生很大的兴趣。这个兴趣一直持续到我进入高中，并导致我以后对文学创作有跃跃欲试的念头。我在小学四年级时，曾遇到一位很有才情的语文老师，在初中时，又遇到一位对文学艺术充满热情的图画老师。他们对我的文学创作兴趣有一定的影响。父亲虽是热爱中国文学，可是除为我讲述古文外，并不特别鼓励我搞文学创作。另一位使我对西方文学产生兴趣的，是我举家搬到浙江金华时，我的一位家庭英文老师。我只记得他是浙大的学生，他教我读英文本的《天方夜谭》，又讲述英国文学中的故事。我还记得，他带我到金华的古城墙上为我讲课，我坐在城墙的石头上，听得津津有味。

初中时代，我也曾想到过我以后的理想是做一名开发中国的实业家，而没有一丝一毫要研究哲学的意向，更没有想到要通过哲学来促进中国文化的现代化与世界化。

1949 年 12 月，我和父亲自成都新津机场乘坐飞机来到台湾。那是一个充满混乱和流离的时代。也许由于我从小就经历过颠沛流离，对于再一次的颠沛流离（虽然其性质完全不同）并没有太多不习惯。我离开大陆时，初中尚未毕业，自金华迁居到广西梧州时，曾进入苍梧初中三年级上学，但不到数月，又再迁至重庆。考入重庆求精中学不久，就随父亲到了台湾。1950年初，我考入建国中学高中一年级，以后就以全部的注意力来寻求自己的兴趣了。

高中时代的我是以知识的追求为导向的。我天性好奇，到了高中时又有一个安定的环境，这种好奇心就发展成为强烈的求知欲。我那时最热衷的求知对象大致可分为两类：一是天文、物理，二是西方翻译文学。

【采访人】 既然您那时对天文学有兴趣，为什么后来没有沿着天文学家的方向来塑造自己呢？

【成中英】 我一方面对天文学有莫大的兴趣，另一方面又对文学加强了兴趣，而且创作的欲望也与日俱增。那时，中学的图书馆中就有许多五四运动时期的文学作品，一部分是翻译作品，我每周都借阅大量的文学作品，细细品味，看到好的句子就一看再看，有时还摘录下来。那时，我看得最多的文学作品都是五四运动时期作家翻译的俄国、法国作品，其中以雨果和屠格涅夫最令我心动，给我的启示也最多。从屠格涅夫的小说中，我看到了苏俄革命前的青年人的幻想主义和虚无主义；从雨果的写实作品中，我看到了法国大革命时的真实写照。我的情感和想象力是属于丰富型的。这类小说自然使我对人类产生一种深沉的悲悯，也使我对人类抱着一种奇异的希望。可是，那时我年轻的心灵也为法国浪漫主义小说家如拉马丁所吸引,加上我看了一本五四运动时期的散文诗作家唐弢写的《落帆集》,更想做一个散文诗人(我对新诗一直抱着一种批评的态度,也许是由于我接触旧诗较早,便认为不讲究平仄声韵,就不能算诗)。虽然我进入大学后也写新诗,却一直希望找到一个新诗的"有意义的形式",为此还对卞之琳、臧克家等五四运动前后的诗人着过一阵子迷。于是,我开始自己创作。我把我的一些想象凝聚在一些小事物上,很快就写了三篇散文——《小石》《红叶》《电线杆》,前两篇投稿到《新生报》副刊,居然登载出来了。我好高兴,那时觉得有无稿费都不重要,重要的是看到自己的散文变成整齐的铅印字。第三篇稿却遭到退稿的命运。我为了投稿,还为选择笔名而费了一番周章。那时,我已知孔子所说的"知者乐水,仁者乐山"的话,我问自己究竟是知者,还是仁者?最后我决定偏喜仁者,乃取笔名为"好山"。我想,这也是我在实际上好山的缘故,当时,我对于山远比对于水亲近。我除了写散文外,也偷偷地写短篇小说,记得一共写了两个短篇,而且还计划写一个中篇,但都未投稿。如今这些小说也不知存放在哪里了。

从高中二年级上学期起,我就开始每天写日记,倒不是为了要记每日经历的事,而是为了要记自己心灵的感受。因为那时我看书很多,心中充满了情感和思想,也对身边的自然环境极敏感,几乎任何一个事物都能让我写出一篇富有情感的文章。国文班上的一位刘老师也经常鼓励我。这个习惯养成之后,我不但天天写我的"心灵"日记,持之以恒,一直到大学毕业入伍受训之前,而且把日记当作我写散文、作诗、发挥议论思想的媒体。后来,我回看我过去的这些日记,只见密密麻麻,都是"心灵"文字,有关的生活事件只轻轻带过,好像与时代脱节。不过,这也反映了我的"日记"时代(高中到大学)是在平静安稳的生活中度过。虽然我在生活上享受了家庭的温馨,但我的心灵却经历了成长的狂飙。

我究竟是走入文学还是走入天文学?这将是我面临的方向问题。我的兴趣一方面是纯知性的,对天文的好奇使我想学天文学。那时,我已学会看许多星座,夏天几乎夜夜要在看星星之后才去入睡。可是,对文学的爱好,以及一种创作的冲动,却将我引到另一个世界——一个情感丰富的诗的世界。因之,我又想念文学,而且要念西方文学。我理性的选择是进入高中两年后分入理科,但我感性的选择却使我报考了台大外文系。当然,这也是由于当时台湾各大学并无天文系。我报考台大,是以同等学力跳班一年应考,那时,我很想尽快接触西方文学,以便能自由地走向文学创作之道。但我未能忘却天文学。我曾对自己承诺,进入台大外文系后,我仍然要保持对天文学的追求。就在这样一种冲突又妥协的双重兴趣下,在1952年我以高分考取了台大外文系,从而结束了充满憧憬的高中时代。

【采访人】 您是如何走上中国哲学的研究之路的?

【成中英】 我考取了台大外文系,方东美先生讲授"哲学概论",成为我踏入哲学的门槛。我曾经把听方师课的笔记背得滚瓜烂熟,又到图书馆内尽情阅览各种方师提到的哲学著作,包括他早期的《科学哲学与人生》。大学二年级,我已经下决心研究哲学了。1956年我赴美留学,出国之前,父亲送我《五经集传》,怕我驰入西学迷不知返。其实,我心中早有追求西方学术和哲学以反哺中国传统,使其立足于世界的志向,这不仅是民族文化感情的作用,也是经过理智反省后的志向。我先在西雅图华盛顿大学就读,又进入哈佛大学哲学系,我的哲学生命受到了西方哲学最严格的陶冶和锻炼,使我深入西方哲学的核心,感受到其心脏的脉动,而且也使我深深体会到,哲学既不同于文史,也不同于科学,却与这两者不离不杂,有其严肃的理知性格。我当时觉得,自己可以奉献于中国哲学的,就是这一颗哲学的赤子之心。具备更为开阔的学术视野后,我一点也未曾忘怀中国哲学。我的哲学生命在生长中,除了吸取西方哲学的精华外,也努力在为中国哲学"培风"(庄子语)。我一直利用时间发掘中国哲学的问题。中西哲学有其结构上的不同,西学犹如结晶玉石,中学犹如行云流水,两者如何才能融成一片，正是我哲学生命和哲学生涯的重要课题，也是我锲而不舍的追求所在。

【采访人】 请您再谈一谈在中国大陆的工作经历。据我了解，在20世纪80年代，您开始回到中国大陆，从事教学与研究活动。

【成中英】 我于1985年回到中国，是由北大汤一介教授邀请我回中国开会，并在北京大学哲学系以客座教授身份教学。在前一年，汤一介教授已经参加了在纽约由我主办的国际中国哲学会议。随后我又邀请他参加由加拿大蒙特利尔大学主办的第十七届世界哲学大会中的中国哲学圆桌会议。会后，我和他在哈佛大学东亚学院见面，交谈两天之久，对对方有了比较深刻的理解。我告诉他中国哲学必须在国际上发展起来，才能发挥它影响世界的作用。我创办"国际中国哲学会议"的根本目的在于把中国哲学发展为世界哲学之主流，同时在这个过程中，使中国哲学具有一个现代化的面貌，但并不远离传统的中国哲学经典与精神。彼时，中国社会正走向改革与开放。汤教授也有了一种返本创新的愿望，与我的思想十分契合。他回国后，在1985年就邀请我出席北京大学和武汉大学共同举办的"熊十力思想国际学术研讨会"。他同时邀请我会后到北京大学担任客座教授，为北大哲学系师生讲授两门中西哲学课程。经过考虑，我欣然同意。但我对中国大陆的情况并不十分了解，而且我从1949年离开南京，未再回到大陆，对大陆的发展，以及对大陆学者的理解也都疏浅。但由于开会的地点是湖北黄冈，离我祖籍阳新县并不太远，我告诉他我想在会议之后访问我的"老家"。汤教授表示他会妥善安排，会后会有阳新的人员来接我回阳新，然后从阳新回到武汉，再回北京。我第一次回国的日程就如此安排了。对我来说，这不仅是一个学术之行，也是一个回归故乡之行。我内心十分兴奋，甚至充满盼望。

　　1985年12月初，我从夏威夷飞到香港，然后从香港飞到北京。这也是我一生的第一次向中国北方飞行。在飞机上，我一直在向窗外张望，希望看到中国的大地和山川，尤其是长江与黄河。其实，当时我想到长江和黄河，心中就有一种特殊的感动，不知为何流下兴奋的眼泪。我终于看到了长江，想到了我的童年，却没有看到黄河，因为飞机不经过黄河。但黄河的影子却在我心中呈现，因为我发现自己仍爱中国这片故土。在我成长的过程中，不知不觉地把故土的山川文物存放在了自己的心中。高中与大学读到的中国历史与地理，也都变成了活生生的景象，展现在我的眼中。终于到了北京，汤教授把我安排在北大勺园一个单人房。外面天气虽然很冷，房间却洋溢着温暖。由于离黄冈的会议还有一周时间，我有机会看到北京的风光和景点。其实，我所看到的还十分有限。由于天气寒冷，我也较少出门。但有好几次汤教授安排学校的车陪我参观二环的白孔雀艺术世界，使我理解政府的改革正在开始，凡是涉外的交易都用外汇券而非人民币。

"熊十力思想国际学术研讨会"在 1985 年 12 月底隆重召开。我在 12 月 27 日（或 28 日）和汤一介教授一起飞到武汉。在武汉大学哲学系做了一场演讲，三天之后就开车到黄冈去开国际会议了。我和汤一介教授住在同一房间，有更多时间彼此谈论。我们感觉到这段时间中国开始对儒学的复兴有了浓厚的兴趣，因此纪念熊十力并非不可理解之事。与会的学者非常多，可说是一次盛会。我作为主讲，论述了当代新儒家发展儒学必须满足的几个基本条件，特别强调了自觉性、批判性、现代性和系统性等方面的要求。这种讨论的风气很自然，氛围也很热烈。海外学者虽然不多，但发言仍然是中肯的，也引起国内学者的兴趣。这是一次很成功的学术会议，为大陆接触新儒学和发展新儒学奠定了一个有用的基础。可以说开风气之先，也影响到以后各种会议的主题，但就当时国内学者们而言，他们最关心的还是儒家的问题。因为国内学者对儒学的兴趣，导致中国文化书院的成立和发展，我也应邀加入中国文化书院的导师群。从黄冈会议之后回到北大，除了在哲学系上课，就是在中国文化书院做大型演讲，当时称之为"中国文化热"。

黄冈会议之后，有阳新县的人员开车来接我回阳新。从黄冈到阳新要经过浠水与咸宁。如今公路开车应该是半天时间就到了，可是在当时阳新接我的车却走了整整12个小时，中间还包含车胎破损必须修补的时间。我到阳新天色已晚，车子直奔桃花源宾馆，立刻有人带我进入餐厅。餐桌已坐满人，主人是阳新县的县委书记，是一位女士。她站起来欢迎我，请我马上开始用餐。她让我尝尝当地的鲫鱼汤，我觉得十分可口。其他菜系也符合我的口味，但我想，这毕竟是家乡的风味。我认识了餐桌上的人员，大家都很亲切，并没有把我当作外人。我心中终于感到我回到故乡了，也很亲切地和他们谈谈生活家常。但我也注意到我的家乡十分落后，这个宾馆并没有热水供应，整个晚上我都感到分外寒冷。第二天参观了阳新的旧城，十分拥挤和破烂，可能还比不上回忆中的重庆郊外。可见当时中国之落后。但十年以后，我再回到阳新故乡，一个新城已经形成规模，我见到了新的楼房、新的公路、新的桥梁，甚至新的办公大楼等。我不能不惊讶中国从过去的一穷二白发展到如今的面貌，人们的观念也有更新，我觉得中国已走上了现代化的路径。我也注意到这原初的现代化是快速的，但越到后面越涉及人事问题、知识能力问题及动力和意志问题，逐渐放慢了速度，也产生了新的问题。我感觉到现代化是开始易、后来难，需要另外一种力量来更新与推动，但那是一种什么力量呢？应该依然是人的领导性和人的意志的坚定性，而必须克服越来越多的困难，也必须随时加强教育和管理能力，不容有任何间断。

我访问阳新两天之后就飞回武汉，然后飞到北京，仍然住在原来的勺园。北大哲学系和文化书院都安排了我的讲座，在北京短短的两周内，我几乎天天早出晚归，进行讲学与演讲。在北大哲学系正式上课，共两门课，一门是"中西哲学与文化"，一门是"易学和中国儒学"。听讲的都是北大博士生和年轻的教师，他们往往提出很好的问题，我和他们讨论十分热烈。至于中国文化书院的演讲，都是大型的讲座，我经常和已经退休的梁漱溟先生一起演讲。听众不只是学生，还有社会大众，有时达千人，场面很是宏大。讲完之后听者提问，就写在纸条上，由助教收集交给我回答。但由于问题太多，不能一一回答，我只能选择一些好的提问进行整体回答。这样一种讲学经验是我以前没有的。也许在那个时代，众多青年学生都有强烈的求知欲与好奇心，因此能够提出很多相关和不相关的问题。在北大讲学一个月之后，我被邀请到上海参加复旦大学主办的一场学术会议。所讨论的问题涉及现代化与现代性，是在上海龙柏饭店举行的。虽然当时上海的温度与北京一般高，但气候已经进入严冬，在上海我也感到特别寒冷。其中有一个因素是长江以南，很多地方都没有暖气。在上海讲学一周以后，我乘飞机回到广州。我接受广州中山大学的邀请,做了一次演讲,并同意帮助培养中山大学哲学系的博士生。在这之后我必须回到夏威夷,准备下一学期的课程。但我知道,我已经和中国的大学及学者建立了密切的关系,将会再回中国讲学,希望能够培养下一代的中国哲学思想者。

自从访问北京大学之后,我和北京大学哲学系的关系是绵延不断的,几乎每一个暑假都会到北京大学做访问学者或暑期班的教学者。我有意愿在北大持续讲课,但我却不能离开夏威夷大学,必须以夏威夷大学的终身教授职务来维持生活。2000年,我申请到美国政府的研究基金,即富布赖特资深教授基金,并利用休假,作为客座教授,在北大哲学系教学一年。我先后开设了两门课程,一门是"康德哲学与儒家哲学",一门是"蒯因哲学与诠释哲学"。前者以讲授易经哲学为主体,后者讲授诠释理论以说明我的本体诠释学,包含"《易经》哲学"的成分,同时也包含伽达默尔哲学诠释学的基本观点及蒯因哲学的分析精神。听课的学生十分踊跃,不限于北大哲学系的学生。可惜时间仍然较短,没有培养出出色的研究生。

我同时也在华东师范大学哲学系做讲座教授,不定期到上海讲学。报考哲学系的一位博士生选我为导师,他就是我日后指导论文的潘松同学。为何华东师大有这样培植学生的条件而北大没有呢？原因在于在更早的时期，即1987年我应华东师大冯契教授的邀请，在同年暑假从全国招收了40名学生。一个多月来，我们上午上课，下午讨论。在讨论期间，冯契教授也参与讨论。此种气氛，影响了一大批年轻的研究生和外校来沪的学生。其中华东师大的潘德荣教授对我的课程很投入，决定到德国进修，并选择诠释学研究为其主题。我对他十分鼓励，暑假后与他继续保持联系。他在同济大学学习一年德语之后，申请到德国鲁尔大学研读诠释学博士学位。数年之后，我到德国讲学。他来慕尼黑看我，我们一起讨论诠释学的课题。后来他获得博士学位，回到华东师大执教，也继续与我保持联系。所以，我招博士生也得到他的鼓励和帮助，解决了一些形式上的问题。潘松在华东师大学习、研究近五年，毕业后到山东济南任教，后来又转到重庆任教，是我正式指导的一位国内博士生。他有才能也很努力，后来又到夏威夷大学做访问学生。他兼治我的"本体诠释学"与蒯因的"分析哲学"。

可以说，我在中国大陆每年都应邀开会和做短期演讲，对一般学者反而有更多影响。我在北大做客座教授之时，清华大学也邀请我做公共管理学院的客座教授，因为他们知道我的有关易学的"管理学C理论"的论述。我也经常到北京其他院校演讲，如中国人民大学、北京师范大学等名校，接触面可说十分广阔，让我更深入地理解到当代中国哲学界研究中西哲学的情况，当然也认识了一大群中国学者，他们主要来自北京，也有来自国内其他大城市的。我当时的感觉是中国哲学及中西哲学的研究正起步向现代化发展，当然谈不上世界化的问题。在现代化的发展中，中国哲学大多还着眼于对经典的注释，概念的分析几乎为零。我不禁对此产生忧虑，不知如何更好地或更快地提升中国哲学研究的能力，彰显中国哲学的特色和相关的理念，以进入世界哲学思考的主流之中。我对此一问题不断深思，在我哲学的思考中寻求一个答案。但我创办英文《中国哲学季刊》至少开拓了一个发展中国哲学的道路，逐渐把中国哲学带入世界的主流。

【采访人】 可否总结一下您近40年来，在国内从事科研以及在各地传经布道的感受和体会。

【成中英】 总结我在国内教学的影响，可说体现在四个方向——《易经》哲学、管理哲学、儒家哲学和现代西方哲学。这几个方面的影响是深远而多面的，并且从1985年到现在都始终在持续，并逐步整合起来，希望能够继续发挥作用并有丰硕的收获。就我主观的自我评价来说，我确定《易经》的历史地位和哲学定位应该是一个重要的学术发展。我重新发掘《易经》的内涵，并给予其哲学的诠释，确定《易经》为中国哲学和中国文化的源头活水。这是一个非常独特的认知,等于改写了中国哲学史和中国哲学的基本性质,也是一个整体性的文化与哲学认知,对《易经》文本的解读也具有深刻的意义。这自然是一个重大的学术贡献。

过去 30 多年来,我深入中国院校做了难以胜数的演讲和发言。2019 年还有 6 个院校邀请我进行一系列的哲学演讲,但因众所周知的原因,我无法应命,只能回到夏威夷大学用网络和年轻的学者进行论述,但影响的冲击力也就无形减弱。在这段时期,我也注意到一些年轻哲学学者认知的热情有所消解,这可以说是在进步的发展中一个不幸的转折,但我仍然希望我所推动的哲学发展的动力能够逐渐恢复,使再生的一代有所"皈依",并能够积极发挥才华,继续我个人所开辟和向往的中国哲学复兴伟业。当然,一代有一代的发展和影响。从 1985 年到 2019 年这 30 多年里,我发挥了自己的思想才能,也大致完成了自己的历史使命。所遗憾者是我做的并不算多,最近几年本来有希望出一本《中国哲学简史》和《世界哲学发展史》,但我的大部分时间却必须用来先行完成我的两部英文的《易经》哲学著作,以及一部《理解之源:本体学与本体诠释学》,还有我个人的学术自传。我每天工作 8 小时,但由于身体过于劳累,不幸遭遇到心梗的袭击,我不得不放下工作,休养身体。如今,身体有所恢复,但工作效率远不如前。我仍然坚持自己的计划，先行完成两部英文《易经》哲学书稿，然后撰写学术自传的工作，不敢一日懈怠下来。

【采访人】 在大陆，您通过一系列教学和科研活动，与大陆儒学研究专家也建立了密切的联系。与同仁同道的交流互动，这些对您学术思想的发展应该也有重要的影响吧？

【成中英】 总结回到中国大陆近40年的访学和教学，我与大陆学者有非常亲切与广泛的交往，涵盖了老中青三代。老一代有梁漱溟先生、季羡林先生、贺麟先生、洪谦先生等人，他们可以说是最早的一代。追溯到五四运动后，中生代国内当时的哲学思想者，早期如汤一介先生、王元化先生、任继愈先生，晚期如方克立先生、赵吉惠先生与张立文先生。赵吉惠先生与我交往颇深，他热情好学，对出土资料特别熟悉，曾与我约定编纂一套有关儒学的出土资料读本。但他不幸早逝，这个计划也就流产了。关于新生的一代，则有郭齐勇、陈来、杨国荣、蔡方鹿等人，另有刘大钧、张顺江等人另成一格。我和他们相识，在大多数的情况下我和他们都有一些学术交流。如果把在中国台湾和香港认识的一些当代儒学学者，如牟宗三、唐君毅、徐复观等人，也归入那个时代，我相信我可以对那个时代的学术风潮及其转变做出更为细致的说明。但我却没有时间进行这样的工作了。2002年，我出版了英文版《中国当代哲学》一书，对我认识的老中青哲学家有所概述和评价，受到中外学者的关注。

我经常思考现代中国哲学发展的情况如何、潜力何在。由于国内比较欠缺开放的哲学评价风气，一篇发表的哲学论文较少受到公开的讨论。事实上，发表论文的机制也比较欠缺透明的评价过程。因此很难确定一篇论文对哲学的发展有什么样重要的贡献。要理解国内哲学发展的状态，也许只能从老中青三代整体的比较来叙述。我回中国接触到的老一辈学者都具有一种批判传统、开辟新道路的壮志豪情，因此更能提出思想洞见。这也可能是现代新儒学几个大家的共同特征，他们提出的都是有关中国哲学特色的基本命题，形成一家之言并自成体系。我对他们表示最大的敬意，也依循着哲学思考的途径，创建有关中国哲学的基本认识及其基本价值，并以之与西方哲学媲美。

当代新儒家也影响了当代中国大陆哲学的发展，有很多年轻的学子有意识或无意识地认同或探讨当代新儒家的哲学体系。他们当然也提出来一些新的观点，如生活哲学、实用哲学等。更多的哲学学人则走回传统做学问的基本方式，钻研一个时代或一个哲学家的历史背景，或疏导其哲学观点、著作，逐渐呈现出一个诠释的方式，名之为"经典诠释"。所谓"经典诠释"，实际就是考证资料，做出有关的概念或观点的说明，一切以文本的解释为基础。当然这也假设认识了作者著作的"原义"。所谓"原义"，也尽可能在文字训诂中寻找，并不着眼于整体哲学思考的系统要求。当然对哲学中的根本问题，如本体问题、存在问题、知识问题、价值问题等，并无自觉的分析和探讨。因此他们的成就是另一种成就，是探讨哲学史中学者的经典历史意义，而非哲学的系统概念。这些中生代的哲学学者可以说都是中国哲学历史专家，其成就是有关中国哲学历史方面的，专注过去，并不强调未来，更为重视历史事实，却避免深入、抽象哲学问题的思辨。

这些中生代学者代表了他们所处的一个安定的时代，以做出"四平八稳"的论文为满足。我对他们的长处是欣赏和鼓励的，对他们漠视同时代和前人的成果，不能深入参考现代西方哲学的成就，就感觉到有种无奈。对于更年轻的一代，也就是中生代的学生辈，由于受到社会风气影响，不能沉下心来做学问，因之少有杰出的人才。这是我感到忧虑的。现在老一辈哲学家已经凋零，中生代的哲学家已经当家，成为全国名校哲学系的中坚。虽然他们的哲学风格与老一辈不一样，但他们的资质却是优秀的，有的更有一番奋斗的历史背景。但年轻一代的培植和发展却看不到突出的特色和发展的方向，这似乎更呈现在中国哲学史的细节之中，重复古老的命题，而一时看不到新的气象。中生代的学者大半是我的学生辈,我也把他们当作朋友和同仁,但他们的学生我只能从他们发表的文字来认识和理解,因此我对他们的评价可能失之偏颇。但我的确希望他们能够青出于蓝而胜于蓝,对于现代哲学界的一些哲学先辈有所继承,也能够开发新境,参与到世界哲学发展之路上。

回顾在中国大陆近 40 年的教学经历,我感受到也肯定现代中国思潮的三大方向和三类成就。一是现代新儒家的发展,二是中国哲学史的发展。前者强调创新和哲学理论的结论,对新儒家几乎都有一些突出的哲学论述和命题,作为可以遵循或可以应用的方法与理念。后者大多致力于对中国哲学史整体或阶段性的发展陈述,以突显中国哲学的基本特色。这个传统可以胡适之和冯友兰为开创者。最近来看,突显这一传统的大陆学者应是陈来教授,其次就是郭齐勇教授。陈来教授有很好的哲学史训练,受惠于冯友兰。他从研究朱子开始,兼及王阳明研究和王船山研究,着重发掘他们哲学的真义,并借以说明他们的哲学研究方法和目标。当然,他也并非没有对哲学理论的兴趣,他对"仁学本体"的思考虽然是基于朱熹的哲学进行发挥,却突显了我所强调的本体思想。第三类哲学的潮流就是马克思主义的研究。马克思主义的研究本来就是中国政治所关切的,比如很多大学设立了"马克思主义研究中心",这种发展是有实际的重要性的，因为它重视中国现实的发展情境，以建立一个理想的社会为目标，来突显中国社会主义的特色。这三个潮流目前是同时并存的，它们之间似乎也没有什么特别突显的冲突部分。只是从成果来看，第二个潮流可能最为流行。因为大陆的大学哲学系研究中国哲学，基本从事哲学史的经典诠释，很少进行理论性的本体诠释。现代新儒家知名的就是原来的新儒学三代，而所谓第四代及第五代并不特别突出，但也不能否定在个别的大学里也出现了一些有才华的哲学思考者。无疑山东大学是一个这样的平台，其他平台也可以在北京、上海或广州找到。也许要发展现代儒学，所需要的能量是很大的，学者不但要精通诸子百家，更要熟悉西方传统，可以说现代新儒家担当了儒学世界化的使命。

【采访人】 20世纪80年代以来，"改革开放"可谓中国大陆社会发展的一个重要关键词，中国要进行社会主义现代化建设，要融入世界市场。您认为，在改革开放过程中，中华文化与中国经济社会现代化之间有着怎样的关系？

【成中英】 1985年回国之后我面临最大的挑战是实际理解中国传统如何现代化以及世界化的问题，但我发现问题更多是现代化的问题，而不是世界化的问题。国内有许多学者把现代化看成西方化，反对西方化就自然涉及对现代化的质疑。当然，没有人会反对中国的科技发展和工业，但对生活的方式、价值的认识和管理的方法却不一定非学习西方不可。传统的中国方式可能也需要改进，使其合乎科学合理化的要求。但这里所谓的科学合理化也不是单纯的科学化，而是强调效率、健康、简明，重视时间，重视社会道德，遵从公共秩序。其实这些都是有关生活的道德和生活的美感的改进问题。西方人的方法可以作为参考，但合乎中国人需要的规则还是要自我建立起来。这才是一个非西方化的现代化的意义。这些规则也可以看成一种理性化的具体内容，现代化就是更理性的生活，有利于个人、社会与国家的发展。这些细节也需要深入的讨论，因为它们可以从一些基本原则引申出来，而这些基本原则都可以在中国文化传统中找到。文化的精华是要去积极发掘的，正像文化的糟粕部分需要积极地去铲除一样。

有了这样一种中国文化现代化的理念，也许我们可以发现中国文化的基本原理和西方现代化的基本原理一样，都可以看成人类理性改进生活、充实生活的基本价值。由于西方文化的现代化有其偏向科学主义的趋势，中国文化的现代化显然更趋向人文，而且更能体现人性的整体愿望，不局限于某一阶层或某一个人。因此，中国现代化更加开放和包容，更适合于人类全体。因此，从现代化可以推演到世界化的需要和可能，一个世界化的文化必然是更多人类追求的文化体系，能够给予人更多的精神自由和生命价值，包含生活的平稳和幸福。对这个课题的探讨，在20世纪90年代的中国并没有被提出来，但当时中国已经面对美国所提出的全球化的命题。作为西方的概念，全球化是以西方发达国家经济贸易合作为主题的，而发展中国家也愿意加入，希望能获得一份利益，但必须提供廉价的劳力。

因此，这样一种世界化是大有问题的。我提到的世界化并不在于全球经济化，而在于全球人文化，以促进人类各方面的沟通和合作为目标，以期形成一个全球化的世界和谐的人类生命共同体。现在"美式"的经济全球化达到了自身的目的，却没有解决人类和平共存的问题，反而造成了利害矛盾的对立关系。从这20多年来的全球化的趋势来看，中国也提出了一个文化与经济共同发展的全球化模式，见之于"一带一路"的倡议，其目的在于发展经济的同时也发展文化，这就是我所说的中国文化的世界化，不同于西方提出的全球化。

【采访人】 根据您的切身体会和感受，您认为，中国在改革开放过程中，儒家思想起到什么样的作用？人们对儒家思想的认识又产生了什么样的变化？

【成中英】 我见证了中国20世纪90年代到21世纪的发展，尤其在经济的成功发展过程中体会到开放和改革对经济发展的重要。但中国早就走的是社会主义道路，自然有其历史的渊源，它与儒家的精神也是相互配合的。儒家强调仁义的重要，倡导"仁"，就是强调整体和大众的利益。而我们知道，在一个群体社会中必须要建立公平原则，所以"仁义"很适合中国社会主流的发展。人们越来越认识到儒家思想对社会发展的重要性。但儒家也强调个人修养的重要性，以个人的发展来实现全体的发展，可视为一种发展的最好手段。如果社会主义的发展没有具有公心的领导者，则社会不可能有一个共同利益制度的建立，最后走向私心自用，把社会导向贫穷与落后。因此，作为领导者的人格品质，必然要有道德的自觉和德性的修养，才能维护其为公众创造的精神环境。

中国在改革开放40多年的发展中，逐渐形成了一个现代国家，对世界的贡献也十分突出，取得了应有的影响力和国际地位。这就更需要中国做全面性的发展和复兴，除政治、经济、军事外，哲学的智慧和信心一点也不能少。中国哲学必须具有知己知彼的精神，不但要理解自己的文化特色和长处，也要更进一步掌握西方文化重要的关键点。作为一个中国的企业家，如果不能善用中国的哲学传统，也就未必能够开拓中国的市场，更无法推广品牌到世界他处，形成一个独立自主的跨国公司，发展自己的品牌。当然我这些叙述必须从我的哲学著作中去探讨，探讨的目的仍然是应用于现实。中国的现实一日千变，就以深圳的发展来看，一两个月就有新的面貌。因此必须配合新的政策、新的眼光、新的机会、新的可能性来尽力发挥公司的企业精神，最后必须落实在企业的基本功能之上。中国人应该自觉地参与并改善这个世界，当然面临种种困境和挑战，需要去克服，如果能够实现将是对人类的重大贡献。但是，此一努力并非为了占有。道家的精神是"生而不有，为而不恃，长而不宰"，这就是一个内外在相互超越的精神状态。回归中国文化的哲学起点和原点，回归天地精神，就能体现生生不息的创造精神。这是易经哲学、儒学和道学的内核。自1985年以来，我的确认识到中国现代的状态，以及对现代化和回归文化原点的需要。我参加过许多会议，做了许多演讲，参与过许多文化活动，更特别感受到新儒学的创建需要找出从故国到世界的转折点。就我个人的体验而言，我倡议成立国际儒学联合会是有一个世界文化和世界哲学的理想。

【采访人】儒学是您最重要的研究领域。您对儒学的研究是不是也有一个明显的渐进过程？

【成中英】哲学的知识和儒学的智慧，是我如何与世相处、与人相处、与己相处的源头活水。我的儒学研究，大概可以归纳为：一是理解的阶段，从小注意到中国人的历史遭遇，并从经典中认识中国文化的价值；二是治学的阶段，能看到知识及其系统的重要性，对自然知识、社会知识和文化知识有自觉的追求，也认识到西方在这方面的历史成就；三是愿景的阶段，我从生命中发现了生命本身的价值，进而发展为对宇宙生命的一种感受与关怀，进而认识到中国文化传统从易学到儒道的一贯价值性、包含性、世界性。我接触到的家庭和社会是温暖和有爱心的，中国文化就是爱心文化、关怀文化，人和人之间彼此关怀、彼此依存、彼此同行。在民族灾难下，产生爱国心理是自然的。我在自己的追求过程中，对中国文化创造力的根源非常关注，对中国历史出现的卫国爱民的圣贤与民族英雄非常敬仰。我一方面对于求知有强烈的兴趣，另一方面力图创造性地思考，觉得人类作为一个灵长类的生物体，必须认同宇宙持续不断的创造力，把理解世界看成自我的一个责任。我深信理解世界才能做出合理的判断，这是我逐渐形成的一个坚定的心态。

【采访人】 您被学界视为 20 世纪以来"新儒家"第三代的重要代表人物。您如何看待"新儒家"这个概念？

【成中英】 我对儒家之"儒"的基本看法是"天地之所需者曰人"，我从《易经》的第五卦——需卦入手来解释。"儒"即需，来自需，需是等待，等待天上下雨。所以儒首先就是要能够在对于人的理解中发挥自己的德性，成就自己的事业。既然能够有所心得，有所成就，所谓成己成人，就应该进一步教化后学，与人为善。因为人们总是在等待着不断改进，不断成长，所以"人之需也"就叫作儒。人有所等待就是一种需要，需要一种教化的力量。孔子以"儒"作为一个人发展的基本过程，并且把"儒"的内涵界定为实现人之本善，是天下人的理想，也是维护天下之义，最终建立一个礼乐教化的文明社会。这正是儒家的特点。我是从这个意义上，以这样一种心态来说明这个"儒"字的。儒者，诚之为人之道也。

第三代"新儒家"是自然形成的。身处历史潮流中才能够有这样的反思和深思。我个人出生在全面抗战的前夕，经历了坚苦的抗战，经历了今天中国的繁荣、稳定和在世界上的兴起，我自己注意到中华文明发展的重要意义，这个意义有深厚的根源，有一个凤凰浴火的再生的过程，就是锲而不舍追求维护人的价值或理想的存在，这就是中国近代发展的道德含义。我被称为当代"新儒家"第三代代表。"新儒家"究竟是什么意思？意义不是很明确。但是，其中有一个意义，就是说，在中华文化和中华民族受到诸多外部的压迫、侵略和伤害的情况下，怎样来肯定自己？如果我们没有一种内在的生命力来自我表达，就等于否定了自己过去所做和现在所做的，存在的意义和价值就丧失了。所以，我们在现今的时代要做的，便是时时事事反思自己存在的价值，在这一价值的意义里去重新建立自我，自觉地整合内在的力量来面对外部世界的挑战。对好的事物予以吸收；对坏的事物，包括各种不公平的待遇、剥削压迫等，坚决反对。人类应该走向一种善与人同、平等互惠的相互形态，这是我必须强调的一点。

【采访人】 您曾在2017年第5期的《深圳大学学报（人文社会科学版）》发文指出："文明对话的主要目标，在于通过概念、信仰体系的沟通，避免实质冲突，通向一个更为融通的思想体系和价值系统；另一个更核心的目标，在于消除文明之间已有的实质冲突，或至少获得合理的解决方案。"山东自2010年发起尼山世界文明论坛起，每隔一至两年便举办一次这样的文明交流对话大会，我们最早也相识于首届尼山世界文明论坛召开之时。您所期待的"对话"应当怎样进行？请结合尼山世界文明论坛的作用谈一谈。

【成中英】 尼山世界文明论坛我从首届就参加了，后来我每年参加的会议众多，不是每年都能参加尼山世界文明论坛了，但我一直支持论坛的宗旨和精神，它在中国文明的基础上与世界主流文明进行沟通，贡献甚大，成就良多。文明对话是一个好的文明沟通方法，但必须以实质内容来进行概念命题和信仰沟通。我在此更加强调另一个重点，那就是诚恳和投入，如果一个对话者不能诚恳地去面对问题，说出自己的心声，则对话就会失掉价值。因此这个对话必须要以诚为本，正如《易传》所说君子"修辞立其诚"。如果不能够用语言建立真实的认识，甚至误导对方或者无效地表达一个实质的概念和观点，则对话的结果必然是以讹传讹，不但无益，反而有害。对话者不但自己要说话诚恳，也要防止对方误解，因此必须以正确的态度表达自己的观点。就此而言，一个对话者必须要有真实的学问和对问题深刻的思考，只有这样，才能够使对话产生良好的效果，达到共同理解的目标。因此，对话者必须有基本的修养和专业认识，以及对问题的充分把握，这样才能做出负责任的、经得起考验的发言。

基于此，我认为对话应该持续进行，而且经过仔细地计划和安排，才能够达到有效沟通的目标。对话不应是一次或两次，而应是一个可以持续发展的开放过程，尤其要通过对发展中的问题和情况以及具体事件进行多方面的探讨，才能最终理解对方的真实想法。也由于此，在人数上，文明对话也不一定限于两人，完全可以扩大成为多人，甚至于形成一个论坛。

我们必须强调的是，对话的真诚性和沟通的有效性以及共同理解的目标性，应防止流入空谈。为了避免空洞和空疏，对话所传递的知识和价值必须经得起实践行为的考验，也就是说，要充分考虑到，对话是否具有实践性，是否有可以实现沟通的具体实践，是否能够化解存在于两者之间的矛盾和冲突。从这个意义上讲，对话也可以是创造性的。因为在对话的过程中，可以有新的意见出现，它能够帮助对方进行一种观点的转化和思想的启蒙，使两者的意见趋向共同的方向，所谓相向而行，这样才能够更具体地解决问题。当然，如果对话双方最后难以达成一致，完全可以通过新的对话和问题的分析来进行解决。总而言之，对话应该是一个整体理解的实践过程，它的目标就是反映真实、追求真理，充分展现对不同价值的认识，并争取建立共同价值。如此，对话就成为人与人之间、群体之间甚至国家之间解决矛盾、展开磋商、寻求终极合作方案的一种思想方法。最重要的是，对话可以避免不必要的冲突和矛盾，甚至于战争。

基于以上对文明对话的认识，我们再看当前中西文明对话的问题。显然，目前的中西文明对话在学术范围内是有一定效果的，双方从对方的眼中都能得到比较深刻的认识。但离开了学术又如何呢？在经济和政治的领域中，我们看到目前的中欧对话与中美对话，都具有较高度的现实性和真实性。当然，双方都清楚，只有真诚沟通，才能解决各种经济和政治的合作问题，如果有任何不实之处，不是单方利益受损问题，而是双方利益都会受到损害。特别要指出的是，在政治和外交方面，我们看到这方面的对话往往是言不由衷、居心叵测的，更有时是以修辞来掩盖真相，借以揣测对方的真实意图，而不是以诚恳的态度去倾听对方的心声。这样一来，对话便成为一种诡诈的手段、一种说一套行一套的表演行为，对话只是用来玩弄假象或是忽悠对方、威胁对方，对解决冲突矛盾不会产生任何实际效果。当然，我们可以说文明对话并不适用于政治和外交，但我们还要问：政治与外交为何不能像文明对话一样，最终实现求诚、求真、求实的目标呢？这才是文明对话的实际用途！我认为今后文明对话要探索应用领域，使文明对话能够真正发挥促进人类文明彼此沟通、消除冲突矛盾、建立和平和谐世界的作用。这也是我对尼山世界文明论坛的一个期待。也就是说，一方面，我们要把论坛当作东方文化与西方文化彼此沟通、建立深刻理解的一个重要平台，另一方面，更要借鉴论坛的形式，把"对话"发展成一套适用于解决人类群体矛盾和国家利益冲突的有效方法，这将对人类和平发展与繁荣产生重大意义。

【采访人】 自中国实行改革开放以来，中国人一直试图尝试马克思主义、中国传统文化、西方现代文化三种不同文化的融合。习近平总书记提出要建设"中华民族现代文明",强调要推动马克思主义基本原理同中华优秀传统文化相结合,指出这是"又一次的思想解放"。您认为,中国正在建设的"中华民族现代文明",应当是由什么构成?或者说,应当怎样去对它进行更具体一些的描述?

【成中英】 对于你提出的这个严肃问题,我在不同场合有所表达。中华民族有五千多年的文明史,在近代遭遇到西方文明的侵略、压迫以及不公平的对待,这在过去中国一百多年的近代史中展露无遗。中华人民共和国的成立,代表中国人的新的觉醒,当然要反对西方国家的不公正对待。而中国自身对世界的理解是深刻的,也是有远见的,因此对西方的态度是要求平等相待、共同发展,而反对霸凌。

本来中华民族就是一个爱好和平的民族,从来没有侵略过他国,西方国家有什么理由来限制中国的独立发展呢?有什么理由来阻挠中国主权和土地的完整呢?有什么理由来不断干扰中国商业科技的发展呢?中国近五十年经济的发展是有利于世界经济的发展的,并没有压制任何其他国家的动机,我们在行为上一直倡导和平发展,以富济贫,使世界走上共同繁荣之路,并建立一个人类社会的利益共同体。面对广大的自然宇宙和太空,我们积极进行探索以巩固人类的生存。中国这样一个态度为什么不能够为西方了解呢？面对这些问题，我们可以看到西方国家对中国文化具有的自强的独立性和自信的发展力有一种潜意识的畏惧，以为中国在国家复兴之后会反身压制西方，但这是不可能的，这必须要从历史和现实来分析，更必须要跳出个人偏狭的眼光来客观理解中国。西方人看自己的历史，是一个争夺利益、强调霸权的斗争历史，因此他们用这样一个历史模型来衡量中国，这是错误的。另一方面，他们也许了解中国的历史和他们的不一样，但他们宁可选择顾及自身利益而不顾中国的和平发展，宁可采取一种不平等的态度以维持既得的利益和现状，寻求永远的优势。这可能是西方文化的一个特征，对此我们也不能否定。我们只能更自信地建立自我，以抵御西方这种不平等的文化态度。

为了建立自我的信心，必须知己知彼，从掌握自己的文化根源和精神入手，来增强自己的能力、充实自己的理想。自易学发展以来，夏商周三代都强调天人合一的创造精神，从天时、地利、人和来创造人类社会的和谐安乐，尤其致力于实现个体与群体的自由和平等，这种基本的价值观，在受到《易经》文化影响的儒家与道家那里体现得特别明显。在本体论、宇宙论、认识论、伦理学和经济、政治、哲学等方面，莫不显示出一种开放的、包容的、创造的、关怀的、勤奋的、民胞物与的生命态度。儒家孔子提倡"己所不欲,勿施于人"的仁学,以此为基础,利己以利人,达己以达人,并由此推向一个天下为公的大同世界。在道家老子那里,他认为,人的存在莫不负阴而抱阳,都处在一个生育万物、维护万物而不主宰万物的大道之中。这就是生命本质的和谐性,是可以在人类社会中体现出来的。庄子基于此,强调万物之间的相互平等,与道同于一,做到这些,世界也就自然没有任何争斗和霸权了。儒道的这种生命发展观更体现在《中庸》说的"小德川流,大德敦化"之和谐世界的概念中。中国这个古典传统,经汉、唐、宋、明到近代以来从未消失,而是刻印在中国人的生命之中。因此,中国人对中国文化的深度自信是很明显的,这也是很崇高的。在近代,我们的目标是维护这种崇高的价值观。在人们拥有这种文化心理的背景下,如何来维护这一个生命的价值观,使它能够解决世界冲突问题,并能为世界和平做出贡献,就必须要借助于一个有效的现代方式。

自五四运动以后,我们秉持一种既可以张扬中国传统文化价值观,而又能够面对西方霸权的哲学主张。马克思主义认为人类经济的发展是走向人类地位的平等和经济利益的共享,反对贫富不均,反对剥削和霸权。从这个意义上看,马克思主义是和中国传统的儒道平等生命观相通的,也是和传统儒道强调群体上下沟通、左右合作的社会精神相通的。因此，马克思主义之所以能够成为中华民族建立新型国家的一种指导思想，是和中国传统自主利他的价值观一致的。再者，马克思主义还有两个功能：一是接受西方科学的成就，以之为人类共同的成就，而不是以科学来抵制他者；一是追求世界大同的理想，对贫富不均、经济霸权、利己的资本主义进行批判，并寻求改革重建，因此可以发挥一种中西平衡的作用。从这个意义上讲，中华人民共和国的革命和建设发展都可以借助马克思主义来走向成功。

我在很早以前就提出"中""西""马"三结合的问题，"中""西""马"三方面应共同参与建设"中华民族现代文明"，或者说，"中华民族现代文明"应是"中西马"的合体。但此处我说的"西"，实际上是指西方的科学传统，而不是西方文化的全体。因此，"中西马"也就是"中科马"——"中"代表中国的文化，特别是生生不已的精神和追求自由平等的价值观；"西"代表基于西方发展的科学与工业技术，以及其在社会发展中的应用；"马"则代表对现实社会进行深度观察和适度调整，以维持发展方向的正确性，尤其是在面对西方霸权时要更重视人民的利益和世界的利益。中、西、马因此构成一个整体思考的三个层次，强调本源的创造性和基础性，再强调科学知识的发展性和工业技术的应用性，最后再强调长远发展的整体规划性和对现实问题的解决性。

因此,"中西马"不只是价值观的融合,也是方法论的建设。从根源到结构,再到解决现实问题都包含在内。我这个看法是很实际的,也是很实用的。但我没有和其他学者的看法相比较,我也并不熟知其他更好的办法。如果有,是可以进行比较的。我们这么做的最终目的,是达到中华文化本源的复兴和儒道价值观的现代化,以及对人类未来发展的观照和相关政策的实施。在这一过程中,我们必须要做到本、体、用三者的大结合。中国传统哲学因此强调本体之用,也强调"体用不二",把本、体、用三者结合起来,就成为一体三用、一本三体、一用三本的灵活思维,这对解决任何发展中华文化的问题都具有无限转化与提升的潜力。

【采访人】 习近平总书记提出了以"和平、发展、公平、正义、民主、自由"为内容的"全人类共同价值"。您可否谈一谈对"全人类共同价值"的理解?

【成中英】 参考对上一个问题的回答,我已经对中国传统文化和哲学的价值内涵做了一个简要的探讨。另一方面,我也特别强调这个原始的价值观在现代世界中的应用,尤其是在面对中西文化冲突的实际问题时,该如何来不断提出新的解决方式。习近平主席提出全人类的六个基本共同价值是很有眼光的,而且这些共同价值也具有非常现实的应用性。因为他从当前世界人类的需要来看待问题,所以提出"和平、发展",作为人类共同的价值。这个认识是一个洞见,哪一个国家不需要和平?哪一个国家不需要发展?如果一个国家的政策以战争作为目标,以制造封闭来制裁他国,并以此作为巩固强权的手段,那么这必然是一个不可持续的方案。任何一个国家都必须在和平的基础上推动社会各方面的发展,以造福人民,实现为人民谋幸福的目标。在这样一个和平发展的气氛下,社会所需要的就是习主席所说的"公平、正义"。

如果一个国家不能够公平地进行分配,也不能正义地进行司法裁决,这个国家必然会产生混乱,其政府必然为人民不满。因为人民的生活需要得到公平的待遇和正义的社会安排,只有这样,人民才能安心努力工作,为自己也为国家创造利益。至于如何实现这个为自己也为国家创造利益的方式,习近平主席又提出"民主、自由"作为共同价值,是极为清楚的。

倡导民主与自由的原因在于人民必须参与经济的分配和政府权力的执行,以一种能够改变和控制权威的方法来获取自身正当权益。习近平主席强调"把权力关进制度的笼子里",因为权力可以无限扩大,因此必须要加以限制。民主则是限制权力无限扩大的基本手段。但是,所谓民主,可以是多种方式的,不一定全都是一个方式。人们可以通过观察,通过意见表达和实际参政,来实施一个以民为主的政治决策。这一过程的多样性是值得探索的，因为每一种文化传统的实践都有其特定的方式，而每一个特定的方式也都有值得借鉴之处。在中国传统中，人们能够通过科举考试参政，但也有政府通过开放民意的方式实现人民参政议政，其中就包含媒体自由、政治协商、专家会议与公共决策会议等方式。事实上，一个有组织的政府，就不能缺少监视政府的机制。这种机制也是政府自身维护公正权力的重要手段。如此来看，自由也就在民主的实施中实现了，自由不是任意的，而是有社会意义的。它的目标不是破坏社会和谐、强调个人特权，而是试图催生出一种维持社会平衡的力量——也就是人和人之间的平等，以及人与群体之间的相互沟通和相互责任感。

总结来说，习近平主席提到的六个共同价值，和平与发展可以看成是实现现代化所必需的价值，公平与正义则是基于对中国儒家哲学的理解而提出来的共同价值，民主与自由则涉及东西方传统文化中的精华部分，三者合一则显示出对古今中外人类思想精华的整合，这也成为人类当下及未来可以追求的基本方向。对于习主席提出的"全人类共同价值"，我是完全赞同的。尤其是，他把和平与发展看成是全人类所必需的两个价值，这正是当前人类社会所需要的共同价值。认识了这两个共同价值，其他的共同价值也就容易理解了。

【采访人】 儒学作为中华优秀传统文化的重要组成部分，在处理身心关系、人我关系、人天关系等方面也有自己所坚守的价值原则。在您看来，这包括哪些内容？

【成中英】 我们也不能不提出一个更有儒家传统性的公共价值观，那就是我们必须承认个人对自己的要求和期待，以及个人对他人与群体的付出和贡献。从这个角度看，我们可以提出"诚恳"与"善意"来作为人类自身要求的共同价值。只有一个人具有诚恳和善意，才能具有责任感，才能维护自己的尊严，也才能期待他人像自己对待他人一样对待自己，因此才能形成一个完整的人格，所以我把这两个要求作为人之为人的共同价值。

再进一步涉及人和人的交往，我们所需要的是"仁爱"和"正义"，如此我们才能得到他人的善意对待和信任，进行可持续的交往。这也就是社会发展的两个基本德性，任何社会都不可以缺少。所以我把这两者看成是人与人之间交往的两个共同价值。

最后就人与国家、世界、自然的关系来说，我们也可以提出两个相关的共同价值，那就是"理智"及"和谐"，这两者是人与外在世界建立关系所必需的基本要求。没有理智的态度，就不能面对国家的需求而做出适当的贡献，这其中包含对国家的忠诚，以取得国家的保护。理智是客观和理性的认识，以取得对其他与己差异的文化传统的理解、接受和包容。至于面对广大的天地宇宙，我们必须理性地对待万物，以求得知识，认识万物的特性，并建立民胞物与的和谐关系。这样也就能更好地适应环境，维护人与自然之间的平衡关系。

我这里举出的六个共同价值——诚恳、善意、仁爱、正义、理智、和谐，涉及的就是儒家伦理学的德性。儒学以人的心性发展为贵，只有在人的此一发展基础上，才能进行经济与政治的建设和组织，并由此实现经济与政治所需要的其他德性，包含"自由与民主"，也包含对世界与人类未来的关怀。我这六个基本共同价值，可以说是六个有关人的存在的生命德性，有利于人类实在性的经济和政治的发展，对形成"天下一家""大同世界"的理想具有一定的针对性，也可以说是实现世界大同的基本方法。这六个德性可以和习主席的六个共同价值来一同理解，习主席的六个共同价值更具有现代性和国家性，而我提出的六个德性的共同价值更具有传统性和个体性。两者可说是相得益彰。更重要的是，我提出的六个共同价值基于儒家传统宇宙哲学和伦理哲学发展而来，如果与西方文化传统的经济与政治理想结合起来，就必须理解习主席所说的六个共同价值，把和平、发展、民主、自由作为世界所有国家必须接受的共同价值，这就是习主席提出的六个共同价值的精华所在。

【采访人】 作为中国人，我们对本民族文化有着与生俱来的感情，自然会产生"文化自觉""文化自信""历史自信"，这当然是好事。但目前社会上还存在一些人，盲目认为中国传统文化都是好的，老祖宗留下来的都是"宝贝"，这可能就会逐渐走向"文化自大""文化自负"了。我们既反对文化虚无主义，也不赞同文化复古主义。在全球化的今天，我们该如何在保护、传承好本民族文化的同时，以正确的姿态拥抱世界，做好"地球村村民"？

【成中英】 我同意你对当前儒学复古形式主义的批评，认为复兴中国文化，就一定要去穿传统国服并行传统的礼仪。如果有人认为这样才更能实现儒学复兴和中华文化复兴，那显然就是一个假象，属于忘本求末。事实上，如果我们真正了解儒学的发展历程，对儒学的本质有所把握，就能够认识到，复兴儒学，就必须要着眼于儒学的精华部分，那就是对人生意义的信仰和要求。在对这个信仰和要求的认识下，我们再来进行儒学思想的重建和开拓，从中发挥新义，并结合其他有关的现实价值，来进行现代化价值的创造，而不只是旧的复古，更不是形式上的模拟。事实上，这种模拟反映出一个问题：对儒学的理解十分浅薄，把儒学的形式外表看成儒学的本质，对儒学价值的精神所在没有深刻的掌握，因之是一种逃避、一种掩盖、一种隐蔽。如此，我们又如何能够建立文化自信呢？

《论语·为政》记载:"子张问:'十世可知也?'子曰:'殷因于夏礼,所损益,可知也;周因于殷礼,所损益,可知也。其或继周者,虽百世,可知也。'"一个礼的仪式可以在不同的时代有特殊的表达方式,从夏到殷,从殷到周,都反映出不同时代的差别,推其"所损益",才能知道它为何如此。今人只是模仿古人的形式,而未能掌握古人的精神,也未能说明今天何以要采取一个复古的形式。因此,当今人们穿戴古服古冠甚至行古礼,都只是一些空洞的做法,没有实质的含义,也只是徒劳和浪费资源而已。正确地继承儒学、发展儒学,必须从理解儒学开始,必须了解它的优点,也必须了解它的缺点。然后才能重建儒学,理解儒学精华的内涵,以适应现代化的需要。这样才能避免复古主义的浪费性,才能够避免形式主义的空洞性。

至于如何继承古代文化的精髓,我们就必须以文本的理解、意义的掌握,以及价值的评估和理想的树立来作为继承的方法,同时也作为开陈出新的创造性认识。关于文本方面,我早就提出一个"本体诠释"的方法论,我们不能只是寻求所谓原意,原意是不可求的,而是要从我们对古人所处环境和面临问题的了解,加上对古圣贤面对问题的思维精神的了解,来做出适当的诠释,这样才能够激活古典文字的含义,在我们自己的认知中取得一个与现实经验相配合的新意义。我们才能够考虑在新的形式下应该采取的实践方法，以及应该采取的实践步骤。如此，我们不是复古，而是"复活"一个古典的传统，并赋予它当前的活力和生命力，这样才能促进古典精神的复兴，才能使它真正地开拓和提升我们的眼界，建立我们的信心，创造合乎时代的未来。因为这种古典的精神已经不只属于过去，而是成为我们现代生活中的一个重要成分，因而可以用现代的语言和形式进行表达，不管是个人的，还是公共的。

基于此，我也反对只读经，而不求理解，只背诵而不求思索。多年前，在中国台湾地区和大陆都流行读经运动，要小学生去熟读古代经典，认为只要背诵经典，自然就能够理解经典，认为只要接受经典的影响，就能转化为一种教育提升的力量。对于这样一种倡议，我保持非常怀疑的态度。如果一个小学生可以熟背《道德经》或《中庸》，他又该如何从他的背诵中去理解《道德经》和《中庸》呢？一方面，时过境迁，人们的记忆可能会淡化；另一方面，即使记忆也不能取代理解的功能。人的头脑有三个重要的功能，一是记忆，二是理解，三是想象。彼此都不能够相互取代，这是可以想象到的。经典中所表达的意义、表达的方式、表达的语言，都不一定能和现代表达的方式与语言接轨，因此必须要有学者进行阐述和诠释，才能够帮助幼儿取得真正的理解。没有这样一种功夫，一个小学生在几年之后即使记忆犹在，但理解仍然停在一个空洞的初级阶段，和记忆无关。因此，所谓读经，不能只是背诵，而是要实现讲解，要有老师仔细的说明，并在概念和精神上详细举出它的意义何在，以及如何应用于人生。

从这个例子来看，如何传承中国文化并建立文化自信，需要至少经过三个阶段的努力：一是要真正的接触文本，认识文本的语言以及语言所包含的意义与逻辑；再进一步认识它之所指，以及作者所臆想的概念；第三阶段是能进行全面性、整体性的解释和诠释。这样，文化自信才能建立起来。当然，这既是一个求学的必然过程，也是一个认知过程。一个人如果能够真正掌握古典文本的书面含义，并能认知及推算此一含义的现代所指与意义所在，才算能够"传承"这一本经典，这个"传承"才能够正确传播出去。所谓传播，也就是要实事求是地掌握经典含义，以及经典所彰显的道理和价值，确保其能够直接影响人的行为和理想。这也是保存中国传统文化精华的一个最好方式。但还有更进一步的方式，那就是把中国的古典哲学与西方其他传统进行比较，以此来体现中国文化的特殊价值。这样我们才能对自身文化复兴和世界文化发展做出贡献。

在当前的中国文化复兴过程中，即使中国文化必然对世界文化做出贡献，那我们也不必以作为"世界村"的村民为目标，或者引以为傲。因为这个世界的真正一体化需要很长的时间，我们更需要关注自身的发展，克服自身的惰力以及外在的种种影响。我并不反对"世界公民"或"世界村民"这一说法，但我们也不能过分理想主义化，而应秉持实事求是的态度，扎扎实实对国家文化的复兴、创新做出贡献。这才是我们的基本要务。

【采访人】您曾指出，面向未来，我们要自觉增强中国文化自我更新的能力，能不能具体谈一谈何为"自我更新"？或者说，中国文化该怎样"自我更新"？

【成中英】要回答这个问题并指出"整体自觉"的重要性，就必须强调自我建立的重要性，然后才能谈到"自我更新"的最后要求。在数年前，我写过一本叫作《新觉醒时代——论中国文化之再创造》（中央编译出版社2014年版）的书，书中提出现代的中国人必须要认识到中国历史发展的现实，以及中国文化的特征、优点与弱点，更要理解中国哲学的基本精神，也必须要面对中国文化和中国社会当前所面对的危机，最后还要能把中国文化的发展与西方文化的发展做出比较。基于这样的认识，才能深刻思考出中国现代化的终极目标到底是什么。这个思考事实上是返本创新，但要经过一个文化自我觉醒和哲学智慧高度启蒙的过程。在这个过程的基础上，才能发挥创造和创新的力量，重新勾画出中国文化发展的远景。

所谓自我更新,当然是要建立一个充满活力的自我,不但能使个人有所自觉,而且能推动社会整体的自觉。一个最根本的自觉,就是一方面能够认识自己文化的出发点和文化创新的源头,另一方面也要能够确保生生不息地发展下去。我们可以从以下五个方面进行省思:

第一个方面,也是第一步,掌握中国文化的源头活水,认识中华民族如何把握文化本源并能持续发展。早期中国先贤密切观察自然变化和生命作息规律,从畜牧时代走入农耕时代,形成了天人互动的创化关系。从《易经》和《尚书》中我们可以看到先贤如何认知宇宙规律,并因此创造人类社会的秩序。《易传》和《洪范》这两个文献就突显出中国文化的创造机智是以立本以行道的体验为核心的。

第二个方面,中华民族的融合形成了一种高度的整体自觉,把人所有的集体智慧作为创造人类群体生活的基础。这是在天人合一的经验中的更新,也是在体现着君民一体的经验中的更新。更新结果便是产生了尧、舜及夏、商、周光辉的文化。因此我们可以说,中华民族认知人在宇宙中的地位及体察天地自然万物发展的过程,是自觉革新的第一步。中华民族继而自觉地创造文明和文化,就可以说是中国人自我更新的第二步。

第三步乃在于持续的发展、不断的改进,使先民创造的文化不但能够满足人的需要,而且能够建立一个长远的价值目标。这个价值目标就是知道而行道，同时显现出一个人类长远的价值追求。必须要说，人类对价值理想的追求，不但发自于不同的人类族群，而且表现出不同典型或模型的追求方式和成就。任何一个文化传统都不可能是完美的，但走向完美却是人类文化传统内在的一个意向。基于此，我们认识到，中国文化能够在其发展过程中，一方面呈现出自我独有的风格和创造，另一方面又能够参考和吸收某些外来文化的优点，来补充自身的不足。比如在西汉末东汉初，印度佛教进入中国，经过一个融合发展的过程，对中国文化产生了深刻的影响，其核心要旨也为中国文化吸收。近代中国受到西方的侵凌，丧权辱国，但仍然能够看到西方文化与科学技术的优点，能很快吸收并极力自行发展，这可以说是新一阶段的自觉更新。这种更新不但充实了自我，而且提升了自我反省的能力，也能自觉追求一个文化的价值未来。

第四步，进入现代，我们对五四运动以来中国文化重新反省，更进一步提高自觉，尤其强调整体的自觉，以此来应对西方文化的挑战。因此，这也激发了中国人重新革新社会以走向现代化的强烈愿望。这样一种激发，说明中国当代发展是一种不断更新的文化革新运动。这也可以说是中国走向更深层和更广博的整体自觉，以及因此自觉而形成的自我改革和创新。这一个现代化的自我创新是一个长远的过程，迄今并未完成，有待中国人更进一步努力。在这个过程中，中国文化中的一些特点也需要逐渐改变，以适应世界的变化。就以时间概念为例，部分中国人似乎还没有养成如何精准应用时间的习惯。同时，还不应忘记文化的一些其他要求，如有关责任和伦理的要求。这是对整体自觉的考验。另外，一些人办事往往不假思索，不掌握环境细节，因而流入敷衍了事，缺少一个强烈的公共责任感和对他者的关切。此点也就更清楚显示了形成一个高度自觉以革新自我的重要性。

基于以上分析，我提出自觉更新的第五个方面，即建立一个不断自觉的机制，以实现个体的不断更新以及群体的整体自觉更新。要达到这个目标，人们就不能不考虑建立一个开放却细密的革新模型，把自我的最高愿望看成是对此一革新模型的建立。这也表示人们必须时时刻刻都能自觉，从内在到外在都能整体地看到革新和创新的需要，并进而自觉地进行自我革新。

有了此一整体的自觉，人们才能够进一步认识到中国文化的价值及其来源，这是最根本的自我界定的问题。对于此，人们必须要实际去从事中国先秦经典的深度阅读和理解，并观察中国文化如何传承到今，这就不能不涉及学而思、思而学的实践过程。尤其在认识古典文献的过程中，不但要掌握它的历史意义，也要能够认识它的哲学普遍性含义，把历史的认知转化成哲学的智慧和诠释，再把哲学的诠释转化成对实际真理的体现和实践。这里所谓诠释，就是一个文化推陈出新的手段，就是针对问题有正确的理解，并赋予它一个具体的新义。

另一方面，我们必须认识到文化发展的重要性，并从理智的诠释中创建新的价值和含义。一个历史上的例子就是对历代变法的探讨，如对王安石变法的探讨。另一个例子是孔子对鲁国《春秋》的批判，孔子对鲁国历代为政者进行不同的评价，做出褒贬，以警醒后人。这两个例子说明，唯有自觉反思、整体思考，才能建立一个整体自觉和自觉整体的个体或群体存在。我们对未来做出的合理决策和对理想的规划，可以说已经进入本体诠释和本体实践的范围，不为片面的偏见左右，把历史和哲学、过去和未来、理解和判断、表述和诠释充分地结合在一起，使我们能够对各种复杂的问题进行客观把握，做出合理的整体评价。如此，我们才能建立一个对中国文化更新的基本模型与方案，同时也能够认识到中国文化和世界其他文化的互动互补以及相互转化融合的关系。如此才可能推动中国文化的复兴。

【采访人】 中国文化的自我更新也与国家实力有着密切的关系吧？我们不能脱离经济基础来谈上层建筑，中国国家实力，特别是经济实力的强大，也将对中国文化的自我更新起到重要的推动作用。您可否从这个角度谈谈文化更新及文化复兴问题？

【成中英】 我们也可以从当前讨论国家实力关系的角度来说明人的自我建立和自我更新的五个方向，这涉及我曾经对美国战略学家约瑟夫·奈"三种实力"说的评价和改造。一个国家首先有自然的资源，因而可以从自然中发展实力，这就是约瑟夫·奈所说的"硬实力"。硬实力使一个国家建立起国防力量，包括军事、政治和经济制度化的力量；更进一步，约瑟夫·奈提出所谓"软实力"，也就是利用国家社会和历史发展的方式，来显示有价值、特色的组织原则与规范；最后他又提出所谓的"巧实力"——要如何具体应用"硬实力"和"软实力"来达到国家目标。他特别自豪于"软实力"的提出。我与约瑟夫·奈于20世纪在夏威夷的一个论坛上第一次见面，对他的"三力"理论，我提出了两个补充：一个是"自然力"的认知，当时约瑟夫·奈并没有了解到自然力是一个根源的力量；其次我提出"道德力"作为国家能够发挥真正影响其他国家的力量所在，当然，这个道德力必须与其他前面几个力量同时发挥作用，如果道德力不存在，只凭实力立国，一个国家可以成为一个霸权国家，却不能展现一个国家的基本价值。因此我结合约瑟夫·奈的"三力"理论与我的两个力（自然力和道德力），形成一个"国家五力发展理论"，成为评价一个国家国格的方式。

基于我说的"五力"理论，用之于自我更新，也就可以看出所谓自我更新，可以展现五个阶段，也可以说五个层次的建设。人的存在有其自然的潜力，然后才可以发挥其实质的作用以及身体行为的功能，甚至利用知识和技术形成高层次的运作机制。但如果一个人缺少道德的信念，他的一切行为就会改变，反而导致自我毁灭。因此人的自觉更新也在于建立自身所具有的自然的力量，在此基础上，再进一步发挥实际的身体功能，然后更发挥心灵的功能，形成高度的自觉和认知价值的能力。最后，基于前四者，进一步发展自己的道德意识，建立价值的标准，使人走向善而不是走向恶。这就是我强调的关于人的整体自觉更新的另外一种说明，和前面所说的五个方面的发展可以平行应用，以此来说明人的自觉整体发展必须是层层推进与不断充实的。

中国文化在中国人自身的意识中更新，是一个必然的道理，中国人整体能够自觉建立中国文化意识和发展意识，也就意味着中国文化必然走向自强自立。目前中国进行的文化复兴，必须从中国人成为一个道德的君子和自觉的文明人来进行理解。如此，则这个文化的复兴不但具有主体影响的一面，也具有客体影响的一面。

【采访人】 一直以来，尽管我们都是秉持"放眼全国、面向世界"的态度来传播儒家文化、中华优秀传统文化,但从儒家本位立场来讲,我们并不希望"儒化天下",而是期待"儒行天下"。所谓"儒化天下",就是幻想全天下人都按儒家原则行事,让儒学包揽全天下一切事务,指导一切,规范一切;所谓"儒行天下",就是抛弃儒学包揽天下事务的野心和幻想,只追求儒学能够得到全天下人的理解和善意对待。在将来,除了我们儒学、中华优秀传统文化研究者、爱好者要继续为儒学、中国文化发声以外,我们更乐意看到企业家、工程师、科学家、外交家等各行各业人士都来讲儒学,讲中国文化,当然也欢迎华人华侨及外国人讲儒学和中国文化。您对"儒行天下"有何高见?赞不赞同这种提法?

【成中英】 多年来,中国孔子基金会为提倡和推广儒学做出了重大的贡献,尤其在发展儒商文化这一方面的工作也是有目共睹的。你关于"儒化天下"和"儒行天下"的理解,我并不否认。但我是从更积极的角度来看二者的,我认为二者之间没有本质冲突。"儒化天下",据我了解,是以儒学来影响世界各行业各领域,就如建立儒商企业文化一样。这实际上并没有大的问题,有儒家的推动,才有儒商的发展。儒商的发展自然儒化了商家,但也使商家更有理由来实践儒学的德性要求。儒家认为为商者应讲求诚信,关怀同仁和雇员,更强调对生产和销售利益的重视,绝不欺诈,更力求生产高质量的产品，满足社会的需要，努力对社会生活品质改善做出贡献；同时，遵守国家法律，发挥商业稳定社会的功效。这些效果对中国商界的发展和生产品质的提升具有重大的好处。如果这些是所谓儒商的作用，儒化商业又有何妨。正因为"儒化商业"，才能使儒道行于天下，不仅在商业方面，也可以在其他方面。因此，我看不出来"儒化天下"和"儒行天下"到底有何差异和冲突。

当然，"儒化天下"是假设一个儒学机构在推动儒学工作，"儒行天下"则是儒学的价值和德性已经产生影响，而不必仰赖一个推行的机构，这是可以理解的。但这只是说明一个是前提，一个是结果。如果"儒行天下"已经成功，自然不需要进行所谓儒化。但事实上，儒商要行天下，就需要人们加以推动、鼓励、激发。这在教育工作上，也是如此，因为我们有儒家的行为规范建立起来，人们可以采取不同的教育方式和教育哲学作为引导。只有在儒家教育之下，才能产生真正儒者的风范，这点在中国历史中已经充分证明。在今天的中国，正因为儒学的软弱和衰微，在青年教育和社会教育中缺少了一个儒家伦理的示范和引导。这从事实观察上可以看出，我们社会上一直存在着有儒家伦理的教育和没有儒家伦理的教育之差别。没有儒家伦理的教育，人们也可以通过宗教或科学制定的方案来进行教育，但其结果却不一定是儒家教育的结果。如果中国教育有一个维护文化传统的责任，儒家的教育显然是不可废置的。事实上，社会伦理的发展也有赖于儒家教育的推行，而不会自然就达到儒家所提倡的境界。

我以上说的是儒化和儒行之间的密切关系，所以我看不出这两者应该怎么样分别。也许二者的不同可以理解为有意识地实践儒学和无意识地实践儒学，这个分法其实也不一定表示儒化和儒行没有直接关系，只有在儒化的情况下才能够产生有意识的儒学实践，然后实践习惯成自然，有意识也可能变成自然的或自发的无意识。但这个无意识仍然以有意识的实践为前提和基础，就像一个受过儒学教育的青年在他以后的生活中可以实践儒学。

孟子说："人之所以异于禽兽者几希，庶民去之，君子存之。舜明于庶物，察于人伦，由仁义行，非行仁义也。"（《孟子·离娄下》）这里我们看到"由仁义行"与"行仁义"的差别。这个差别是：在人的本心就有仁义的种子，能够自然行仁义，而不是因为外在仁义的规则去实现仁义。我们看到一个内在性和外在性的差别，但在儒化和儒行方面，对于世界各种行业的人来说，他们不一定就具有自然儒者的心态。而人的行为往往受到传统文化的影响，如基督教徒显然是受到基督教教义的影响，穆斯林就必然受到伊斯兰教教义的影响。当然，在孟子看来，从更深的层次上来说，人性为善，人心有道德的

"四端",因此人的行为可以自然发展为道德的行为。但即使如此,孟子也特别强调后天修养的重要,因为人的本心很容易失落,而必须善加激励,才能有合乎道德的行为。

在这样的理解下,"儒化"事实上就是培育人的本心,以走向德性,不管在哪一个行业中都能够显示出德性的影响。即使在商业这一行也不例外。这又说明"儒化"就是要人恢复本心,培植德性,践行儒家的基本观念。"儒化"相当于恢复本心、彰显德性,"儒行"则是恢复本心的行为效果。两者之间的差异并不表示两者可以分开考虑,因此,当你说到我们愿意看到当代的企业家、科学家、外交家都来讲儒学,这固然是对儒学的一种尊重和实践,但如果没有儒家的教育和儒家哲学的发展,以及儒家文化的推动,儒学又如何能成为一个企业文化的特征呢?

我们也应意识到,作为儒学推广和教育机构,也不一定刻意主宰或控制其有效的成果,在这里我们必须要保持一种道家的精神,那就是"生而不有,为而不恃,功成而弗居"(《道德经》)。

【采访人】 既然提到了儒商,就想听听您对管理哲学及儒商文化的有关高见。我知道,您对中国管理哲学深有研究,发表了一系列很有影响的学术成果,提出"C

理论"等重要概念。您曾在专著中专题阐发"道家的决策哲学""法家的领导哲学""兵家的权变哲学""墨家的创造哲学""儒家的协调哲学",时隔多年,您仍然会坚持原来对几家文化流派相关管理思想的总结概括吗?中国本土管理哲学的当代价值和世界意义何在?

【成中英】 我的《C理论:中国管理哲学》经过了几次修订,特别提出了一个"管理太极图"。这个管理太极图以太极为起点,我命名为 C8。C8 作为太极是生生不已的创造之源。在 C8 的基础上,产生阴阳的差别,分别为阳刚的活动力(C6),以及阴柔的包含力(C7)。我是以易学的宇宙本体论作为 C8 的文本,以儒家的孔孟之学为 C6 进行改善和创新,以道家的《道德经》和禅学的《六祖坛经》为 C7 来作为静止与重启的枢纽。在 C6 和 C7 的基础上,衍生出五行相生相克的关系,表现为 C1 的决策、C2 的领导、C3 的市场推广、C4 的生产创造和 C5 的沟通协调。

我的管理哲学强调整体性,包括多功能性、内部的相生互动性和内外相对平衡性。一个企业的发展必须要有一个原点,这个原点代表理想的生成和意志的执着,以及随时随地、内外上下的调整和适应,要能使这个企业成为一个集体性的、动态的、可操作的生产工具。我的管理太极图是以易学和儒家理学作为背景的,因此特别强调动态平衡与整体发展。事实上这也正是当代大型企业所走的路向。当然，当代大企业家不一定很清楚他们所必须要学习的管理学，因为这里面有一定的深度，毕竟它来自中国先秦诸子的哲学思想，而这些思想也都各自针对一个变化不已、生生不息的整体。

所谓"变化不已"，正好说明今天人类面临的经济活动是不断变化的，但无论如何变化，都要在整体中掌握生生不息的根源，在此基础上来调整这个变化，来发展这个变化，把被动转化为主动，这也就是把宇宙的太极之道看成是宇宙管理万物的太极。我们发现中西方一些成功的企业家，他们无不具有这样的特点——把主体化解为客观的条理，并认识其根源和发展的规律，然后把这些条理与规律转化为主动的决策和组织，以及生产活动。从这个角度看，我的C理论仍然是世界上最先进的管理哲学。因为并没有一个管理哲学能够出其右，可惜我们的管理界不一定能够完全理解或掌握这样一个管理体系。但如果他们能够深入其中，就会发现这个管理体系有主体的参与，如此则可"放之则弥六合，卷之则退藏于密"。

也许我的说法太过于哲学化，但一个真正成功的企业家也必然具有一定的哲学智慧。因之，我们发展或评估一个企业，也可以从外在的系统运作和内在的管理机制来进行。我看到中国企业华为具有这样的风格，而任正非则具有这样的气质。但是，面对西方的制裁，如何进行突破，这就必须要回到本根的创造性来解决问题。因为这不只是一个活动和市场改善的问题，只有在本身的基础研究上发挥创造力，才能突破西方的制裁，发展出一套自我保护的整体系统，就像中国发展出北斗定位系统一样。

事实上，中国已进入一个整体管理的时代。企业创新改造必须要符合时代的需要，同时企业也面临着时代的压力。从这个角度看，马云作为一个民间企业家，如何重组他的企业对他而言是一个具有考验性的问题，所考验的是他能否掌握企业的"太极"，发挥一个整体的功能，从而对社会与国家做出贡献。在当代西方，我一直提到两个人，他们都是C理论所肯定的非常成功的企业家，一个是比尔·盖茨，一个是埃隆·马斯克。我从多年前就开始注意比尔·盖茨及其公司的发展，他能够创造出应用电脑的整体软件，表明他掌握了电脑软件制造的行业基础，也洞察了一个时代发展的需要。IBM也有这样的特征，但IBM只在硬件上发展，在软件上却让位于微软了。另一个C理论所肯定的西方企业家是埃隆·马斯克。马斯克才华横溢，敢于大胆思考与发明，并积极实践他的理想，当然这是因为他已经积聚了充分的资本，据此他才能进行太空旅行，实施电动车发展计划。我并不了解马斯克如何积聚这样的资本，而不必依靠一个董事会的融资。但正因为他有这样一种潜力，所以才能从事一个大胆的探索计划和不断进行发明。我想在中国，如果有人拥有这样的基础，自然也可以进行一些创造性的发明，配合国家来推动企业整体发展，从而促进社会进步，同时带动各种企业的分别发展。事实上，我们正面临一个科技转化社会的时代，很多旧的行业和技术都在不断被淘汰中，因为有新的发明，才有旧的淘汰；但另一方面，也许正因为旧的技术需要更新，来跟进社会对知识和文明的更高要求，才促使了新发明的不断出现。在当代中国，显然我们可以看到很多进行改革和创新的机会，人们必须找寻机会，争取支持，尤其是国家的支持，来创造一个新的企业环境和新的企业功能。这就是 C 理论管理哲学基本的愿景——既是继承传统的哲学智慧，也是开拓未来的管理智能。我期望借此能够促进中国文化的全面复兴。

必须要强调，我的 C 理论管理是对中国传统管理哲学精华的总结，这点是毫无问题的，当然还可以进行继续充实。把诸子百家的智慧融汇为一体，发挥出整体性的效果，是中国本体管理哲学必须要完成的一个工程。所谓本土化，并非重新回到中国传统，而是发挥传统的整体性，来面对世界的整体性，只有这样，才能够对世界做出划时代的贡献，才能够把中国哲学与文化的实用智慧真正展现出来，并影响世界。

【采访人】 记得2017年,我在参加您的高足黎红雷教授的新书发布时,听到陈来先生讲的一个观点,他认为"企业儒学"应该是今日社会儒家"新外王"转向的一个重要支点。以我的理解,陈先生是说,未来所谓的"外王",不一定都出在政治家群体中,企业家中也可以出现"外王"。由此可见企业家在当代社会中的重要作用。近几年,中国一直在倡导企业家精神,您如何解读"企业家精神"这个概念?

【成中英】 陈来先生所谓在"企业儒学"中可以产生一个企业家的"外王",这个说法当然有一定的道理,因为在儒学传统中是有"内圣外王"之说法的。从儒学来看,一个管理者能够内在拥有充分的德性,能够做到惠及人民,为人民爱戴,自然就具有一种外在的权威和影响力。这就是一个管理者可以为外王的原因。当然还有另外一个说法,一个领导者可以先为外王,然后修德成为内圣,因此是外王而内圣。纵观中国政治历史,实际上往往是外王而内圣的传承,在改朝换代的时候就有外王而内圣的现象出现。当然从儒家哲学理想的类型来看,一个人必须先有内德,然后才可以得到人民的拥戴而为王。在这个意义上,"王"同样具有惠及人民的意义,而之所以能够惠及人民,则归之于领导者具有内在的德性,以人民的福利为重。在《论语》和《史记》中所说的尧、舜、禹、汤、文王就是内圣外王的具体例证,尤其是舜之为王，正是因为他有莫大的孝德，所以在行政的实践中也能够爱民，他本人也能够为人民拥戴。

这个"内圣外王"的含义如果用在企业家的身上，是否完全合适，是一个值得探讨的问题。我的基本态度是，传统的内圣外王之说，事实上不一定能够合适地用在现代成功的企业家身上。我们可以提出几点来加以讨论。首先，什么是企业界的内圣？其是否具有圣贤的德性？是否具有企业家的德性？当然，哲学上的儒家圣人必须具有孔子所说的仁德。这在企业家那里固然可以做出相应的描述，但毕竟企业家的最终目标是合理合法获利。孔子并不反对商人的这一行径，他也认为商人应当因商致富，而所谓商则是商业买卖的途径，包括互通有无，也包括生产销售。他的弟子子贡是一个大商人，子贡能够致富，就是因为他能够利用他的商业智慧，低买高卖。商业的智慧显然需要智力的应用，也需要一种公平诚信的商业精神，只有这样才能得到商业经营的回报。但子贡作为孔子学生，我们也可以假设，他不一定就有孔子所说的儒家的德性。然而，另一方面，其他弟子都可能有儒家的德性，却不一定经商，也不一定能因经商而致富。如此可见，一个人的内德并不必然能使他经商成功，但那些为人之道和为政之道，却可能是管理国家、治理国家所需要的品质。

另一方面，历史上的圣贤，如尧、舜、禹，必然会显示出对人民积极的关切，而不只是在实际上惠及人民。对他们而言，更重要的是要有仁民爱物之意，以人民为直接惠及的对象，不会有半点自私与牟利之心。在企业家那里，这一点就不能保证，因为企业家的成功不必然依靠儒家的德性，企业家也并不把他的消费者当作他惠及的对象，而只是把他的消费者作为他服务的对象。当然，他的商业行为能够为消费者带来福利，但他是否因为他的德性或是他的智能来做到惠及人民，则未可知。因此提出企业家在现代"内圣外王"，这个说法是需要保留的。总而言之，我们必须注意到内圣外王的说法不一定能够用在企业家的身上，而企业家的成功则可以用另外的语言表述，或许我们可以说，他能够做到"商民一体"的从商态度。所谓"商民一体"，就是在商业上创造好品质的货物，也能做到以诚信对待消费者，并以友善公平的制度对待员工，实现对现代合理的企业伦理的管理。

作为一个结论，我必须说，儒家的德性只是儒商必须具有的基本要求之一，而儒商更可以以儒家为重，采行诸子百家的管理策略，来满足各种不同管理环节的需要。因此，C 理论提出的诸子七家之言，包含道家、法家、兵家、墨家、儒家，以及基于《易经》哲学和禅学系统的管理太极智慧，都是促成现代儒家和儒商可以成立的基本因素，但这些不一定能够蕴含儒家内圣外王的基本含义。总之，中国现在所强调的企业家精神，有利于扩大传统企业家的眼光，有利于他们面对时代不同的需要而做出有效的商业决策，在这一点上，企业家当然就具有类似国家领导者的地位或功能。企业家的成功与否就在于是否能够惠及广大的消费者，争取最大化的买卖效益。但称企业家为商业界的圣人，这可能会言过其实，可能会造成误用典范的逻辑矛盾。

【采访人】我们说这是一个全球化时代，更多是由于这是一个互联网时代。未来人类可能还要进入"元宇宙"时代。在科技突飞猛进的新时代，传统人伦关系也相应发生了巨大变化，我们称互联网时代陌生人之间的关系为"第六伦"。现在，我们不仅要面临陌生人之间的关系问题，还要面对虚拟人、机器人等各种"仿真人"与人的交流互动问题，这也可以叫"第七伦"。在现实社会关系已突破传统"五伦"之后，儒学还能否发挥其实际功效？儒学还能否成为一门"放之四海而皆准"的"关系学"？

【成中英】你的问题提到了当代的信息世界和电子商业。在当前信息科学数字化的语言中，人们似乎创造了一个新的宇宙空间，其显现为一个虚拟的世界，人们可以经过知觉的转换投入其中，也可以经历各种虚拟的事件，使人们忘记具体的事实，这样一来，虚拟世界以虚为实，以实为无，而可以与现实世界没有直接的关联。这就是所谓的"元宇宙"的概念。有人认为，"元宇宙"本身并不是新技术，而是集成了一大批现有技术，包括5G、云计算、人工智能、虚拟现实、区块链、数字货币、物联网等，形成了人机交互的活动。这些活动可以看成是另外一个世界，但并不可以与真实的世界相提并论。相对真实的世界而言，这些活动都是人们智力创造出来的成果。人们不但能够创造出元宇宙的游戏或探险，也能基于各种技术创造仿真人和机器人，正像人们可以由基因技术创造出克隆人一样。当然，目前机器人并没有像克隆人一样具有人的实际形象。因此，它更属于一个虚拟的世界，它是人类智慧创造出来的行动工具和计算工具。最近，我们常提到的ChatGPT，也就是人工聊天机器，它能够解决问题、思想问题，具有回答各种生活中面临的难题的功能，诸如回答考卷、撰写书信，甚至撰写论文、回答法律案件等。

你提出如何从儒学角度看待这些人工智能产品的属性和利弊，是一个非常重要的问题。目前来看，它是否形成人际关系五伦之外的第六伦或第七伦，很难做出决定性的回答。当然，在五伦之外，我们可否把和陌生人的关系看成是第六伦，这本身就是一个无定论的问题，如果我们可以和陌生人建立关系，陌生人也就从生人变成熟人，或者不同程度的熟人。对于如何处理这样的关系，就必须要参考那五伦的要求，因此不必另外设立所谓的第六伦。即使一个陌生人永远就是一个陌生人，譬如出现一个火星人，我们无法和他发展成为朋友关系，我们也无法完全理解他的行径，但我们仍然可以经过观察和试探，与其建立某种互动和互通关系，来消除彼此之间的关系距离，减少意外事件的发生。至于陌生人之间的关系，我们也只能从判断中去揣测，用我们自身知道的经验来加以推断，在试错的过程中获取教训，慢慢熟悉如何对待陌生人。

基于我对陌生人的分析，再说机器人。机器人是被人类创造出来的，我们最担心的是机器人具有超越的计算能力和行动能力，不能为我们控制，因此我们必须有一个对待它的态度，你说的第七伦就是这个意思。但实际上，和第六伦相比较，你说的第七伦其实更能为人接受，因为毕竟机器人的创造者是人，是基于人已有的知识和技术创造出来的。如果机器人能够自行成长，成为另外一种非人类所创造的机械，具有难以为人理解或掌握的能力，那么机器人事实上就是一个陌生人而已，我们对待机器人也就是对待一个陌生人而已。事实上，机器人是人类创造出来的机械工具，其行为和行为潜力本质上都掌握在人的技术知识之中，包括如何使机器人具有某一种能力、服从某一种规范、遵从某一种价值目标，以及如何遵从或如何进行机器的行为，都可以被人类最后规定和掌握。

如果我们要一个机器人具有儒家的伦理道德,我们就把儒家伦理的德性行为规则灌输到机器人身上,使它成为一个儒学的机器人,这并非不可想象。我们可以想象一个机器人懂得礼貌,懂得谦虚,能够善待老人,协助妇孺,这都是我们可以经过编程设计来完成的。与之不同,对于另外一个机器人,我们可以把道家的一些特征经过工程设计和编程设计植入机器人行为方式的表现之中,这也并非不可能,因此我们可以称这个机器人为道学的机器人。如此这般,我们如何对待机器人,以及机器人如何对待我们,便都掌握在人的手中了。当然这并不表示机器人不能有超越人类自身计算的能力或推演的能力,这也不意味着机器人是另外一种独立自主的人。机器人在本质上只是一个工具的存在,我们可以通过设计和实验来与之沟通,无论在哪一方面,机器人都不是一个独立的品种,却可以是一个有超能力的人类机械助手。

基于以上所说,儒学是否为一门"放之四海而皆准"的关系学,我的回答是:儒学本身的要求就是放之四海而皆准,而且我们能够通过儒学的智慧,来使陌生存在成为可以认知和管控的对象。这又如何难理解呢?事实上,不管是陌生人、机器人,对真实的人而言,所不能确定的是它们有无内在的感情和自觉。如果我们仔细分析这些概念，会发现这也并不是一个大问题。陌生人可以有陌生人的感情，我们不一定能够立刻掌握，但机器人并没有人的感情，纯粹由人的意志决定行动方式，如果不把机器人做成人形，或给予它一个人名，则机器人只是纯粹的方便人类生活的机器和工具而已。它所遵守的规则是我们赋予的，但它同时也遵守一个物质世界必须遵守的物理规则和生物规则，而这些规则也绝非人类生物学上的人的生命规则。

基于这样一个结论，便可以说，我们必须重视儒学中的五伦关系，五伦关系放之四海而皆准，而这个五伦关系不但可以用于人自身，也可以用于有人的形象的东西，以允许人的感情衍生。换言之，如果我们把机器人做成人形，甚至做成一个真人的形象，那就可能产生一种移情作用，把机器人代表的形象作为实现伦理的对象。但如果我们把一个人的形象（机器人）只是看成机器，而加以任意糟蹋和毁灭，则必然造成人类心理的一种冲突，不利于人与人之间关系的维护和保有，当然这是另外一个问题。

（成中英教授助理季露露女士对本次专访给予大力支持，专申谢忱。）

孟祥才教授口述

【按】 孟祥才，1940年生，山东大学儒学高等研究院教授，1964年考入中国科学院历史研究所攻读研究生学位，师从侯外庐先生。1976年调至山东大学历史系工作，曾任中国秦汉史研究会副会长、中国农民战争史研究会理事长、山东省历史学会副会长，长期从事中国思想史、先秦秦汉史的教学与研究工作。其第一部著作《梁启超传》获北京出版社优秀著作奖，是国内第一部大型的梁启超传记，另著有《王莽传》《刘邦评传》《新朝旧政·新帝·王莽》《先秦秦汉史论》等。本次，我们走进孟老师家里，以漫谈的形式与孟老师重温求学往事，回忆峥嵘岁月，探求治学的经验与智慧。

受访人：孟祥才（山东大学儒学高等研究院教授，时年83岁）

采访人：常樯、王文英

【采访人】 孟老师，先给您介绍一下我们采访的初衷，我们尼山世界儒学中心（中国孔子基金会秘书处）

(以下简称"儒学中心")成立之后,领导们非常重视"尼山文库·儒学学者口述史"这个项目,中国孔子基金会也专门出资予以支持。这个项目主要是想请资深儒学研究专家谈一谈自2013年11月习近平总书记曲阜考察之后,你们在中华优秀传统文化学术研究和传播普及方面的一些体会。我们也想借这个采访机会,一是给专家们留下宝贵的影像资料,二是用新媒体来展示专家们的风采。我们这次采访是漫谈式的,您聊到哪里我们就记录到哪里。

【孟祥才】 漫谈的方式最好,什么都可以谈。我认为咱们的谈话应该百无禁忌,学术无禁区,思想无禁锢,想谈什么都可以,心里怎么想的,就怎么谈。

【采访人】 我们看到您最近一直在发表新作,我在拜读这些文章的时候,发现您喜欢以历史人物作为切入点,进行学术阐发。请问您为什么会选择以历史人物作为切入点呢?

【孟祥才】 我为什么对历史人物感兴趣呢?说来非常简单,因为人类历史是人创造的。恩格斯在《自然辩证法》一书中讲了这样一句话:"有了人,我们就开始有了历史。"人类历史记录的是人的活动,剔除了人,还有人类历史吗?我写的人物传记里面,特别关注两部分人:一部分是政治家,即所谓帝王将相;另一部分是思想家。

我对政治家特别是帝王将相感兴趣，是因为政治家特别是那些帝王将相，他们掌握了当时大政方针的选择权，他们能选择、"拍板"实行什么政策，而这些政策对社会的发展至关重要。因此对人类历史来说，他们是"关键少数"。马克思主义历史唯物论中有一个基本观点，叫作人民是历史的创造者。这个观点对在哪里？我想可以从两个基本点来说明：一是创造物质财富的主体是人民，而物质财富是社会存在的基础；二是民意民心不可违，一个政权再强大，一旦违反民意，过度压榨、剥削老百姓，老百姓活不下去，就会把政权推翻，这就集中展示出人民的力量。中国古代有相当一批王朝是被农民起义推翻的，为什么？因为它违背了民意。所以从这两点来看，人民是历史的创造者这个观点是正确的，我们从这个意义上来理解它。但是从社会整个发展变化来看，一个一个的王朝，一个一个的政权，在历史发展的关键时刻，那些具有"拍板"权的、具有大政方针决定权和选择权的人物，他们的历史作用也是相当凸显的。

历史学一直在争论一个问题，是英雄创造历史还是人民群体创造历史？我认为这二者之间有一个辩证关系。英雄人物顺应历史潮流的活动对社会的发展有明显的促进作用，可一旦违背历史潮流，就会被历史抛弃。对这一部分关键的少数人我很关注，所以就写了《秦始皇帝大传》《刘邦评传》《王莽传》《汉光武帝大传》等传记，就是为了探索他们积极或消极的历史作用。我关心思想家，是因为他们的思考代表着人类对自然、社会和人自身的不断深入的认识，他们的思想，特别是其中的精华，是人类智慧的结晶，超越了时空，长久地影响着世道人心，影响着整个历史的发展。孔子、孟子、朱熹等人的思想对中国乃至东亚文化圈的影响有多大！亚里士多德、卢梭、孟德斯鸠等人的思想对西方的影响有多大！马克思、列宁、毛泽东的思想对世界的影响有多大！所以我就写了《孔子新传》《孟子传》《孟子新传》以及其他思想家的论著，还有《秦汉政治思想史》《山东思想文化史》等。1980年我出版的第一本书是《梁启超传》，也是因为梁启超是对中国近代历史具有深远影响的思想家之一。我写这本书的时候是在"文革"期间，"文革"十年我一直在中国科学院历史研究所学习和工作。那时候中国科学院里有个哲学社会科学部（简称"学部"），这个学部"文革"后就独立出来变成了中国社会科学院。我是1964年考进中国科学院历史研究所的，在那里学习和工作了近12年。

【采访人】 是跟侯外庐先生学习吗？

【孟祥才】 对，侯先生是了不起的历史学家。近代中国史学界最早以马列主义为指导思想从事史学研究的有郭沫若、范文澜、翦伯赞、吕振羽和侯外庐，他们被誉为中国马克思主义史学的"五老"。我当时为什么要报考侯先生的研究生呢？因为我被他那几本书震撼到了，其中主要是《中国思想通史》，精装六大本，人民出版社出版。直到现在，学术界还公认侯先生是中国思想史领域的权威，外国搞汉学的人也承认他是这方面的权威。而侯先生正是通过这几本书建立了一个学派，被学术界称为侯氏学派。侯氏学派被学术界公认，就是因为其在中国思想史研究领域形成了自己独特的体系，即对中国社会史、政治史、思想史有鲜明、完整、深邃的观点和独特的文字表述方式。2023 年 10 月 24 日，中国社会科学院隆重举行了"侯外庐与中国马克思主义思想史学派的构建——侯外庐诞辰 120 周年学术研讨会"，表彰他在创建中国马克思主义史学进程中的卓越贡献，对侯氏学派的思想内涵、学术路径、深远影响进行了全方位的深入研讨。

　　我跟着侯先生读研究生，和你们后来读研究生大不一样。现在我们国家的研究生教育非常规范，开什么课，谁给你上课，定时定点，上完了课以后还得考试，记录分数。我们那时候研究生的数量非常少，中国研究生教育的规模很小，我考研究生那一年全国文理科研究生共招收了一千多人。当时的历史研究所，是全国最高级别的历史研究机构。当时有三届研究生在读，这三届研究生总共只有 11 个人。这 11 个人出身北大历史系的有 6

个，占了一多半。其他的 5 个人，有 4 个出身名校，都是五年制本科毕业的，只有我一个人出身地方师范院校，本科是四年制。我到历史所报到后，看到学部有哲学所、历史所、近代史所、文学所、经济所、民族所、外国文学所、世界历史所、考古所等研究机构。再看工作人员的学历背景，基本上是中华人民共和国成立前北大、清华、燕京、辅仁、复旦、西南联大、"国立中央大学"和中华人民共和国成立后的北大、复旦、武大、川大、中山、南大、南开这些名校毕业的，不少人有留学经历。我在他们面前真有些自卑。不过，当时考研究生拼分数，而且那个时候社会风气也很好，考试前我也没见过导师，只凭考试成绩录取，在报考侯先生的考生中我分数第一，所以被录取了。

【采访人】 您之前做的准备就是读侯先生的《中国思想通史》吗？

【孟祥才】 我念大学的时候，就读了《中国思想通史》两遍，并做了非常详细的笔记，所以他出的专业课的考题根本难不倒我。说实话，他老人家的书非常难读，被有的教授调侃为"天书"。因为侯先生是中国第一个以德文原版翻译《资本论》的人，他早年读黑格尔、费尔巴哈、康德的著作。黑格尔、费尔巴哈、康德他们的书难读得很，真像"天书"一样，非常晦涩，佶屈聱牙，这些人的著作也影响到了侯先生的文风。

侯外庐先生第一次见我，我向他请教怎么学习研究生课程。侯先生告诉我，他从来不给研究生讲课，只要求学生精读马列著作和他主编的《中国思想通史》，自己学外文。他指示我，在学习过程中，遇到资料方面的问题，请教李学勤先生，他这方面知道的比较多；遇到外文方面的问题，请教何兆武先生，他英、法等外文都好，翻译过卢梭的《社会契约论》、罗素的《西方哲学史》；写文章就请教张岂之先生，在历史所的中年研究人员中他是写文章最多的；读马列著作遇到问题就请教杨超先生。杨超非常厉害，是"国立中央大学"哲学系毕业的，读黑格尔、康德和马克思、恩格斯著作的德文原版一点问题都没有，德语口语也非常流畅。有一次，他们两个老同学见面，我在旁边，听不懂他们的对话，等他朋友走了，我问他：你们在讲什么啊？他说：我们老同学见面以后，往往习惯用德语说话。我说：你怎么讲得这么好？他说：你不知道，我们当年在"国立中央大学"哲学系读书的时候，主要由学校从德国请来的教授讲课，就用德语讲，你不会行吗？你不会就听不懂，所以被硬逼着学习德文。杨超学习马、恩的著作都读德文原版，你现在看侯先生主编的《中国思想通史》，其中引证的马、恩著作都是德文原版，最后校对、订正引文的就是杨超。侯先生说，他们解决不了的问题，再来找他解答。

事实上,因为之后不久我就参加"四清"运动和劳动锻炼,接着又是"文革"十年,除了后来我写《梁启超传》曾向他当面请教外,其他时候都没有请教他。

【采访人】 您认为侯先生对您影响最大的地方是哪里?是治学还是思想?

【孟祥才】 侯先生没有给我讲过一次课,他对我的影响主要是两个方面。

一是他为人的大度和对学生学业的关心。1964 年 9 月入学不久,我就随学部大队人马去山东海阳参加"四清"运动,接着又参加劳动锻炼,直到 1965 年底才回到北京。但没读几天书又被所里派到《红旗》杂志编辑部协助戚本禹编《毛泽东论历史科学》,因为"文革"很快来了。我先是成为"造反派",做了对不起老师的事——参与写批判侯先生的文章。这篇文章在 1966 年第 8 期《红旗》杂志上发表,在三个署名者中我是最末一个。约一年半后,我们这一派就垮了台,之后我被关了差不多两年的"黑屋子"。再以后是下干校劳动,直到 1972 年夏天返回北京。此后,我开始痛苦地反思"文革",反思自己的行为。1973 年秋的一天,黄宣民对我说,侯先生在同仁医院住院,他问过你,你应该去看看他。我早知道侯先生在同仁住院,但因为自己以前的行为,觉得无颜面对他老人家,想去看望又鼓不起勇气。我当时的心态，真是口欲言而嗫嚅，足将前而趑趄。听了黄宣民的话，我想应该借看望老人家之机，向老师表示忏悔之意，求得老师的谅解。一天下午，我去了医院，向侯先生表示了忏悔之意。侯先生很大度地说："谁也没有前后眼，你也是身不由己，我不是也承认自己是'走资派'么！这些不要再考虑了，还是抓紧时间读点书吧。"此后，我开始认真读书。因为当时我还处于被审查状态，不能参加一些运动，有些已经启动的科研项目我也无权参加，但时间可以自己支配，这就有了较多读书的时间。从1972年至1974年底，我陆续读了前四史、《诸子集成》、《资治通鉴》、《续资治通鉴》、《饮冰室合集》等书。尽管我做过对不起侯先生的事，但侯先生对我毫不记恨，仍关心我的学业，悉心指导我写《梁启超传》。以后我离开北京到山大工作，每次去北京到医院看他，他都问寒问暖，他出版的《船山学案》《韧的追求》等著作，也都签名送给我。他的大度消除了师生之间的芥蒂。

二是他在治学方面对我的影响，这主要通过读他的著作获得。如他强调要重视马克思主义理论的学习和应用。我系统地读了《马克思恩格斯选集》《列宁选集》《资本论》《毛泽东选集》等书，受益匪浅。再如他强调学习和研究思想史一方面要特别关注社会史的背景，探索各种思想产生的时代条件；一方面要在"通"字上下功夫，掌握中国通史的基本线索，才能对断代史、专业史、学术思潮和历史人物进行更准确的定位和更深入的研究。我遵循他的教导，读书面较宽广，文、史、哲、经、法、兵学方面的书都读，研究的问题也较宽泛。在我发表的330多篇论文中，从三皇五帝起，中经历代王朝，直到中华人民共和国史，几乎都有专题研究，涉及中国古代史、近代史和现代史的众多方面。

【采访人】 在此期间，您就读了梁启超的著作吗？

【孟祥才】 那时我读了1936年中华书局出版的《饮冰室合集》，一共40本，一千多万字。我把40本书一下都抱来了，就开始读，一本本地读，边读边记，越读越有兴趣。因为梁启超的文笔特好，你看那个《少年中国说》写得多漂亮，所以我爱不释手，浸淫其中。全部读完了以后，我就先给梁启超做了一个很详细的年谱，之后又给他写了个传记。当时处在"文革"中，也没想到出版的事，只是凭兴趣进行研究。我弄来历史所的一些非常粗糙的稿纸，按照自己的兴趣写了大概30万字的书稿，用了大半年时间就写完了。因为当时没有条件送出版社，我就将它放置一旁了。直到1975年"四人帮"垮台前夕，那时出版热，各出版社都缺乏可供出版的稿子，所以他们的编辑就赶紧找稿子，到各大学和学术研究机构问谁有稿子。这时，北京出版社的编辑闻性真（南开中文系毕业）提着个小包到我们历史研究所转悠，跑到我们研究室问我有稿子吗。我说我还真有一部稿子，你拿去看看。他说好。我就拿出来给他了。大概一周以后，他就对我说，总编辑说可以出版，但是需要进一步修改。后来我调到山大历史系教书的时候，就按编辑要求对书稿进行了修改，这本书就于 1980 年出版了。以后我对历史人物的兴趣有增无减，陆续出版了一批人物传记。

我研究历史人物，着重阐明两个问题：一是这个人物所处的历史环境，二是他如何因应这个环境。你这个采访稿里面提到"知人论世"，所谓"世"，就是时代背景。研究一个人物必须搞清楚他生活在一个什么时代背景下，他在这个背景下怎么活动。人不能选择自己的时代，而是时代选择人。马克思、恩格斯多次讲到，人们创造历史是在已经存在的条件下创造，而不是在自己设定的条件下创造。那么人如何在条件许可的情况下来发挥主观能动性，如何以自己的主观能动性来回应这个时代，这其中的方方面面都是我们需要讲清楚的。所以研究历史人物，浓缩成一句话，就是我们要和这个历史人物进行心灵的对话，了解他是怎么想的，为什么这么做。我们知道性格决定命运，我们就揭示历史人物的不同性格所导致的不同命运的必然性。例如西汉初年的"三杰"萧何、张良、韩信，身处同一个时代，都为汉朝的创建立下不世之功，可是他们最后的结局迥异：萧何富贵荣华,终老于丞相尊位;张良淡泊名利,"从赤松子游",得以善终;韩信锋芒毕露,惨死于未央宫的钟室。这种不同的结局,就是因为他们不同的因应时代的作为造成的。所谓知人论世,就是要搞清楚人物的时代背景,深入这个人的思想深处,和他进行心灵的对话,将造成他这种命运的必然性和偶然性发掘出来。

我在研究历史人物的过程当中有很多感悟,最大的感悟有两点。第一点,任何人都受制于他的时代,任何人的活动都是被时代限定的,不可能为所欲为。第二点,任何时代都能为每个人提供一个发挥主观能动性的或大或小的舞台。在这个舞台上,或者无所作为,或者把主观能动性发挥到最大。当下,中国大学毕业生每年有上千万,许多毕业生毕业后因找不到比较理想的工作而怨气冲天。过去大学生本来是天之骄子,现在一些人毕业即失业,找工作非常困难,心理就会不平衡。这其实就是因为他们现在所处的时代与过去不一样了,你必须承认现实,寻找在这样的时代发挥聪明才智的途径和方法。过去那个时代,不要说大学生,就算高中生也是非常少的,不愁没有合适的工作。但那也是一个随时需要献出生命的时代。

【采访人】 在您研究的历史人物中,您最佩服或者对您影响最大的历史人物是哪位?

【孟祥才】 我研究这么多历史人物，佩服的人非常多，那些对历史的发展做出过贡献的人，无论是政治家、帝王将相、思想家，还是文学家、科学家，他们都很了不起。但是我最佩服的是战国时期"百家争鸣"的那一批了不起的思想家。我佩服他们，是因为他们是中国传统文化元典的创造者，迸发出犹如火山爆发般的灼灼才华，穿云破雾，剥茧抽丝，将一大批具有永恒价值的思想文化成果贡献给中国和全人类，凸现出那个时代人们不受约束的性格特征和自由挥洒聪明才智的率意而行。他们所创造和揭示的一些真理是超越时空的，具有永恒的价值，所以值得永远珍视。

【采访人】 在一定意义上，思想家是永恒的，而政治家、帝王将相都是一时的。其实司马迁也是这个观点，他在《报任安书》中说："古者富贵而名摩灭，不可胜记，唯倜傥非常之人称焉。"

【孟祥才】 的确如此。在一定意义上，思想家、文学家、历史学家和他们的著作都是永恒的。"文革"前做过近代史研究所副所长的李新，曾是中共中央党史研究室副主任。他在回忆录里面说他本来可以沿着"行政"这个路子走，但后来放弃从政，转而到近代史研究所当副所长，去研究近代史了，并作为第一主编主持编写了《中国新民主主义革命时期通史》。做什么工作，这个完全是个人对职业的一种选择，人们的追求是不一样的。中国人民大学著名历史学教授尚钺，在中华人民共和国成立前担任中共豫南特委宣传鼓动部部长等。20世纪50年代初，党和政府提出"向科学进军"的口号，号召各行各业的知识分子去搞自己熟悉和喜爱的专业，当时的说法叫"归队"。尚钺选择不从政，转而去当教授，安安心心地跑到中国人民大学教书育人了。他无怨无悔，觉得自己就应该这么选择。我们历史研究所也有个人叫朱家源，他哥就是朱家溍，著名清史专家。朱家祖上在清朝时做过军机大臣、大学士，朱家的后代都受到了非常良好的教育。朱家源在中华人民共和国成立前做过北平邮电局副局长。北平和平解放后，他可以继续干下去，在那个位置上能干到退休。但中华人民共和国成立后，他响应"归队"的号召，选择去学部历史研究所做助理研究员，安心做历史研究。后来"文革"时，同事们就开玩笑，问他后悔不后悔。他说不后悔，自己就喜欢研究历史。还有前几年刚去世的研究中国近代史卓有成就的牟安世先生，他是从华北大学调到中国科学院的。当时中国科学院缺干部，就让他做了中国科学院党委宣传部副部长。他曾告诉我说中国科学院建院初期的不少文件出自他的手笔。但他干了不长时间，就坚决不干了，他要去搞历史研究，结果后来也去历史研究所做研究工作，取得了相当大的成绩。他对自己的改行同样无怨无悔。

【采访人】 最近几年，高考之后学生们在填报志愿的时候，父母一般都不愿意让他们学历史，都认为历史当成兴趣可以，但不能当作饭碗。现在所谓的高考辅导专家，也将文史哲批得一塌糊涂。想请孟老师谈一谈历史学和哲学，它们对人到底有什么样的作用？

【孟祥才】 咱们就谈学习历史有什么用的问题。我们山大历史系每年学生入学都会提出这个问题，我们学历史有什么用？有人说历史学有一个分支叫应用史学，还是有实际用处的。那么，这个应用表现在什么地方呢？像中国的水利史、地震史，它是历史学里面的一个专门史。地震史记述和总结了中国历年各地发生过的地震位置及其震级，把整个中国地震发生史梳理出来了。它的实用价值是什么？我们可以通过地震史研究知道中国的地震带在哪里，知道哪个地方经常发生地震，在这个地方搞基建要注意什么问题。你要让建筑抗几级地震，得先了解这个地方是不是地震带，有没有发生过地震，震级是多少。这个用处相当大，不是地震带，我们就不需要在建筑上花那么多钱，它的成本就降下来了。再一个，我们研究黄河史，研究黄河河道的变迁，黄河什么时候改道，在哪个地方改道，它的故道在什么地方。研究黄河故道方位的好处在哪里呢？凡是黄河经过的地方，黄河故道的地下水源是很丰沛的，等于是个地下水库。如果我们抗旱，就在那里打井，保证水源充足。

历史还有一个功用表现在发展旅游业方面，也就是名人名地效应，打"历史牌""名人牌"。例如河南南阳和湖北襄阳争诸葛亮隐居地，湖北赤壁和黄冈争赤壁之战的发生地，都争得一塌糊涂，每个地方都说自己那里是真的，别人那里是假的。这些地方打这个"历史牌""名人牌"，对旅游业有很大的拉动作用。

从应用的层面来讲，历史还是有很多实际用处的。但是话又说回来，历史主要的功用是什么呢？就是无用之用，但是无用之用却是个大用。这个大用表现在什么地方？因为历史学是"究天人之际，通古今之变"的学问，所以它最根本的大用就是总结历史的经验和教训，自觉地掌握和运用历史规律，为国家和社会的发展服务。例如，历史是国情的一部分，不搞清楚自己国家的历史就难以制定出符合国情的革命纲领和经济文化建设规划。中国共产党制定的反帝反封建的民主革命纲领，就是建立在对中国近代半殖民地、半封建社会性质认识的基础之上的。又如，中国古代的政治制度、经济制度有什么优长和缺失？我们今天如何发挥其优长，避免其缺失？在中国的传统文化中，哪些是精华，哪些是糟粕？如何汲取精华和剔除糟粕？这些都要通过学习和研究历史才能获得答案，所以学习和研究历史关系到国家和社会发展的大计。就个人来说，也需要学习历史，因为历史知识是构成一个人基本素质的重要组成部分。如果一个人一辈子一点历史知识都没有，那他的知识结构就是不完整的，这是非常大的缺陷。所以，我们读历史书看起来没有具体用处，实际上大有用处。

第一，可以让人明理，即读历史书能让人明白很多道理，其中包含着对重要历史规律的认识。读历史书，既能让人明白诸如规律之类的大道理，还能明白为人处世的道理，如史书宣扬的中国古代社会的核心价值观——忠、孝、节、义、仁、礼、智、信，与我们今天提倡的社会主义核心价值观有许多相通之处。

第二，可以让人增识，即增加知识。史书里面有大量的、全面的知识，读史书可以让人从中获取大量历史知识及各个方面的知识。比如说清朝编修《四库全书》，按照内容将古代文献分为经、史、子、集四类，"史"是其中的一部分，但是在历史学家看来，经、史、子、集全是史料，六经皆史，六经也全是史料，李白、杜甫的诗也是史料，《金瓶梅》《红楼梦》等小说也是史料。我们读这些书，能够得到各方面的知识。

第三，可以益智。益智是什么？就是增加智慧。历史书中记载了大量古人的智慧，包括做官从政智慧、治军作战智慧、生产生活智慧、避险生存智慧等，读史书可以让我们了解这些智慧，学习这些智慧，增长自己的聪明才智。

　　比如秦国大将白起，立下汗马功劳，但后来被赐死了，非常可惜。我给白起写了篇评论文章，探索他为什么被赐死了，他的生存智慧缺了什么。事实上，白起的生存智慧有问题，王翦的生存智慧就厉害多了。长平之战打完后，秦军疲惫不堪，其实已经是强弩之末，白起知道此时秦军应该停下来休整，不能再继续进攻了。但当时秦昭王已经被胜利冲昏头脑，想继续进军一举把赵国拿下来。后来，赵向秦议和。白起认为此时长驱直入进攻赵国，在军事上是不明智的。白起是个了不起的军事家，于是拒绝继续统兵进攻赵国。秦昭王只好派其他将军指挥秦军继续进攻赵国，将赵国的首都邯郸包围起来。可此时赵国人民同仇敌忾，全国军民团结起来抗战。与此同时，"战国四公子"之一的魏国信陵君窃符救赵，指挥魏军攻击秦军。赵国又通过外交手段，获得楚国的支援，借到救兵打垮了秦军。事后，白起幸灾乐祸地说，我早就说不行，你（秦昭王）怎么这么干呢。但他没有意识到国君有生杀予夺的大权。你怎么能指责国君呢？别看白起是个将军，国君让你死你就得死。国君叫他到前线指挥，他坚决拒绝，这就是违抗君命。秦军战败了以后，他在那里幸灾乐祸。于是国君将白起充军，走到半路上又下诏赐死，白起只得伏剑自杀，真是太可惜了。白起统率秦军，消灭的敌人不下百万，战功卓著。他为什么屈死了呢？因为他没有处理好与国君的关系。白起是军事家而非政治家，其实我认为白起当时完全可以对国君采取一种虚与委蛇的办法，诚恳地告诉他这个仗很难打，国君叫他去前线，他就应该去。去了以后，凭自己的军事才能将损失降到最低，然后再退回来。但白起不仅违抗君令，又幸灾乐祸，如此一来，他就将自己置于死地了。

反观秦国大将王翦，他的生存智慧厉害多了，对形势的估量也准确多了。当年秦国要灭楚的时候，秦王嬴政跟将领们商量需要派出多少兵，王翦说少于60万不行，楚国幅员辽阔且军力强大，我们打败它不容易。有个叫李信的青年将领却说15万就可扫灭楚国，于是秦王嬴政就派李信带领15万将士攻打楚国，王翦便辞官回家去了。李信一开始还取得一些胜利，但很快失败了。秦王嬴政一看年轻人真不行，于是赶紧亲自登门，去王翦家里请他带兵出征。王翦说让自己去没问题，但少了60万将士不行。嬴政说你要多少给多少，于是王翦便又出来带兵。当时60万大军就是秦国全部的武装力量，那叫倾城而出。再看王翦的智慧：他先同嬴政讲条件。他说根据秦国的制度，立功不能封侯，但我立了功，你可得给我土地，我得给子孙后代积累点财富。嬴政一听非常高兴，说没问题。然后王翦就带着兵出征了。秦王嬴政一直送他到渭水桥头，可见多么重视。在临别时，王翦还叮嘱嬴政别忘了答应自己的事。王翦便带着大军走了，但他每走几十里便派一个参谋回去对秦王说不要忘了赐予土地的事情。他手下那些幕僚就说，你怎么这么干呢？国君早都答应了，你怎么还一次次地提赏赐的事情呢？你不怕国君厌烦吗？王翦反驳说，你们不懂，秦王现在把全国仅有的60万大军都给我了，他能完全信任我吗？如果我要反叛怎么办，我身边肯定有他安排监督我的人，肯定要向他汇报我的动向，我这样一次一次地去跟秦王提起赏赐，就是告诉秦王说我胸无大志，只想让自己和子孙享福，越是这样秦王才会越相信我，就不会掣肘我，我就可以完全按我的计划来指挥打胜仗了。结果是王翦取得了平楚的胜利。由此可以看出这两个人的生存智慧。

我们再看萧何和韩信。萧何做了相国后，功劳非常大，刘邦对他很信任。刘邦带兵出征，萧何坐镇后方，萧何担心刘邦怀疑自己，为了让出征的刘邦完全信任自己，于是听从手下的意见，购买了大量的房屋和土地。刘邦出征得胜后，在回朝的路上老百姓向他告状说萧何强买强卖，霸占了自己的土地。刘邦不怒反喜，认为萧何胸无大志，想当富家翁而没有不轨之心，这就是萧何的生存智慧。如果韩信有他这样的智慧，可能就不会死了。韩信攻下齐国以后，向刘邦提出要做假齐王。刘邦正要大发雷霆之时，张良踩住刘邦的脚提醒他。刘邦是有帝王智慧的，于是就说什么假齐王，要给就给真的，于是赶紧派使臣把韩信封了王。楚汉战争一结束，韩信被封为楚王。但是刘邦明白，在一个国家设立这么多异姓诸侯王，他们的势力发展壮大后有造反的可能，是必须要铲除的。所以他最后捏造罪名把韩信给抓了，抓了以后将他由王降成侯，弄到长安，放在眼皮底下监视起来。其实我分析，韩信此前并没有反叛的意识，但由王降成侯，被监视起来以后，韩信就萌生反叛意识了，因为他觉得太委屈，自己帮刘邦把天下打下来了，却被如此对待，于是和陈豨勾结起来谋划反叛朝廷。其实这个时候如果韩信明了大势，明了君臣关系应该如何处理，老老实实、低眉顺眼地低调做人，放低身段做事，刘邦不见得非要他的命不可，他也许能够得以善终。有个成语叫"多多益善"，说的就是韩信的故事。刘邦问韩信：你看我的军事才能可以指挥多少人？韩信说：可以指挥10万人。刘邦又说：你呢？韩信回答道：多多益善。你想想，在君王面前能这么讲吗？结果这次对话让刘邦觉得韩信对自己是个威胁，所以决定除掉他。其实韩信要是有点生存智慧的话，在被贬为淮阴侯之后，就应该采取韬晦之计。这样刘邦一看你不是威胁了，可能就会放了你，也就不会出现钟室被杀这种后果了。由此我们可以看到，历史书中有大量的智慧值得我们去学习。

第四，读史书可以养性，即涵养性情。史书里记载的如何修身养性的知识相当多，儒家就讲如何通过自尊自励修养成君子人格，我们可以从中汲取营养，更好地修身养性，提高自己的素质，涵养自己的品格。

【采访人】 孟老师总结的四点，明理、增识、益智、养性，非常好。下面请您给我们年轻人治学提点意见和建议，在治学的时候有什么样的方便法门，帮助我们成长。

【孟祥才】 学术研究的路子因人而异，没有一个放之四海而皆准的模式。一个人搞史学研究能不能取得一定成就，我想大概需要这么几个条件。第一个条件，是你要喜欢历史，有兴趣来研究历史，不认为研究历史是一个苦差事，你能从研究当中找到快乐。第二个条件，你有一个说得过去的智商，仅靠刻苦用功也不行。我还是比较相信人的智商是不一样的，有高有低。那些大师级的历史学家都是天才，他们的智商之高是我们一般人比不了的。第三个条件就是你的职业最好要和史学相近，比如当历史教师，从事历史专业研究，或者当文史哲方面的编辑。这些条件都具备以后，怎么去研究呢？

我想首先是要敢于拼搏，刻苦读书，勤奋写作，多出成果，出好成果，出名要趁早。胡适26岁就做北京大学教授，顾颉刚30岁就提出"层累地造成的中国古史观"，他们一生的著作都超过2000万字。我经常对我的研究生讲，年轻人20多岁到40岁是可以拼命的年龄，一定要用功。现在互联网发达，用电脑查找资料也很方便，比我们年轻时读书记卡片快捷多了。但是搞历史研究没有一蹴而就的捷径，该读的书你必须得读，不读绝对不行。你想搞先秦史研究，不认真读懂读通《十三经注疏》《诸子集成》《国语》《战国策》《史记》等书行吗？研究历史较之研究别的学科，更应该博览群书，你的知识越渊博越好。所以年轻人得不惜气力，分秒必争，刻苦读书，在40岁以前把自己的业务基础打好。并且只要有机会，就多写文章、多出书。我在历史研究所学习和工作的时候，有一些老先生说你不要轻易发表文章，要发表就发表高质量的文章；不要轻易出书，要出书就要有大的突破。但是，我认为年轻人在精力最旺盛的时候，也是最可能突破自己能力的时候，发表或出版的东西也可能是最具有高水平学术价值的。所以年轻人既应该打好基础，也需要寻找各种机会发表文章和出版著作。

其次就是你需要找一个学术的切入点，这个切入点可能是一个专题，也可能是一个人物，一旦选定，就要把它抓住，咬定青山不放松，锲而不舍地研究下去。那么，这个切入点在哪里找呢？它一般都是在你不断读书的过程诞生的。在你读书的过程当中，可能被书中的某个知识点突然点醒，来了灵感，找到自己要研究的问题。比如说我读梁启超的《饮冰室合集》，就找到了切入点：生命如此多姿多彩的大思想家梁启超此前竟没有一部全面评述他的传记著作,这应该算是一个学术空白,所以我就决定写《梁启超传》。迄今为止,我出版了30多本个人署名的书,其中影响最大的是第一本《梁启超传》。影响最大的为什么是这本书呢?因为20世纪80年代是个"知识荒"的岁月,那时候刚刚进入大学历史系的一些学生到处找书读,可是当时出版的新书很少,我那本书恰逢其时,许多刚入学的大学生读过。有时候我开会碰到一些现在60岁左右的学者,就是1977、1978、1979年毕业的学者,他们不少人都说读过《梁启超传》。我这本书由北京出版社初版,中华书局再版(改为《梁启超评传》),台湾风云时代出版公司也再版。第一版就印了2万多册,还是有市场的。

最后,作为研究历史的学者,你要将历史研究作为终身职业,要一直持续研究下去,不要受年龄的约束。现在60岁或65岁退休,正是历史学家的黄金年龄,再干十到二十年没有问题。特别是搞历史研究不需要实验室,有书读就可以,所以退休后也不应该停步,应该继续努力。如果你有想到的题目或者想写的书,一旦资料积累得差不多了,就赶紧写,赶紧出,时不我待。人年纪大了以后,就可能产生暮气,不想干了。可是,一旦停下来,再重新拾起来就有困难,文章三年不写就可能不会写了。我们应该向一些老先生学习,如顾颉刚先生,一生留下2500万字的著作,那可是用钢笔甚至用毛笔一笔一画写出来的。在逝世的当天,他还坐在沙发上看资料,准备就三坟五典八索九丘问题写文章。季羡林先生98岁的时候,还在医院病房里写文章。周有光先生一百多岁照样写文章。这是我们学习的榜样。安作璋先生是山东史学界中国古代史研究领域里公认的"龙头老大"。他是我的业师,我们两个人合作出版了一些书。但他60岁以后,主要精力放在指导学生上,而且还做主编指导后学撰写《山东通史》《中国运河文化史》《齐鲁文化通史》《中华优秀传统文化的时代价值研究》等系列丛书,贡献是很大的。然而他自己动手写东西就很少了。我在他60多岁以后曾多次劝他,我说安老师您在秦汉史这个领域积累丰厚,非常有名,您老人家晚年应该写一本《秦汉史》,将您的研究成果综合进去。他说这事不慌,以后有机会。我说您还应该写一本回忆录,您上小学、上中学、上齐鲁大学,大学毕业以后在高校教书,对中国近代教育、知识分子生态环境的变迁,都有着全面的了解,您还接触过许多政界和学术界的名人,您写出来的回忆录能够像何兆武、张中行的回忆录那么受欢迎。安先生说,不行啊,我如果实事求是地写,会得罪人,他们不少人都还活着,不能写。由于安先生去世,这两本应该写出来的书就永远胎死腹中了,多可惜呀!

【采访人】 孟老师,您能不能从儒学和齐鲁文化关系的这个角度来谈一谈儒学是如何由区域性资源变为全国性的资源，再到世界性的资源的？

【孟祥才】 我想山东历史上思想文化最辉煌的时代是先秦到两汉，那时山东是中国文化绝对的中心。先秦诸子那么一批叱咤风云的人物，绝大多数出生于齐鲁，或在齐鲁生活过，像当年齐国的稷下学宫就聚集了当时中国思想界的大部分学者。齐鲁文化有两个子系统，分别是齐文化和鲁文化。齐文化的特点是重实效、崇功利、举贤才、尚法治、扬兵学；鲁文化的特点是重伦理、崇德义、尚仁政、讲礼仪。在我看来，齐文化和鲁文化是互补的关系——齐文化举贤尚功，崇利扬兵，具有灵活性；鲁文化重伦理，崇德义，追求传统与规范——后来它们不断互相融合、渗透，就形成了齐鲁文化。那么，齐鲁文化的优长在哪里呢？它以儒学为核心，一方面重视仁政德治，高扬伦理的旗帜，一方面又崇尚功利，实事求是。所以我们现在看到曲阜人比较重道德，讲礼仪，朴实而又厚道，打上了鲁文化深深的烙印。龙口人尚功利，会经商，灵活变通，显示了浓厚的齐文化风尚。其实这两方面应该结合起来，既讲诚信，又重功利。我们经商也必须讲诚信，坑蒙拐骗只能是"一锤子买卖"，是不能长久的。现在有些人总是提倡用《孙子兵法》来进行"商战"，这并不错，因为《孙子兵法》蕴含的智慧能够给经商者带来许多战略战术原则。但《孙子兵法》讲的主要是"诡道",即使用阴谋诡计去战胜敌人,如果用在经商方面就偏了,通过用阴谋诡计祸害别人取得商业利益,那就大错特错了。经商得讲诚信,没诚信不行。那么,齐鲁文化对中国文化的贡献在哪里?中国在春秋战国时期,形成了好多具有鲜明特色的地域文化,除齐鲁文化外,还有中原文化(河洛文化)、关陇文化、三晋文化、燕赵文化、荆楚文化、吴越文化、巴蜀文化等,这些文化在后来也不断发展变异,作为地域文化至今仍然存在。这其中,在当时担当主流文化角色的主要是齐鲁文化。我想这就是齐鲁文化最大的贡献。

儒家、道家(包括道教)、佛家(包括佛教)文化中的精华都是中华优秀传统文化的重要组成部分。我写的书里对道家文化是批评比较多的。为什么?因为道家文化比较消极,而儒家文化昂扬向上,儒家文化是提倡入世的,讲治国平天下。像孟子说的,"如欲平治天下,当今之世,舍我其谁也"。而道家就没有如此昂扬的心态。你看庄子,讲无用就是有用:对国家、社会无用就是对自己有用,鼓吹放弃对国家、社会应该承担的责任和义务。也有人说,中国传统文化是儒道互补的,人得意时追求儒家精神,失意时追求道家精神,所以总能求得一个心理平衡。不过道家凸显了个体生命的自觉意识,在文学创作上展示了浪漫主义的情怀,对中国文学产生的影响还是很显著的。你看庄子对李白、苏东坡等人的影响就非常大，李白、苏东坡他们既有强烈的儒家情怀，渴望为国家、民族建功立业；也有浓重的道家意识，对个人的生死荣辱看得开、放得下。比如苏东坡诗中说，"人皆养子望聪明，我被聪明误一生"。苏东坡说自己太聪明了，结果处处被人算计，所以就不希望儿子聪明了，还是做个平平安安的糊涂官吧。这其中当然不乏调侃，但反映的是典型的道家意识。正因为具有道家意识，所以我们能看到苏东坡无论在什么时候都能随遇而安，反正就这样了，该怎么吃就怎么吃，该怎么睡就怎么睡，将全部精力用于读书、练字、绘画、写文章，越是背时文章就写得越好。这就是"文章憎命达，魑魅喜人过"吧。显然，道家思想作为中华优秀传统文化的组成部分，也有其优长所在，同样值得珍视。

【采访人】 请您谈一谈如何全面推进中华民族现代文明建设？

【孟祥才】 张岱年先生提出一个概念，叫"内圣开出新外王"。"内圣外王"这个概念是庄子最早提出来的，后来被不少人借用，作为儒学功用的一种表述。内圣为什么能开出新外王呢？就是我们要以中华优秀传统文化为根基，广泛吸收外来的优秀思想文化，增加新鲜血液，努力建设中华民族现代文明。

【采访人】 请您再谈一谈孔子和孟子在今天对中华民族共有精神家园构筑有什么样的影响？孔子和孟子的时代价值和时代意义是什么？

【孟祥才】 中国传统儒学包含先秦儒学、两汉经学、宋明理学等主要组成部分。先秦儒学我们叫它原始儒学，原始儒学有三个标志性的人物，即孔子、孟子和荀子。我在自己写的一些书里讲，孔子和孟子是先秦儒学的"双子星座"，加上荀子就是鼎足而三，这三个人对儒学的建构和发展做出了不可磨灭的贡献。可以说，没有这三个人就没有儒学。孔子、孟子和荀子他们构筑了中国儒学最基本的思想内涵，而其中一直影响我们的是什么呢？就是超越时空的那些具有永恒价值的思想。孔孟思想在中国传统文化里占据相当重要的位置，我们一般都称之为孔孟之道。儒学在中国历史上是逐渐丰富发展的，每个时期有不同的发展形式。原始儒学到两汉经学，再到魏晋玄学，又到宋明理学，其在形式和内容上都发生了一些变化，但是孔子、孟子和荀子的基本思想都被延续下来，并被不断阐释，显示出"万变不离其宗"的思想文化传承的规律。中国儒学的元典也就是那么几本经书，即所谓"十三经"，后来的学者就通过翻来覆去地注释这几本书表述自己新的思想和见解。所以有人说，中国人的思想是通过经书笺注表述的，即通过笺注经书来阐发自己的思想。比如清朝的戴震是非常了不起的思想家，他写了《孟子字义疏证》，就通过笺注《孟子》，把自己唯物论的思想、反理学的思想给阐发出来了。

孔孟之道对我们现代社会有什么影响呢？我认为有以下几点。

第一点是天人合一的哲学思维。我们研究儒学的人总爱讲"天人合一"，但"天人合一"究竟是什么意思？它包含哪些内容？我们现在能汲取精华的东西是什么？我认为最重要的就是人与自然和谐相处的意识，"天人合一"中就有这么一个内涵。但是，古人的"天人合一"思想中有相当复杂的内容。孔、孟基本上把天看成人格神，承认天对人事有干预的神力。到了荀子，他讲"天人相分"，将天视为自然界，认为人类社会和自然界是两个不同的事物，天不能干预人类社会的发展变化。尽管孔、孟、荀对"天人合一"的理解不同，但都认定天与人应该和谐相处。所以"天人合一"蕴含的这种哲学思维是有积极意义的。

第二点是民本思想，其要义是承认百姓是国家社稷之本，执政者应该善待他们，为之创造较好的生产、生活条件，使之安居乐业。如果与民为敌，过度压榨、剥削，"有迟有速，而民必胜之"，这就是"水则载舟，水则覆舟"的道理。

第三点是德主刑辅的治国理政原则，也就是将德治和法治结合起来，使国家和社会在良政下有序运行。

第四点是君子人格的个人修为。孔、孟、荀对君子人格都进行了充分的阐发，为人们的自我修养、自我完善提供了一套成体系的方法。他们讲的那些方法，有些到现在还可以直接拿来用，有些可以进行新的阐释，进行创造性转化和创新性发展。儒家思想是中华优秀传统文化的重要组成部分，对其进行创造性转化和创新性发展是学者们的一项重要任务。对一般人来说，在向他们普及基本知识的同时，结合当代社会主义核心价值观，努力弘扬儒学阐释的忠、孝、节、义、仁、礼、智、信的伦理观念，有利于构建良风美俗的社会。

说到这里，我回想起我们80岁以上的这代受过高等教育的知识分子，都是在"与过去的传统彻底决裂"的理论指导下学习和工作的，长期对传统文化持批判态度，否定多，肯定少。其实，这个"彻底决裂"论是一个完全错误的口号，也是一个伪概念。你想，中华优秀传统文化已经融化在中国人的血液里了，你是中国人，你的血液里就融入了中华优秀传统文化，你能决裂得了吗？再说，你与中华优秀传统文化彻底决裂了，你还是中国人吗？传统文化是中国人的根，我们不仅不能与之决裂，而且应该把传统文化里面最优秀的东西发掘出来，让其发扬光大，让其创造性转化和创新性发展，让其更好地为建设中国的现代文明服务。

【采访人】 非常感谢孟老师,今天听您讲了一上午,对于我们来讲是非常宝贵的学习机会。孟老师非常有激情,真是博学多识,我们受教了。再次感谢您。

宋志明教授口述

【按】 宋志明教授，1986年毕业于中国人民大学，是中国人民大学首批博士学位获得者。他致力于中国哲学研究，主要研究方向为中国近现代哲学、传统文化与现代化。宋志明教授是中国大陆现代新儒家研究的开拓者之一，率先提出"现代新儒家"这一概念，并致力于推动儒学价值现代化转化。著有《现代新儒家研究》《薪尽火传：宋志明中国古代哲学讲稿》《中国传统哲学通论》《中国现代哲学通论》《熊十力评传》《贺麟新儒学思想研究》《冯友兰学术思想评传》等30余部著作，发表论文280余篇。

受访人：宋志明（中国人民大学哲学院教授，时年76岁）

采访人：温海明（中国人民大学哲学院教授）

【采访人】 您早年生活、成长在东北，经历比较坎坷，有哪些机缘促使您走向学术研究之路？您在20世纪六七十年代当中，有哪些经历是跟后来的学术研究有关系？帮助您走向学术研究之路的贵人有哪些？

【宋志明】 1964 年，我考入吉林市最好的高中吉林一中，其前身是吉林学堂，有上百年历史了。我是班上的尖子学生，作文曾得过 95 分，老师让我在同学面前宣读。一中的升学律在 80% 以上，我前程大好。想不到二年级时赶上"文革"，被迫辍学。我下乡当了一年半知识青年，有幸被抽调到吉林炭素厂，分配到 304 车间当一名熟练工人，老老实实在生产流水线上干了三年活。那时我已放弃学业，整天混日子，不思进取。304 车间是吉林省"先进民兵连"，需要加强宣传力度。也许车间领导在黑板报上发现了我的"作品"，也许因为我在一中小有名气被人推荐，1973 年我竟糊里糊涂地被调到车间写作班子，逐渐由"劳力者"变成"劳心者"。工友戏称我调到了"写作工段"。我经常脱产参与写文章，以集体的名义发表在报刊上。

我在车间劳动的时间越来越少，逐渐成了专事写作的"工人贵族"。1974 年，吉林炭素厂成立工人理论队伍，我从车间里的笔杆子变身成为工人理论队伍的骨干。由于 304 车间"先进民兵连"在吉林省的名气很大，吉林大学哲学系、东北师范大学历史系纷纷前来，使我有了同大学老师接触与合作的机会，涉入领域越来越深。1974 年 9 月，吉林炭素厂派我代表工人理论队伍到吉林大学哲学系同师生共同编写《荀子选注》。我家藏书不多,却有全套的《广注古文观止》,我不知读了多少遍;那时高中教材古文很多,使我具备一定的古文素养,这回算派上用场了。其他工人理论队伍成员大都不懂古文,会议上说不了话,只能用耳朵听。我跟他们不同,既"出"耳朵也"出"嘴。我的发言常常受到重视,被注释组采纳。当时分给哲学系的任务是《天论》《解蔽》《正名》《性恶》《礼论》《非十二子》等6篇,每篇要求有提要、注释、译文三个部分。每篇成立一个注释小组,每人分担一部分任务。我被分配到《礼论》小组。同年12月,《荀子选注》一书就由吉林人民出版社出版了,署名"吉林大学《荀子》注释组"。《荀子选注》项目刚结束,吉林大学哲学系紧接着启动《中国哲学史》教材编写。由于我在《荀子》注释组有良好表现,所以吉林大学老师指名要我加入编写组。吉林炭素厂表示同意,我又可以继续在吉林大学待下去了。吉林人民出版社对编教材很支持,列为重点出版项目,配置专门的编辑负责审稿。1974年底,《中国哲学史》编写组成立,由吉林炭素厂工人理论组、吉林大学哲学系联合署名。编写组分别由四个人牵头统稿。先秦组是吴锦东老师,汉唐组是吕希晨老师,宋明清组是朱日耀老师,近代组是陈庆坤老师。我最初被分配到先秦组,陈庆坤老师因参加工作队调出编写组,我顶替他成为近代组的牵头统稿人。编写组写成初稿,印行了2000册。打倒"四人帮"以后，形势大变，本书未能正式出版。编写组也宣布解散，我又回到工厂。

帮我走向学术研究之路的贵人，共有七位先生。第一位是吕希晨老师，他是《中国哲学史》编写组的召集人，1933年生于吉林省九台县。他是中国现代哲学的开拓者之一，著有《中国现代资产阶级哲学思想述评》，与王育民合著有《中国现代哲学史（1919—1949）》。他后来调到中共天津市委党校，担任教授、哲学部主任，曾专程到中国人民大学请我吃饭。第二位是吴锦东先生，他是从印尼归国的华侨，曾在北京大学哲学系进修过，同冯友兰教授关系密切。改革开放以后，他离开哲学系，弃学经商，在香港定居。我在读硕士生期间，曾同他见过面。他穿着洋气，我们交谈许久。第三位是朱日耀老师，生于1926年，内蒙古牙克石人。他原来的专业是联共党史，后转向中国哲学史，是吉大哲学系首批中国哲学专业硕士生导师。他曾任吉林大学党委宣传部代部长、教务处负责人、副校长等职务。著有《中国政治思想史》等书。我曾多次拜访过他，受他影响很大。第四位是陈庆坤老师，生于1935年，是中国人民大学哲学系首批本科生。毕业后分配到吉林大学哲学系任教，主编过《中国哲学史通》等书。曾任哲学系主任。他也是"石公"的弟子，曾多次到中国人民大学参加关于"石公"的纪念活动，还到我家做过客。我每次到长春他都设宴款待。

我和这四位老师是亦师亦友的关系,我的学术积累是他们帮助完成的。

第五位是东北师范大学徐风晨老师,他是研究中国近代史的专家。我同徐风晨老师有过合作,1975年,他接到《吉林日报》编辑部理论版的约稿,请他务必同工人理论队伍合作,撰写一篇关于太平天国的文章。他找到了吉林炭素厂宣传科,夏科长把这项任务交给了我。我掌握的关于太平天国的历史知识自然无法同徐老师相比,但我也有自己的优势,那就是对"文革"话语方式比较熟悉。徐老师提供素材,我俩共同商定提纲,分头起草初稿,再同编辑一起斟酌修改定稿。我俩在《吉林日报》招待所忙了一个星期,文章终于写成了。可惜,时运不佳,由于受到"批《水浒》"潮流的冲击,竟没有见报。

第六位是我的硕士生导师乌恩溥教授,我是他指导的第一批硕士生,算是开山弟子。乌师1925年生于吉林通化,1948年6月毕业于东北大学,有本科学历;1952年在中共中央东北局党校高级部(研究班)毕业,有研究生学历。他是中华人民共和国培养的第一批中国哲学史从业者,曾经在中国科学院哲学所中国哲学史组工作多年。那时冯友兰先生担任组长,乌师则任党支部书记。"文革"前他作为工作队成员,派驻吉林工业大学搞"社会主义教育运动"。因"文革"爆发,他竟滞留在该校,没能返回北京。"文革"结束后，他调到吉林大学哲学系。他的主要著作有《周易——古代中国的世界图式》等多种，参与撰写冯契任主编的《中国近代哲学史》上下册，任副主编。我获得硕士学位很顺利，可是找工作却遇到了麻烦。原因在于两届硕士生、两届本科生都挤在一年毕业，供大于求。我们1979级硕士生毕业最晚，找工作的机会自然不多。乌师对我十分关心，曾为我毕业找工作的事情多次到东北师范大学找人帮忙，几经周折，总算找到一个接收单位——长春师范学院政治系，这所学校现在改称长春师范大学。我的师弟李景林曾对我说，乌师的孩子曾这样议论："我爸对宋志明，比对我们还好。"的确如此，乌师对我的照顾可以说无微不至。我在学术成长的道路上，能遇上这样一位恩师，十分荣幸！乌师晚年先失明，后失聪，生活起居全由师母照料。我曾多次到长春看望他。最后一次见到他，我们只能用师母在他的腿上写字的办法进行交流。

我遇到的最后一位贵人，就是我的博士生导师石峻教授，大家尊称他"石公"。具体情况以后再详谈。

【采访人】 您没有大学学历，如何能考取吉林大学哲学系首批硕士生？您的硕士生毕业论文《新理学简论》是关于冯友兰的现代新儒学思想研究，您当年是如何从事这项研究的？

【宋志明】 我没有大学学历，不等于没在大学待过。我在吉林大学哲学系编书待了两年多，以工人身份领略过大学生活。我在吉大享有特殊待遇，可以随便借书，经常用旅行袋装书，几乎读遍了有关中国哲学史的著作。我可以随便听课，还记有详细的笔记。我自觉知识水平并不在大学生之下，报考研究生有把握。1978年，"文革"后我国第一次招考研究生，我就报考了北大张岱年先生的研究生。当时只有北大和中国社会科学院招生，报考北大中国哲学史专业的考生很多，据说有300余人。我以同等学力的身份参加考试，初试居然通过了，通知到北大参加复试。参加复试的人只有15名，其中有我。复试分笔试和口试，我都通过了。复试后好久没有消息，我写信问讯张先生，得到的答复是"成绩合格，名次为后，不录取"。我很丧气，可一想，"名次为后"可能是托辞吧，真正原因在于我和北大没有渊源。北大怎么可能录取一个没有大学学历的考生呢？这样想，我也就释然了。虽然初次考试失败，但我收获了信心。1979年，吉林大学哲学系首次招生，我再次报考，顺利地通过初试和复试，成了该系首批硕士生。

1980年，我们在开题时，负责研究生工作的系领导高清海教授对我们说，写毕业论文必须出新。有两条路可以选择：一是老题新作，二是新题新作。我选择了后一条路，决心开辟新的研究领域，遂选择冯友兰思想研究作为毕业论文题目。我选择这个题目的原因有两个：一是我在冯友兰家开过座谈会，算是有感性认识；二是吉大藏书宏富，有整套的"贞元六书"，资料容易找。我汇报了自己的想法，得到高清海教授和导师的支持。高教授向我介绍了许多关于"新实在论"的知识。乌师告诫我，千万不要写出大批判稿，应着眼于"研究"二字。我仔细阅读了吉大图书馆收藏的所有关于冯友兰的资料，还到北京、上海各大图书馆，查找相关资料。那时复印技术还不发达，全靠记笔记。我记了几大本笔记，总算把资料搜集齐全了。在充分利用第一手材料的基础上，我写出三万多字的硕士论文《新理学简论》。石公任答辩委员会主席，答辩委员一致认为，这是一篇优秀的硕士论文，建议授予硕士学位。我根据硕士论文，改成三篇文章。第一篇题为《论冯友兰先生的新理学》，载《中国近现代哲学史研究文集》，为《吉林大学社会科学丛刊》之一种；第二篇题为《新理学简论》，发表在《吉林大学研究生论文集刊》1984 年第 1 期；第三篇题为《新形上学述评》，发表在《长春师范学院学报》1984 年第 2 期。

【采访人】 1983 年，36 岁的您终于实现了到北京读书的夙愿，考取了中国人民大学的第一批博士研究生。作为中国人民大学的首批哲学博士，对您有什么意义？

【宋志明】 我觉得硕士只是过渡学位，还不是终极学位,博士才是终极学位。所以,我产生了攻读博士学位的想法。中国人民大学第一批博士生导师只有8位,考生只有16位,录取的考生是宋志明、卢冀宁、李德顺、曹远征、赵涛等5位。选择攻读博士学位,意味着我将终身以中国哲学史研究为志业。

【采访人】 您受石峻教授影响最大的有哪些方面?您当时听了石公给中国哲学史专业的硕士生讲授的中国哲学史史料学,还选听了杨宪邦老师给硕士生讲授的中国现代哲学史课程,您有哪些收获?

【宋志明】 我是石公指导的第一个博士生,也算是开山弟子。石公1916年生于湖南零陵,现在改称永州。他是中国哲学史界著名的教授。1938年在北京大学哲学系毕业后,曾在北京大学、西南联大、武汉大学、中国人民大学执教。1957年,他参加在北大召开的关于中国哲学史研究方法的讨论会,发言批评"两军对战"模式,还写成文章在《人民日报》发表。后来,他索性不再写文章,甚至连讲义也不写,只列提纲。在公开场合,他总以庄重形象示人,但指导学生时还是保持实事求是的态度,绝不打官腔。他读书、藏书甚多,精通中外哲学名著,引用信手拈来,娓娓道出。跟他在一起让我如沐春风,这对我打下扎实的学术功底帮助很大。他很会讲课,我的演讲技术是从他那里学来的。石公曾向我传授经验，讲课要注意三点。第一，说话要慢，让听课学生有回味的时间，能跟上老师的思路。第二，要少而精，提出一个观点，要掰开来，揉碎了，讲清楚，切不可总是卖弄新名词。第三，讲课不仅用嘴，还要用眼睛，用眼睛把听者"组织"起来，通过眼神相互交流。

眼食不如耳食，耳食不如心食，就是说听课是一种必要的学术训练。我听过石公讲授的中国哲学史史料学，听过杨宪邦老师讲授的中国现代哲学史。听课是一种熏陶，也是一种享受，能够体味讲者的思维方法和表达方式，往往能获得书本上得不到的"活知识"。

【采访人】 石公于1934年考入北京大学哲学系，他在北京大学读书时曾听过熊十力讲课。1985年12月，您陪同石公参加在武汉大学召开的"纪念熊十力先生诞辰一百周年学术讨论会"，这次讨论会安排他做重点发言，题目是《熊十力先生的学术道路》，没有写成稿子，系脱口而谈。您把他讲的内容整理成文，收入这次会议组编辑的《玄圃论学集》，由生活·读书·新知三联书店1990年出版，后收入《熊十力全集》附卷（上）。您如何评价石公的学术思想所受熊十力先生的影响？

【宋志明】 石公曾向我讲起当年听熊先生讲课时的情形。熊先生不喜欢到教室上课，就在家中上课。听课的人不多，通常只有五六个人。他喜欢禅宗式的"当头棒喝"，经常用粉笔轻敲听者的头，所以学生不愿靠近他坐。他还有个怪癖，冬天不能生火取暖，听课时必须穿厚厚的衣服御寒。

熊先生对石公的影响，我觉得主要有三点。一是热爱、"同情"传统文化。熊先生热爱中国传统文化，石公也热爱中国传统文化，不轻言"批判"。二是浸润佛学。熊先生入南京支那内学院学习唯识学多年，却另创新唯识论，出佛入儒。石公在1949年以前写了多篇关于佛学的文章，是学术界公认的佛学专家。三是与时俱进。熊先生在成为学者之前，曾参加辛亥革命。他对中国传统文化没有"照"着讲，而是"接"着讲，力图把传统文化与当代文化结合起来。例如，他对"当仁不让"的解释是：表达独立精神，做响当当的汉子。石公也与时俱进，接受马克思主义，但不认同教条主义者的狂妄，力图把马克思主义基本原理同中华优秀传统文化结合起来。

【采访人】 任继愈先生在文章中提到，熊先生曾批评过某人，任先生的文章编入《玄圃论学集》一书正式出版时，把相关轶事删掉了。石公还说起此人的另外一件轶事。此人在北大读书期间很顽皮，老师上课板书时，他竟然把脚放到课桌上，引来同学异样的目光。等老师要回头时，他便迅速把脚从课桌上拿下，装着若无其事的样子。不知您现在是否方便评价一下某学者的学术得失？

【宋志明】 学者也是活生生的人，是具有多面性的。学者年轻时做些荒唐事不奇怪，可以理解，不妨碍他后来的学术发展。胡适曾醉酒街头，因殴打警察被抓进监狱，后来还不是做了北大校长吗？我相信任公和石公所说的都是事实。被他们批评的某公长期致力于中西哲学比较，很有所得。

【采访人】 您的博士论文是《现代新儒家研究》，研究梁漱溟、熊十力和贺麟三位现代新儒家，石公同意，张岱年先生表示反对。他反对的理由不是来自学术上的考量，而是来自政治上的考量，认为把梁漱溟、冯友兰、熊十力与贺麟等学者称为"现代新儒家"容易造成误解。一来他们并不自称为"新儒家"，目前学术界也没有人把他们都归入现代新儒家学派；二来"儒家"的称呼在"文革"期间已经被搞臭，把这样一种贬义的称谓放在这些学者身上，是否有"大批判"的味道？他们是否会接受？您跟张岱年先生解释说：现代新儒家是中国现代史上出现的文化现象，进行客观研究，绝不是把他们当作"批评对象"来看待。经过交流，张岱年先生表示同意以此为博士论文选题。今天您如何思考和评价儒学的现代命运？

【宋志明】 儒学已经融入我们的血液中，不能轻言抛弃，也不能全盘保留。某些人视儒学为粃糠，欲清除而后快，结果失败了。我同意张岱年的学术观点，如今尊孔的时代已经过去了，批孔的时代也已经过去了，现进入到研究孔学的时代。儒学是一门历史的学问，一个时代有一个时代的讲法，各不相同。自古至今，仅《论语》的注本就有两千多种。我们不能照着前人的讲法讲，只能接着前人讲，讲出新意，并作现代诠释。现代新儒家已经画上了句号，可是现代新儒学没有画上句号，还要讲下去。儒学对于我们来说，就是须臾不可离的思想资源库，有待于开发。儒学曾蒙上封建主义的灰尘，批判继承是对的，但我们的落脚点常常只是批判而没有继承。现在应当改过来，落脚点应当是继承。"第二个结合"强调马克思主义基本原理要同中华优秀传统文化相结合，其中就肯定了儒学仍有生命力。我们不必沿袭现代新儒家的思路，应当适应新时代的需求，创造出马克思主义的新儒学。

【采访人】 您在回顾自己博士论文研究写作的时候，提到哲学史研究的路径。第一步从掌握资料入手，第二步是形成观点，第三步是形成结构。您在这方面有丰富的经验，是否可以给中国哲学史研究的学者们提出新的研究建议？

【宋志明】 谈不上经验丰富。我觉得这三步还是必须得走,否则会游谈无根。如今学术成果众多,学者大都用描述性语言表述,思想性不强,似乎是为了写作而写作。有人喜欢选冷僻的题目作文章,不管读者是否愿意读;有人以深奥冒充深刻,故意搬弄时髦术语,把简单事情说复杂了。我看这些毛病最好改一改。古人留下的只是思想材料,我们的责任是把思想材料变成活生生的思想。古人已离世,不再思、不再想,其实是我们自己在思、我们自己在想。长期以来,由于受教条主义的束缚,我们不敢思、不敢想,所以才造成思想性不强的情形。"第二个结合"之所以被称为"又一次的思想解放",就是要从教条主义的束缚中解放出来。建议今后中国哲学史的研究者不要只谈某某古人如何如何,更要谈自己的所思所想。我们不但要弄清楚古人说了些什么,更要弄清楚古人为什么这样说、我们该怎么说。

【采访人】 1986年10月初,您的博士论文答辩在中国人民大学举行,当时很吸引人们的眼球。请问具体的情形如何?有什么历史意义?

【宋志明】 我的毕业论文答辩被安排在1986年10月初。由于这是中国人民大学历史上第一次举行的博士论文答辩,自然引起大家的关注。答辩在人文楼一间大会议室内举行,来旁听的人很多,将会议室挤得满满的,连走廊里也站满了,估计有上百人之多。答辩委员会主席由任继愈先生担任，委员有石峻、朱伯崑、杨宪邦、张立文、方立天五位先生。张岱年、辛冠洁、乌恩溥、丁宝兰、方克立、楼宇烈、吕希晨教授都写了评阅意见。石公嘱咐我，答辩不要回避问题，要尽量把道理讲透。我按照石公的吩咐，做了简要的论文陈述，力求最充分地回答问题。在答辩委员中，朱伯崑先生提出的问题最多，与我对话的时间最长。答辩委员会对我表示满意，经投票表决，一致同意通过博士论文，建议授予我博士学位。校刊编辑部把博士答辩当成新闻，派人到现场拍照。事后还配发照片，做了详细的报道，并拿出半版的篇幅，为每位博士生发表一篇访谈记。关于我的访谈记出于已故副校长周建明的手笔，题目是《群体意识应建立在承认个体的前提之上——访我校第一批通过博士论文答辩的宋志明同志》。

这次答辩揭开了中国人民大学历史新的一页，从此博士教育开始起步。中国人民大学的博士生教育事业发展很迅速。1983年招生只有5名，是个位数；现在招生每年上千人，是四位数。如果没有当初的个位数，也就没有现在的四位数。

【采访人】 您本来是中国研究现代新儒家的第一人，可是在出版方面却让郑家栋抢了先。您写完博士论文《现代新儒家研究》一书，他刚到南开大学哲学系读博士不久，还没有动笔。在方克立老师的帮助下，他撰写的《现代新儒学概论》，抢在您的博士论文正式出版之前，于 1990 年在广西人民出版社出版，拔了个头筹，而您的博士论文于 1991 年出版，落在了郑家栋的后面。今天看来这先后并不太重要，您如何理解和评价学术研究的先后？对相关的学术研究同行您有哪些评价？

【宋志明】 郑家栋是我的师弟，硕士也毕业于吉林大学哲学系。我是第一批，他是第二批。我毕业后吉大哲学系才招第二批，所以在学校我们没有见过面。他撰写《现代新儒学概论》于 1990 年出版，我的博士论文 1991 年出版，确实比我早一年。原因是我的毕业论文石公早就交给张岱年先生，准备纳入张岱年先生主编的"历史与未来"丛书，由山东人民出版社出版。可是社里出了经济问题，迟迟不能出版。我只好撤回文稿，改由中国人民大学出版社出版。这么一折腾，就比郑家栋晚了一年。我觉得学术乃天下公器，谁先谁后并不重要。我国研究现代新儒家起步比较晚，发展却很迅速。早期的著作偏重于"述"，后来的著作偏重于"评"，从中看得出发展的轨迹。我在写博士论文的时候，学术界还没有认可现代新儒家的概念；现在不但认可，而且研究队伍越来越大，这是好事。

【采访人】 1982 年，您还在读硕士期间，就在《中国哲学史研究》上发表了《心与物》的论文。请问今天您如何看待心物关系?

【宋志明】 那篇短文约3000字,发表于1982年,已经是40多年前的事情了。我在北大复试期间,结识了许抗生先生。1979年中国哲学史学会成立,创办了专业刊物《中国哲学史研究》,许先生是该刊编辑。1981年,在杭州召开中国哲学史学会主办的关于宋明理学的国际学术研讨会上,许先生邀请我写这篇文章。那时中国哲学史界掀起研究哲学范畴的热潮,我写这篇文章,算是投入其中。40多年过去了,文章有些观点已经过时。按照我今天的看法,中国古代哲学史确实探讨过心物关系问题,但结合天人关系问题一起讲,没有"独立外物"的观念。这种特点,文章没有说清楚。

【采访人】 您的博士论文《现代新儒家研究》在山东人民出版社压了好久,迟迟不能出版。后经石公推荐,中国人民大学出版社总编辑李淮春教授同意纳入"中国人民大学博士文库"出版。1991年,《现代新儒家研究》一书面世。石公为此书作序,希望您"在这一科学领域内,继续努力,扩大研究范围,加深理论探讨,沿着思想性和科学性统一的道路前进,勇于再攀高峰,获得更加丰硕的成果"。应该说,您在这个研究领域的确没有辜负石公的期盼和教诲,回首过去,您在新儒家研究方面有什么心得?

【宋志明】 我们应当讲出马克思主义的新儒学，这是"第二个结合"的题中应有之义。我同意冯友兰先生的观点，现代新儒家是新文化运动的"右翼"，不是新文化运动的反对者。他们不认同马克思主义，但并不妨碍其促进儒家的现代转化。他们并不拘泥过去的讲法，而是接着讲、讲新意。他们不认同马克思主义，也不受教条主义的伤害，所以能取得一些我们无法取得的成果，值得深入研究。我在研究新儒家方面，最大的感触就是做学问要独立思考，不能人云亦云，不能哪里枪声急就往哪里冲，要敢于走别人没有走过的路。用鲁迅的话说，就是敢做第一个吃螃蟹的人。

【采访人】 您在回忆求职过程时说，在没有沟通的情况下，哲学系副主任杨彦君和中国哲学教研室主任杨宪邦早已把留人报告打到学校去了。实际上您并没有自主选择的余地，到处找工作，等于瞎忙活。您只有服从组织安排，留在中国人民大学中国哲学教研室当老师。您说如果当时去了中央党校，有可能会走上从政的道路，未必能够成为一位学者。而留在中国人民大学，由于只有做学问这样一条路可走，可以心无旁骛，成为一位名副其实的学者。您如何理解人生的因缘和际遇？对自己的学术研究历程，是否觉得更多是命运的安排？

【宋志明】 我获得博士学位后，本来中央党校已接收我，可是学校却把我留在学校里任教。留在学校，我并不后悔。如果到党校，我可能走从政的道路。可是凭我耿直的性格，不善于变通，可能摔跟头。我似乎更适合做学问，留在中国人民大学教书挺好，把我从业余理论工作者变成专业理论工作者。我曾经虽"双肩挑"，只是增加一些历练而已，始终还是坚持做学问。可以说，从政是"半心半意"，做学问可是全心全意。离开行政职务以后，我便返回教学第一线，连续六年给本科生讲授中国哲学史。

人生道路不是自己能选择得了的，只能随遇而安、相机而动吧。回顾自己走过的道路，不能说"理所当然"，可能是"势所必至"吧！我不相信有什么命运安排，心想事成只是美好的祝福语，别当真。心想十件事，能成功一件就不错了。我从27岁在吉大编书始，几乎一辈子都同中国哲学史打交道，也算是一件幸事吧！

【采访人】 您是中国大陆现代新儒家研究的开拓者之一，率先提出"现代新儒家"这一概念。您后来才接触和理解港台新儒家，您如何评价港台新儒家的代表人物？

【宋志明】 我的博士论文题目是《现代新儒家研究》，有点名不副实，叫作《大陆新儒家研究》比较贴切，因为当时看不到港台新儒家的著作。后来我写《中国现代哲学通论》一书，补进了关于港台新儒家代表人物的看法。

我认为，唐君毅是仁者型的港台新儒家。他侧重于从正面疏通中国文化的精神与价值，纠正民族文化虚无主义倾向。他熟悉西方哲学，也从"生命进路"契入；但同熊十力相比，还是向前推进了一步。他的本体论思想更加凸显人文色彩，指向道德理性。他不再以佛教为对话的主要对手，更加重视中国哲学与西方哲学的比较和会通。他借鉴德国古典哲学，尤其是黑格尔哲学，重新诠释儒家的心性之学，力图证明"道德自我"的本体论地位。

徐复观是勇者型的港台新儒家。他对形上学思辨不感兴趣，甚至对师友有所批评，怀疑他们"把中国文化发展的方向弄颠倒了"。照他看来，儒学的根基就是"仁心"或"本心"，没有必要对其做形而上的本体论证明。"仁心"规定人生的价值或意义，认同这一价值意义的源泉，并且由此引出生活格局、社会秩序，这就是儒家思想的基本路数。他不愿意思考本体论问题，以免使人们把儒学研究这条路看成畏途。与其费力地探讨"内圣"作为本体如何开出，不如探讨"新外王"也就是科学和民主如何建立。这样，才会使新儒家更具现代感、更有社会影响力。

牟宗三是智者型的港台新儒家。他沿着生命-人文-

道德的进路，明确地提出"道德的形上学"概念，最后完成对新儒家思想的本体论诠释。牟宗三指出，"道德的形上学"不同于"道德底形上学"。西方有"道德底形上学"，而没有"道德的形上学"。"道德的形上学"是儒家的专长。他用三个术语评判传统儒学：一是道统，即"道德的形上学"，这是儒学最突出的理论成就；二是学统，即科学知识，传统儒学对此不够重视；三是政统，即民主政治，在这方面，儒家"只有理性之运用表现"而无"理性之架构表现"。总之，传统儒学"有道统而无学统与政统"。传统儒学事实上并未开出"新外王"，但不意味着现在不能开出。让儒家同科学和民主"接榫"，是现代新儒家的责任。

【采访人】 您指出，现代新儒学是发端于五四运动后期的重要思潮，以"援西方哲学入儒"为基本特征；继宋明理学之后对儒家思想做出重大改造，构成儒学发展的新阶段。您认为大陆和港台新儒家的研究成果对未来儒学发展的意义是什么？

【宋志明】 我认为，中国进入现代社会以后，需要解决三个理论问题。第一个是儒家传统价值理性如何实行现代转换？第二个是如何获得科学知识？第三个是社会如何改造？与三个问题相对应，形成了现代新儒学、中国实证哲学、中国马克思主义哲学等三大思潮。中国现代哲学史的思想地图被"三分天下",新儒学占有其一,难道不应该受到重视吗?对于解决第一个问题,新儒家是有贡献的。儒家历来主张维护群体性,先人早已实现以"儒学代宗教"的愿景,这个传统难道不该继承吗?在任何社会里,都需要维护群体性;没有这种观念,社会建立不起来。世界大多数国家都靠宗教维护群体性,中国也许是个例外。中国不需要任何宗教,可是不能没有儒学。在历史上,儒学培育了无数仁人志士、民族英雄,他们是中华民族的脊梁,今后还会发挥这种作用。这就是大陆新儒家存在的意义。至于港台新儒家,则进一步推动了儒学的现代转化。借鉴他们的思路,可以帮助我们走出教条主义藩篱。

1949年中华人民共和国成立以后,大陆新儒家不复存在。在思想改造运动中,除了熊十力之外,大部分学者都宣布放弃原来的思想体系。熊十力即便没有宣布放弃,也不能走原来的路子了。在大陆新儒家解体的情况下,港台新儒家异军突起。新儒家大都接受过新式教育,其中有人在国外还获得博士或硕士学位,他们在中西哲学对比中讲新意。相比较而言,大陆新儒家比较重视中西哲学之所同,意思是西方人有的东西,儒学中也有。比如冯友兰把儒学同新实在论融合在一起讲,贺麟把儒学同新黑格尔主义融合在一起讲,梁漱溟和熊十力把儒学同柏格森主义融合在一起讲,建造各自的新儒学体系。

港台新儒家接着大陆新儒家讲，但比较重视中西哲学之所异，意思是儒学中有的东西，西方人没有。比如，唐君毅认为西方人只达到"归向一神境"，而儒学达到了最高的"天德流行境"，比西方人高出两个档次。牟宗三指出，西方人认为人没有"智的直觉"，讲不出"道德的形上学"；儒家认为圣人有"智的直觉"，完全能讲出"道德的形上学"。

【采访人】 您在写作《现代新儒家研究》《现代中国哲学思潮》《熊十力评传》《冯友兰学术思想评传》《贺麟新儒学思想研究》等著作的过程当中，主要的理论得失是什么？

【宋志明】 这几本书写得比较早，有得也有失。先说"得"。我撇开简单否定的偏见，把现代新儒家人物当成学者看待，予以中肯的评判，开辟了新的研究领域。再说"失"。由于当时"左"的风气还没有完全被破除，不得不考虑如何过关的问题，必须小心谨慎。现在看来，"述"的成分比较多，"评"的力度还不到位。

【采访人】 您一直致力于传统的现代转换，这方面您取得了哪些成绩？您为什么要写作《20世纪中国实证哲学研究》？

【宋志明】 我出版过《现代新儒家研究》《儒学新

诠》等书，的确在推动儒学价值现代转换方面做过一些努力，对于端正学风可能有帮助，但谈不上取得什么成绩。中国现代哲学面临三个问题，对于"科学知识如何获得"的问题，中国实证哲学家贡献突出。实现中国式现代化，不仅需要培育价值理性，也需要培育工具理性。中国实证哲学有助于现代性培育，有助于工具理性的培育，值得研究。所以我和我的学生孙小金合作写了这本书，对中国实证哲学思潮做了梳理。

【采访人】 您认为新儒家对"全盘西化"思潮做出过强有力的回应，取得过许多理论思维成果，但也带有明显的局限性。这方面您如何评价？

【宋志明】 在三个问题中，新儒家在促进传统价值观转换方面，取得一些成绩，在后两个问题上，他们没有提出什么有价值的见解，乏善可陈。

【采访人】 您认为，现代新儒家是从新式知识分子中走出的学术群体，他们对儒家传统抱有深深的同情和敬意。这种同情和敬意，在今天复兴传统文化的时代有什么意义？

【宋志明】 对儒家表示同情和敬意是现代新儒家的发明，应当予以肯定。按照"第二个结合"的说法，必须把马克思主义基本原理同中华优秀传统文化结合起来，其中就包含对儒家的肯定。所谓"同情",是针对一味否定而言;所谓"敬意",是针对一味批判而言。我们曾经上演过"批林批孔"的闹剧,荒唐地把"批孔"同"批林"捆绑在一起。这个教训应当汲取。

【采访人】 您担任过中国哲学史学会副会长、中国现代哲学史研究会会长、中国社会科学情报学会副理事长。担任这些学术职位的机缘是什么?有什么得失?

【宋志明】 我在担任中国哲学史学会副会长之前,曾任秘书长。前任秘书长在没有得到任会长允许的情况下,擅自出版另外一种版本的《中国哲学史研究》,学会受到国家新闻出版署停业整顿的处罚。他把学会的公章、任公的名章、外面捐赠的财物统统拿走,拒绝交还。在这种情况下,在京常务理事召开紧急会议,决定罢免前秘书长,投票一致同意推选我接任。我担任秘书长以后,重刻公章、会长名章,声明此前公章和名章作废,重新出版《中国哲学史》,删掉"研究"二字,以示与原刊有区别。前任秘书长在9年时间内未开展任何学会活动,我接任后重新恢复学会活动,每年至少开一次年会。秘书长卸任后我当选副会长,以后连任,直到70岁。因为按照民政部规定,我需退出职务。我曾经是中国现代哲学史研究会的创会副秘书长,接许全兴教授任会长,卸任后任荣誉会长。中国社会科学情报学会创立时,人大书报资料中心捐过一笔款，那边给了一个副理事长职位。我任中国人民大学书报资料中心的总编后，接任副理事长，退职后旋即离任。

这些职务没有任何报酬，只是一种社会工作。对于我而言，也是难得的历练。尽管要赔上一些时间，还是值得的。

【采访人】 您长期主管人大复印报刊资料，在任期中您有什么得失？

【宋志明】 我以教授身份兼任人大书报资料中心总编，最大的收获是带出一支编辑队伍，成功地进行了改革。书报资料中心是由人大图书馆创办的，从事编辑的人员没有编辑思路，只是采用资料员的办法，分门别类地编成文本，不做栏目，采用粘贴技术复印出版。他们没有编辑意识，职称也不走编辑系列，而走图书馆系列。我到任以后，出版署实行改革，给了人大书报资料中心148个刊号，也就是把中心的刊物纳入出版系列。我相应做了改革，把从事编辑工作的人员统统纳入出版系列。刊物也做了改版，放弃粘贴工艺，改为录入排版，设置栏目，更换封面。出版物已经走向正轨，不再一律是"大白皮"，完全按编辑要求办刊。有的刊物采用彩色封面。刊物改版后书报资料中心收入有较大增长，走出了困境，刊物面貌焕然一新。现在这支编辑队伍已经成熟了，素质有较大提升，许多人拥有博士或硕士学位。

最大的遗憾是改制失败。人大书报资料中心是中国人民大学下属的一个半行政半企业的处级单位，实行"企业化单位，事业化管理"。通俗地说，就是"非驴非马"。书报资料中心同学校之间的产权不清晰，受到的行政干预也太多。书报资料中心的主要领导一律由学校派出。学校几次想把不称职的人员塞进书报资料中心，都被我顶住了。书报资料中心体制奇特，居然"一社两制"：只有少部分员工属于"公有制"，大部分人员属于"集体所有制"。在前信息时代，书报资料中心承担提供海量信息的任务，发行量很大，一度订户激增。出版署给予中心自主办刊、自主发行的特殊政策，中心一下子办了几百种刊物，人手严重不足。书报资料中心的用人需求在计划经济体制内不可能得到解决，只好自己想办法，创办名为"仁达公司"的集体所有制机构，从社会上招聘人员。招聘来的人不属于中国人民大学员工，只属于仁达公司员工。公司名义上有自主权，可法人代表却是书报资料中心主任，就像一锅粥，无法分清楚你我。公司名义上有经营权，可干啥啥不行，还得在书报资料中心吃"大锅饭"。到信息时代，中心的海选功能被网络取代，只能走精选的路子。订户明显减少，用不了那么多人了，两种所要制人员之间的矛盾开始显现出来。集体工是招聘来的，有"进口"没"出口"。有些集体工明明不称职，也不能把他辞掉，还得设法给他找饭吃，隐形失业现象很严重。我们响应出版署号召，打算走市场化改革道路，但没有成功。由于中心最初没有在北京工商管理部门注册，几十年都处在非法经营状态，只是工商管理部门没有追究而已。我在任的时候，帮助中心在国家"编制办"注册成功，才解决了经营合法性问题。现在采取的还是老办法，中心的主要领导仍由学校组织部门派出，已经换了好几茬了，很难有大的发展。

【采访人】 您认为今天特别需要新的中国哲学史，请问您的新作的新意何在？有何心得？

【宋志明】 旧著中国哲学史教材大部分已经不能用了。旧著教材主要存在三个问题。一是缺乏中国感。旧著教材用外来的"何者为第一性"的问题"剪裁"中国哲学史，没有捕捉到中国哲学自身的问题。中国哲学的基本问题是"究天人之际，通古今之变，成一家之言"。旧著教材好像是一群局外人写的，体现不出中国味。二是缺乏哲学感。旧著没有问题意识，只限于叙述而没有评论，缺乏思想性。旧著教材哲学语言贫乏，翻来覆去就那么几句话，只好靠大量引文充斥篇幅。三是缺乏历史感。哲学史应当是问题出现或转换的历史，同朝代更迭没有什么关系。旧著教材只围绕"何者为第一性"这样一个外来问题写，不可能呈现名副其实的哲学史，只能写一些历朝历代同哲学有关的事件或人物,写朝代更迭。由于没有抓住逻辑线索,旧著教材不过是知识碎片的堆积而已,有如一盘散沙。客气地说,叫作"封神榜";刻薄地说,叫作"点鬼录"。读这种哲学史,不会有历史感,起不到锻炼理论思维的作用。

我批评旧著教材,并不是批评任继愈先生。他只是挂名主编,也是上指下派,不必负文责。那个年代我们都经过,谁没有说过违心话?谁没有办过违心事?任公也不能免俗。迫于压力,任公只能按照教条主义者指令,遵照"两军对战"模式,把教材弄成这个样子。近年出现的中国哲学史新版本比旧版有进展,可惜还没有跳出朝代更迭的框架,哲学感不强、历史感不强的问题依然没有解决。我写的版本希望有所突破,具体情况咱们以后再谈。

【采访人】 您的人生经历对研究中国哲学有什么影响?您认为中国哲学主题是人生哲学吗?应该如何把握?

【宋志明】 我的人生经历还算丰富:读过名校,当过农民,当过工人,当过劳力者,也当过劳心者。如果说这种经历对研究中国哲学有什么影响的话,那就是体会到要清清白白地做人、堂堂正正地做事、认认真真地写书。先说清清白白地做人。无论做什么工作,都得讲良心,上对得起天,下对得起地,问心无愧。我任总编时,有人想贿赂我给我寄钱,我都通过办公室返还,分文不取。再说堂堂正正做事。我是劳力者出身，后来做了劳心者。我时刻牢记任何时候都不能瞧不起劳动人民，干什么都得自立，绝不依附他人。最后说认认真真写书。我只写自己的真情实感，绝不装腔作势、欺世惑众。无论做人，还是做事，脑袋要长在自己身上。有些人的脑袋好像长在别人身上，自己永远不提观点，只等别人提出观点，来做拙劣的论证。这样的文章我不喜欢读，只喜欢那些有独到见解的文章。我已经退休多年，年逾古稀，接近耄耋，没有义务给任何人打工了。我绝不写命题作文、应景文章，只写自己想说的话。

说中国古代哲学以人生哲学为主题没错，但不能说整个中国哲学都以人生哲学为主题。近代以来，中国哲学已从人生哲学转向自然哲学。孙中山先生把进化分为三个时期，第一个时期是"物质进化"，那时候人类还没有出现。近代中国哲学在价值观方面坚持天人合一思路，在世界观方面已开始讲究主客二分了。中国古代人生哲学作为一种做人的学问，今天仍需要；可惜没有讲如何成才，也有局限性。时至今日，不但要讲究怎样成人，也得讲究怎样成才。两手抓，两手都要硬，一个也不能少。

【采访人】 您大概从何时开始，自己对哲学有独到理解？您认为自己的哲学观是什么？

【宋志明】 2008年，我已满60岁，从总编岗位上退下来，重新回课堂给本科生讲授中国古代哲学史，开始对哲学有新的理解。我认同关于哲学的三种提法。第一种是哲学的原初义，就是古希腊人提法，音译"菲拉索菲"（philosophy），译成中文叫"爱智慧"。这就是哲学的来历。"爱智慧"其实是一句动宾结构的短语，并非一个词。"爱"是谓词，表示"追求"的意思。每个人都可以成为智慧的追求者，但谁都不是智慧的占有者。"爱智慧"，永远在途中。"智慧"是宾词，泛指人类取得的一切思维成果。在古希腊，哲学包含着尚不够成熟的科学，是一门包罗万象的学问。该短句隐去了主语，那就是人，说全了应当是"人爱智慧"。这个人，显然不是抽象的人，而是具体的人，是属于某民族的人。他可能是西方人，也可能是中国人。任何民族都有进行哲学思考的权利，绝不是只许你爱，不许我爱。这就决定哲学必定是复数，不是单数。哲学的原初义表明，示爱的主体多种多样，各民族的人对世界总体的领悟绝不会相同。换句话说，哲学是人类的公产，不是西方人的专利。示爱的方式也多种多样，因民族而异。西方小伙子弹吉他可以求爱，中国小伙子唱山歌何尝不可以求爱？古代中国虽然没有"爱智慧"的提法，但有类似的主张，如"弘道""穷理""通幾""求是"等，统统表达了"爱智慧"的意思。在中国文献中，"哲"本身就有"智慧"

的意思。《尚书·皋陶谟》说:"知人则哲。"《尔雅·释言》说:"哲,智也。"孔子说:"哲人其萎。"这些都涉及"哲"字。日本学者西周把希腊语"菲拉索菲"译成"哲学"很贴切,故而很快得到中国学者的认同。中华民族"爱智慧"由来已久,中国哲学史学科完全可以成立。那种质疑"中国哲学合法性"的怪论,是愚蠢的无稽之谈。

第二种是哲学的后起义,称哲学是"关于世界观的学问"。在近代西方,各门科学纷纷从哲学母体中独立出来,方显出哲学的本来意义。哲学同科学各有分工:科学是关于物质世界局部的学问,可以对象化;哲学是关于世界总体的学问,不能对象化。哲学所说的"世界",既关涉物质世界,也关涉精神世界。对于物质世界,人们可以达成共识,人类毕竟只有一个地球,拥有共同的家园。至于精神世界,同民族性格有关,很难达成共识。人有思维能力,有想象能力,所构筑的精神世界不会相同。这决定哲学是"多",不是"一"。我同意王国维先生的说法,哲学没有中外之分,只有好坏之别。凡是能帮助人安顿精神生活的,就是好哲学;如果做不到这一点,就是坏哲学。说中国科学一度落后于西方,我承认;说中国哲学落后于西方,我不以为然。中西哲学的差异,有如中医和西医的差异,都能看病,都有看不了的病,不能说谁高谁低。从哲学是"关于世界观的学问"的说法中，也印证了哲学是复数的道理。人永远是世界中的"演员"，而不是世界的"观众"，无法在世界之外找到观察点。人就在世界中，怎么观呢？这个"观"字，显然不是观察意义上的"观"，只能是观念意义上的"观"。能提出这种观念的人，就可称为哲学家。在这里，"观"的主体是多，"观"的方式也是多。无论怎么看，哲学都是复数。中国哲学位列其中，合情合理。我们先民提出一系列关于世界总体的观念，如道、气、万物、宇宙、大全、大有、大一、大化、本体、无极、太极、天理等，怎么就不能称为哲学家呢？

第三种说法出自罗素之口，他没有说"哲学是什么"，只说"哲学不是什么"，采取划界的办法界定哲学的论域。罗素认为，哲学有别于宗教，也有别于科学，乃是介乎二者之间的"无人之域"。哲学的一头连着宗教，可宗教只关注精神世界；另一头连着科学，可科学只关注物质世界。哲学对物质世界和精神世界都关注。罗素承认哲学的多样性，没有把中国哲学排除在外。中国学问显然不能称为宗教，因为宗教在中国并不发达；也不能称为科学，因为科学在中国并不受重视。按照罗素的说法，称中国传统文化为哲学最合适。中华民族天生就是一个爱好哲学思考的民族。中国人协调人际关系，靠的是哲学伦理学，不是宗教伦理学。大多数中国人没有"下辈子"观念，相信此生此世就可以内在超越、自我完善。中国哲学始终是中华民族不可或缺的精神支柱。

总体来说，我的哲学观就是复数哲学观，要破除哲学是单数的旧观念。我写了《中国古代哲学研究方法新探》一书，写了《论中国哲学史学科建设的三个思想障碍》《天人之辨：源头、演化与启迪——重写中国哲学史刍议》《哲学是单数吗？——兼论中国哲学史学科建设的前提》等文章，提倡复数哲学观，摒弃单数哲学观，希望引起大家的注意。我认为，讲中国哲学史不能按照着任何外国模式讲，必须牢牢抓住中国人自己的问题意识、自己的文化特征。

【采访人】 您认为如何走向现代哲学？您认为当代中国哲学应该如何发展？

【宋志明】 中国哲学走向现代始于新文化运动。从1919年开始，中国逐渐形成了一支专业的哲学家群体，其中著名者有蔡元培、胡适、李达、金岳霖、冯友兰、梁漱溟、熊十力、张东荪、艾思奇等人。张东荪创办哲学专业刊物《哲学评论》，后来变成中国哲学会的专刊。哲学家出于自觉的哲学学科意识，创立一个个哲学体系，出版了《中国哲学史大纲》《新理学》《论道》《新唯识论》《社会学大纲》《大众哲学》等一系列哲学专著。北京大学率先创立哲学系，后来建立哲学系的大学还有五个。现代新儒学、中国实证哲学、中国马克思主义哲学等三大思潮纷纷登场,改变了中国人的思想面貌。1980年,我在撰写硕士论文《新理学简论》时,就已涉入中国现代哲学史研究领域了。

当代中国哲学是"接着"中国近现代哲学传统讲的,可不能"照着讲"。所谓"接着讲",意味着要讲出符合时代精神的新意。当代中国哲学是民族性与时代性的统一,是一门发展中的学问。它不是古代某种哲学的"翻版",必须体现出当下时代精神的精华。我在《中国现代哲学通论》一书中建议,应当做好五件事情。第一,适应现代化,走自己的路。第二,适应全球化,拓宽发展空间。第三,坚持正确方向,把握发展契机。第四,回应中国实证哲学思潮,化理论为方法。第五,回应现代新儒学思潮,化理论为德性。

【采访人】 您对今天复兴、弘扬中华优秀传统文化有什么看法和期待?

【宋志明】 我不喜欢"复兴"的提法,最好改为"振兴"。"复"的意思是要求回到某某人那里去,可是时代总在发展,想回是回不去了,"今日之水,非昨日之水"。所以"振兴"比"复兴"贴切。振兴是往前看,复兴似乎是往后看,这是我的理解,不一定对。我们对待传统文化的态度有过惨痛教训。我们曾经敌视传统文化,大搞"破四旧",不知毁了多少文物,现在想起来痛心不已！现在端正对传统文化的态度，也许是一种悔罪。今天的中国是历史中国的继续，传统文化是我们无法摆脱的基因，有如黄皮肤、黑头发一样，永远摆脱不了。传统文化给我们留下一笔宝贵遗产，我们没有任何理由拒斥这笔遗产。我们对于传统文化也不能全盘继承，要有分析，找出优秀的成分和不优秀的成分，只继承优秀的成分。优秀与否是我们做出的价值判断，跟古人无关。我们评价优秀与否的标准，就是现行的中国特色社会主义制度：凡是有利于现行制度的就是优秀文化；不利于现行制度的就不是优秀文化，应该抛弃。比如，"君叫臣死，臣不敢不死"，现在没有君了，成一句废话了。"传统文化"中的"传"，是个动词，意思是说，我们可以根据自己的精神需要，对先民的理论思维成果做出选择、诠释和发挥。从这个意义上说，传统不属于过去时，而属于正在形成过程中的现在时乃至未来时。简单地说，传统不是死的，而是活的，应同时代性保持一致。"传统文化"中的"统"，是个名词，是指中华民族精神与价值观核心，并不是以往某些人所标榜的道统。在中国，社会主义必须有中国特色，中国特色的来源之一，就来自我们的传统文化。优秀传统文化中自强不息、实事求是、辩证思维、以人为本、内在超越、有容乃大的精神，是当今文化与优秀传统文化之间的接点，值得进一步发扬光大。

【采访人】 您认为今天要如何走出中国哲学研究的新路？

【宋志明】 打倒"四人帮"以后，人们思想逐渐解放，又写出许多版本的中国哲学史，我大部分都读了。我的体会是，"两军对战"的模式已经被抛弃了，可是哲学感不强、历史感不强的问题还没有解决，还有重写的必要。我以个人之力，写了《中国古代哲学通史》和《中国近现代哲学通史》，已出版；写了《简明中国哲学史读本》，三十多万字，想用通俗的文字表述中国哲学史，已交稿，待出版。我写的这些书，从不指望成为通用教材，只要能表达自己的研究心得，就心满意足了。我觉得，写中国哲学史有似于写读后感，最好由一个人来写。多人在一起合作能写出读后感吗？似乎不可能。在国外，哲学史通常都由个人书写，如文德尔班的写本、罗素的写本、梯利的写本皆如此。中国大陆个人撰写中国哲学史的人不多。据我所知，大概只有已故的冯友兰、冯契两位先生。冯友兰先生始终坚持个人写作，即便九十高龄，依然笔耕不辍，就是想表达出自己的真情实感。我仿效前辈，也想依照此方法写作，算是对自己五十年来治中国哲学史的一个交代吧。我写这些书，也是我多年教学实践的总结。我在讲课的时候，不借助任何一种版本的中国哲学史教科书，就讲自己的研究心得。这种讲法很受同学们欢迎。每逢下课，大家总报以热烈掌声。

根据我的理解，中国哲学史大约从公元前五世纪发端，到 1949 年中华人民共和国成立为止，共经历过四个阶段、三次变革、七个步骤。

第一个阶段叫作奠基期。先秦时人从原始宗教中演化出天人之辨，这个问题贯穿整个中国古代哲学的全过程，可称作基本问题。奠基期面临的具体问题是如何由乱变治，以人为重心，解决方案是"诸子学"。这是中国哲学史上第一种理论形态。诸子学主要有四家：一是道家，主张婴儿说；二是儒家，主张兄弟说；三是墨家，主张朋友说；四是法家，主张对手说。道、儒、墨三家都是想法或说法，只有法家将说法变成做法。秦始皇采取法家理论，用武力统一中国，使法家政治哲学成为第一种官方哲学。奠基期以法家胜出宣告终结，遂进入展开期。奠基期从公元前五世纪算起，历时将近三百年，以"诸子争鸣"为关键词。

第二个阶段叫作展开期。起点是公元前 207 年秦朝覆灭，汉代秦立，终点截至公元 907 年唐朝覆灭，宋代唐立，历时近 1200 年。这一时期以"三教并立"为关键词。在此阶段，儒、佛、道全都登场，形成"以儒治国、以道治身、以佛治心"的格局。在展开期，哲学家问题意识有了变化，由"打天下"转到"治天下"。法家能帮助皇帝打天下，却不能帮助皇帝治天下，秦二世而亡就是明证。看来法家政治哲学作为官方哲学并不称职，汉初皇帝必须另找他家。他们最初找的是黄老之学，采取"无为而治"国策。于是，道家政治哲学便成为第二种官方哲学。"无为而治"国策虽收到一定效果，但也带来"尾大不掉"的问题，不利于巩固中央集权制。看来道家也不称职，还要再次遴选他家。

汉武帝刘彻选定第三种官方哲学就是儒家政治哲学，国策改为"尊崇儒术"。儒家政治哲学成为官方哲学以后，又叫作经学，有"大经大法"的意思。它是中国哲学史上第二种理论形态。儒家政治哲学确实比法家的政治哲学高明。经学家不像法家那样，他们有"硬"的一手，还有"软"的一手：既有教化，又有刑狱。董仲舒不糊涂，意识到缺了哪一手都不行。法家思想是二维结构：一头是帝王，一头是万民。双方尖锐对立，逼得万民不得不起来造反。经学思想是三维结构：天、帝王、万民。帝王和万民既然都是天的后代，所以帝王不能一味打压万民，只使用"硬"的一手不行，还得施行教化，使用"软"的一手。经学帮助刘氏王朝的国祚延续几百年，最终还是垮台了。"天"既然塌了，经学自然无人问津，玄学取而代之，成为中国哲学史上第三种理论形态。东汉灭亡后，中国进入长达400余年的分裂时代。由于语境变了，哲学家的问题意识也变了。玄学家不再关心"治国平天下"之类的政治哲学话题，转向安身立命的人生哲学话题。不过，他们的人生哲学适用面很窄，只限于士大夫，没有把广大民众纳入他们的眼帘。玄学家直接讨论的问题是体用关系，内含着天人之辨。他们对本体论很感兴趣，构想了贵无论、崇有论、独化论等学说。不过，由于受到一元世界观限制，他们没有建立起信仰世界。他们要想建立信仰世界，就"请"来了佛教。

佛教不信奉一元世界观，其认为世界有两个：一个是彼岸，一个是此岸。彼岸就是信仰世界，里面花样繁多，为终极价值提供依据。佛教的言说对象不限于上层，而面向全民，很快就征服了人心，把玄学挤到后排。佛学是中国哲学史上第四种理论形态，以佛学的兴盛为标志，中国哲学进入宗教哲学时代。佛学直接讨论的问题是此岸与彼岸关系，但与天人之辨相衔接，以"治心"为专长。佛学分为两种：一种是外来佛教，坚信二元世界观；一种是中国佛教宗派，其虽接受佛教信仰，却强调世界的整体性，依然走天人合一的路子。

三教中的"道"含义甚广。广义的道家包括黄老之学、玄学、道教在内，以"治身"为专长，如早期中医大夫大都有道教背景。三教并立局面最终形成于唐朝。那时中国再次统一，结束分裂时代。唐朝科举取士，把儒家政治哲学再次扶上"以儒治国"的位置。唐朝皇帝姓李，跟李耳攀上同宗，道家自然受到保护，遂占据"以道治身"的位置。武则天以女人之身当皇帝，只能求助于佛教，使佛教获得"以佛治心"的荣耀。

第三个阶段叫作高峰期。起点是公元960年北宋建立，终点截至1840年鸦片战争，历时近900年。这一时期以"理学行世"为关键词。宋明理学经历过政治哲学和宗教哲学的发展以后，成为中国哲学史上第五种理论形态。宋明理学使儒学实现了从政治哲学到人生哲学的变革。他们直接讨论的问题是理事关系，内含着天人之辨。宋明理学家创立内在超越精神生活方式，充分体现以人为本的哲学精神，实现了以"儒学代宗教"的愿景。在中国人信仰世界中，主角不再是诸佛，而代之以圣人。做圣人就要革尽人欲、复尽天理、发现良知。宋明理学使儒学得到全方位的发展，不但能治国，也能治身，还能治心。他们借鉴佛教的智慧，以中国方式解决了如何建立信仰世界的问题，塑造了中国人非宗教的精神面貌。宋明理学关于如何做人方面有建树，可是关于如何成才方面乏善可陈，无助于综合国力的提升。可能由于中国人才匮乏，一败于北方诸国，二败于西方洋人，迫使中国哲学史不能不进入转型期。

第四个阶段叫作转型期，也就是近现代时期。从1840年算起，直到1949年中华人民共和国建立，历时109年。在转型期，近代思想家突破人生哲学界限，转向自然哲学，实现了第二次变革。现代哲学家从自发哲学提升到自觉哲学，实现第三次变革。

以上就是中国哲学史走过的历程。第一步，从原始宗教中提炼出天人之辨为中国哲学基本问题，形成诸子学；第二步，由诸子学演化出经学；第三步，由经学的形象思维演化抽象思维，玄学问世；第四步，由玄学的抽象思维进展到佛教的彼岸思维；第五步，由佛教的彼岸思维演化出成人思维，宋明理学问世；第六步，近代实现了由人生哲学到自然哲学的变革，形成历史观、本体论、知行观、人性观的转向；第七步，从1919年五四运动开始，由自发哲学变革为自觉哲学，形成现代新儒学、中国实证哲学、中国马克思主义哲学三大思潮。至于第八步，目前还在行进过程中，不到写入中国哲学史的时候。

总之，中国哲学史绝不是一潭死水，而是奔腾的长河，它按照自身的逻辑发展着，一浪盖过一浪。不要迷信任何道统论，因为没有哪种"道"可以把中国哲学史"统"起来。在马克思主义指导下，中国哲学面貌焕然一新。在"第二个结合"的呼声中，中国哲学格外受到重视，必将揭开新的篇章。至于新篇章怎么写，有赖于你们这一代人，我已经老了，有心无力。我相信，中国哲学会有美好的前景，我期待着。今天就谈到这里，谢谢！